U0922767

学习
雷锋
好榜样

王立军——著

北方联合出版传媒(集团)股份有限公司
春风文艺出版社
·沈 阳·

图书在版编目（CIP）数据

学习雷锋好榜样 / 王立军著. —沈阳：春风文艺出版社，2023. 5

ISBN 978 -7 -5313 -6418 -4

Ⅰ. ①学… Ⅱ. ①王… Ⅲ. ①学习雷锋 — 学习参考资料 Ⅳ. ①D648

中国国家版本馆CIP数据核字（2023）第055239号

北方联合出版传媒（集团）股份有限公司
春风文艺出版社出版发行
沈阳市和平区十一纬路25号　邮编：110003
辽宁新华印务有限公司印刷

责任编辑：姚宏越　韩　喆　　责任校对：于文慧
印制统筹：刘　成　　幅面尺寸：145mm × 210mm
字　　数：224千字　　印　　张：9
版　　次：2023年5月第1版　　印　　次：2023年5月第1次
书　　号：ISBN 978-7-5313-6418-4
定　　价：42.00元

前　言

一个有希望的民族不能没有英雄，一个有前途的国家不能没有先锋。

天地英雄气，千秋尚凛然。中华民族是一个崇尚英雄的民族。每一个时代都有英雄，每一个领域都有模范，每一个行业也都有先锋。鲁迅先生曾说过，“我们从古以来，就有埋头苦干的人，有拼命硬干的人，有为民请命的人，有舍身求法的人……这就是中国的脊梁。”

雷锋就是中华民族的脊梁。2013年3月6日，习近平总书记在参加十二届全国人大一次会议辽宁代表团审议时重点提到了辽宁的三名英模，“雷锋、郭明义、罗阳身上所具有的信念的能量、大爱的胸怀、忘我的精神、进取的锐气，正是我们民族精神的最好写照，他们都是我们‘民族的脊梁’。”

1940年12月18日，雷锋出生于湖南省望城县安庆乡[①]简家塘村。原名雷正兴，因生于农历“庚辰年”，父母给其取乳名“庚伢子”。

7岁时，雷锋成了一名孤儿，饱尝了旧社会的苦。9岁时，长沙

① 今长沙市望城区雷锋街道。

解放，雷锋迎来了新生。10岁时，在党的关怀下，雷锋走进了小学课堂，努力学习文化知识。16岁高小毕业后，雷锋先后当过生产队记工员、乡政府通信员、秋征助理员、望城县委公务员、团山湖农场拖拉机手，积极参加社会主义新农村建设。

1958年10月，不到18岁的雷锋响应党的号召报名到辽宁鞍钢当工人。11月15日，雷锋来到辽宁鞍钢化工总厂，后成为一名推土机手。1959年8月20日，雷锋主动请缨到辽阳焦化厂参加建厂。12月，在辽阳，雷锋积极响应党的号召报名参军，保家卫国。

1960年1月8日，雷锋“破格”入伍，正式成为一名解放军战士。十个月后，11月8日，雷锋光荣加入中国共产党。在部队，雷锋荣立二等功一次、三等功两次，被誉为“毛主席的好战士”。1962年8月15日，雷锋不幸因公殉职，享年22岁。

1963年1月7日，雷锋生前所在的班被国防部命名为“雷锋班”。雷锋生前所在团被誉为“雷锋团”。时至今日，“雷锋班”“雷锋团”仍在，雷锋仍在。

1963年3月5日，《人民日报》《解放军报》等媒体刊发毛泽东等老一辈革命家为雷锋同志题词，号召全国人民“向雷锋同志学习”。从此，每年3月5日成了“学雷锋日”，全国掀起了广泛学习雷锋的热潮。

2009年，雷锋当选“100位新中国成立以来感动中国人物”。2019年，雷锋被评选为全国“最美奋斗者”。雷锋还成为全军十位挂像英模之一。

崇尚英雄才会产生英雄，争做英雄才能英雄辈出！雷锋牺牲后，他的事迹和精神从辽宁走向全国，感动了亿万万中国人，也激励着一代又一代人。

学习雷锋好榜样，千万个雷锋在成长。无数人通过向雷锋学习，而成为“雷锋”，成为别人学习的榜样。朱伯儒被称为“八十年代新雷锋”，赵春娥被称为“活雷锋”，徐虎被称为“新时代雷锋”，郭明义、庄仕华和孙茂芳被誉为“当代雷锋”。

思想是行动的指南。透过《雷锋日记》，打开雷锋的心窗，追寻雷锋成长的足迹，察其言，观其行，而善恶彰焉。我们发现雷锋成长、成才、成功的路径是有迹可寻的，也是可以复制的。

16岁时，雷锋就开始对自己的人生进行了详细规划。在高小毕业典礼上，雷锋说要做个“好农民”“好工人”“好战士”，他从小就提出三大政治目标“入队、入团、入党”。

雷锋时刻牢记自己的人生追求，热爱祖国、热爱人民、热爱中国共产党，努力学习，奋力拼搏，加速奔跑，积极投身于社会主义革命和建设，把崇高理想信念和道德品质追求转化为具体行动，体现在平凡的工作生活中，把奋斗写进了忠诚，把拼搏写进了收获。

雷锋就是崇尚英模、学习英模成长起来的英雄。

除了人生规划、艰苦奋斗外，雷锋的成长、成才、成功，还离不开他对英模的崇尚和学习。人生规划、艰苦奋斗、崇尚英雄，成为雷锋成长、成才、成功路上三大必不可少的因素。

雷锋之所以能从一名孤儿成长为民族脊梁、时代楷模，是因为在他不断地成长的道路上，一个又一个优秀共产党员、一个又一个英雄模范成为他不断学习的榜样。

雷锋一心向党，时刻不忘党恩，把党比作母亲，以报党恩之心，行报国之志，愿为党和国家贡献牺牲一切，“全心全意为人民服务”。据“榜样”丛书之《雷锋作品选集》统计，在雷锋的日记中，共计239次提到“党”。雷锋说：“党给我的恩情太大了，我永远也报答不完。我每一点微小的进步和成绩，都应该归功于不断培养教育我成长的党，应该归功于热情帮助我进步的同志们。”

在雷锋的日记里和留言中，他明确提到要学习的英模多达三四十位。这些英模，遍及全国，遍及各行各业，既有望城县县委书记张兴玉，也有农业战线上的全国劳动模范冯健，工业战线上的劳动模范张秀云，还有部队中的英雄黄继光、董存瑞、邱少云等烈士。

在这些英模的身上，雷锋看到了优秀共产党员的样子。这些共产党员身上的优秀品质，如同一盏明灯，时刻指引着雷锋成长，指引着雷锋前进，引领着雷锋成为“全心全意为人民服务、愿为共产主义献身”的优秀共产党员和杰出的共产主义战士。

可以说，雷锋是学英模成就了自我，而自己又成为别人学习的英模。

雷锋从16岁开始，仅用短短的6年，就实现了自己的人生目标，也把短暂的生命变成了永恒的精神，把有限的生命变成了无限的为人民服务，把奉献写进了春风里，把种子播撒在祖国大地上，引领着无数“雷锋”在成长。

2000年，共青团中央、中国青年志愿者协会联合下发通知，决定从2000年起，将每年3月5日确定为“中国青年志愿者服务日”，组织青年集中开展内容丰富、形式多样的志愿服务活动。由此，雷锋精神在新时代条件下与志愿服务结合，得以继承和发扬光大。

一代人有一代人的使命，一代人有一代人的担当。无论在什么年代，都需要英模；无论是什么时代，英模都是激励社会前行的强大力量。

2018年9月28日，习近平总书记来到抚顺市雷锋纪念馆参观时明确指出：“雷锋是时代的楷模，雷锋精神是永恒的。实现中华民族伟大复兴，需要更多时代楷模。我们既要学习雷锋的精神，也要学习雷锋的做法，把崇高理想信念和道德品质追求转化为具体行动，体现在平凡的工作生活中，做出自己应有的贡献，把雷锋精神代代传承下去。”

学习雷锋，永远不过时。学习雷锋，只有进行时，没有完成时；学习雷锋，只有起点，没有终点，永远在路上！

雷锋，一个名字，一种精神，一座丰碑。2022年8月15日，是雷锋因公殉职六十周年。2023年3月5日，是毛泽东等老一辈革命家为雷锋同志题词六十周年。9月28日，是习近平总书记到抚顺市雷锋纪念馆参观发表重要讲话五周年。

2023年2月，习近平总书记对深入开展学雷锋活动做出重要指示，60年来，学雷锋活动在全国持续深入开展，雷锋的名字家喻户晓，雷锋的事迹深入人心，雷锋的精神滋养着一代代中华儿女的心灵。实践证明，无论时代如何变迁，雷锋精神永不过时。

明天的中国，希望寄予青年。青年兴，则国家兴。新时代是追梦者的时代，也是广大青少年成就梦想的时代。新时代提出新要求，新征程充满新挑战。

奋进新征程，建功新时代。习近平总书记强调，新征程上，要深刻把握雷锋精神的时代内涵，更好发挥党员、干部模范带头作用，加强志愿服务保障和支持，不断发展壮大学雷锋志愿服务队伍，让学雷锋在人民群众特别是青少年中蔚然成风，让学雷锋活动融入日常、化作经常，让雷锋精神在新时代绽放更加璀璨的光芒，为全面建设社会主义现代化国家、全面推进中华民族伟大复兴凝聚强大力量。

习近平总书记关于深入开展学雷锋活动的重要指示精神，既为新征程学雷锋活动蓬勃开展指明了方向，又对全国青少年争做新时代学雷锋主力军提出了殷切期望。真学、真懂、真信、真用雷锋，坚持用雷锋精神立德树人，引导青少年学习英雄、崇尚英雄，追求有价值有意义的人生，争做新时代雷锋精神种子，把雷锋精神代代传承下去，这是党和人民的殷殷重托、时代的召唤。

站在历史新节点，我们试图通过梳理公开资料的草蛇灰线，回顾雷锋成长、成才、成功之路，为新时代青少年的成长探寻一条通往成才成功之路。

听雷锋讲过的话，看雷锋走过的路，做雷锋做过的事，像雷锋一样心系祖国，志存高远，脚踏实地，用理想之光、信仰之光照亮奋斗之路，在奋斗中创造精彩人生，为祖国和人民贡献青春和力量，共同创造美好幸福生活！

他山之石，可以攻玉。学习就是传承！

目 录

第一章

雷锋说过的话：做事要有计划

无论做什么，一定要事先有计划，不能盲目乱干。只有按计划办事，才能圆满完成任务。

——《雷锋日记》1962年7月30日

人生有三位最好的老师：一是兴趣，只要有兴趣，内心才有执着追求；二是苦难，每次遭受的苦，都会让你成长；三是爱，爱像口袋，往里装是幸福，往外拿就是成就感。

成功的人生，要用兴趣去追求，用苦难去磨砺，用爱去生活。

人人都想拥有幸福生活，都想成功，可幸福和成功不常有，幸福和成功只属于那些有准备的人。

对于规划，雷锋有着清醒的认识。1962年7月30日，在参加部队后勤处组织的生产劳动中，因有的同志没按计划带工具而影响了生产，雷锋意识到，“不按计划办事，害处很大”，“无论做什么，一定要事先有计划，不能盲目乱干。只有按计划办事，才能圆满完成任务。”

雷锋胸怀大志，对自己成长的每个阶段有着极其明确的规划，每走一步都有一个小目标。

雷锋从小就立下了鸿鹄之志，要求积极进步，并为自己设立了“入队、入团、入党”三大政治目标，更志在成为一名“好学生、好农民、好工人、好战士、好辅导员”的“五好”青年。

雷锋的人生规划，脚踏实地，立足实际，紧握时代脉搏，与时代同行：国家号召知识青年下乡，他放弃了继续求学，高小毕业后就直接选择回农村参加社会主义新农村建设；国家号召大炼钢铁，他背井离乡，到辽宁鞍钢做工人；国家号召保家卫国，他又选择参军入伍。

有志者立长志，无志者长立志。不积小流无以成江海，不积跬步无以至千里。雷锋把个人规划、崇高理想信念和道德品质追求与国家命运紧密相融，转化为具体行动，坚定理想信念，从身边的小事做起，从生活的点点滴滴做起，从岗位上做起，矢志锤炼本领，砥砺品德修为，无私奉献，只做好事，从不做坏事，踔厉奋发、勇毅前行。

立大志、立长志，虽然付出了百般努力，不见得百分之百就能成功，但如果从一开始就不努力，那注定永远都成不了事。四季不同，各有花期。只要坚定一个目标，持之以恒，坚持不懈，终将会收获属于自己的成功！

雷锋虽然只活了22岁，但他活成一道光，光耀中华，照到哪里哪里亮，永远值得我们学习。

第一节　一颗红心：全心全意为人民服务

人的生命是有限的，可是，为人民服务是无限的，我要把有限的生命，投入到无限的为人民服务之中去……

——《雷锋日记》1961年10月20日

雷锋之所以能活成中华民族的一面旗帜，时刻指引我们前行，就在于他真正地明白了人生的价值和活着的意义。

人活着，到底是为了什么？有人为此冥思苦想了一生，努力寻找了一世，也没有找到答案。可年轻的雷锋却活得十分通透，一眼就看穿、看透了人活着的真谛。

1961年10月3日，雷锋在国庆节期间写下了这样的文字：

人生总有一死，有的轻如鸿毛，有的却重如泰山。我觉得一个革命者活着就应该把毕生精力和整个生命为人类解放事业——共产主义全部献出来。我活着，只有一个目的，就是做一个对人民有用的人。

当祖国和人民处在最危急的关头，我就挺身而出，不怕牺牲。生为人民生，死为人民死。

雷锋的这个认知，来自对共产党的深刻认识。

为让更多人生活得更美好，中国共产党从南湖出发，一路劈波斩浪，一路筚路蓝缕，披荆斩棘，不畏风雨，不惧牺牲，砥砺前行，带领着全国各族人民迎来了从站起来、富起来到强起来的伟大飞跃。

党的十九大报告指出，中国共产党人的初心和使命，就是为中国人民谋幸福，为中华民族谋复兴。

雷锋的初心和中国共产党人的宗旨是一致的，也是一脉相承的，“全心全意为人民服务，不惜牺牲个人的一切，为实现共产主义奋斗终生”。

没有共产党，就没有新中国。没有共产党，就没有雷锋的幸福新生活。

7岁就成了孤儿的雷锋，饱尝人间疾苦酸楚，9岁时随着家乡解放而迎来新生。雷锋说：“自从来了人民的大救星——共产党，把我从火坑中拯救了出来。”

在党和政府的关爱照顾下，雷锋不仅分得了耕田、房屋、衣物，还免费被安排上了小学。

这让一个刚刚饱尝苦难、从旧社会走出来的孩子深深体会到了久违的温暖，看到了新生的希望，明白了自己的新生是党和国家给予的。他高兴地说出了“解放后我有了家，我的母亲就是党”。

于是，在上小学的第一天，雷锋就让老师教他写：“毛主席万岁！”身为小学生，雷锋已经知道感恩，“只有好好学习，才能将来更好地为人民服务，报答党的恩情”。

正是因为从共产党的身上，雷锋感受到了亲人般的温暖和厚爱，也找到了人生奋斗的目标。

1961年7月1日，雷锋在日记上写道：

我像一个学走路的孩子，党像母亲一样扶着我，领着我，教会我走路。我每成长一分，前进一步，这里面都渗透着党的亲切关怀和苦心栽培。

…………

亲爱的党，我慈祥的母亲，我要永远做您的忠实儿子……为建设社会主义和实现共产主义而献出自己的全部力量，直至生命。

从共产党员身上继承红色基因，雷锋把党“全心全意为人民服务”的宗旨完全铭记在心里，融入了血脉中。雷锋表态说：“革命前辈用生命和鲜血拯救了我，伟大的共产党和毛主席拯救了我！……我要永远听党的话，永不忘记过去……”

心怀感恩，雷锋开始了对人生的探索。

1958年6月7日，他在日记中写道：

如果你是一滴水，你是否滋润了一寸土地？如果你是一线阳光，你是否照亮了一分黑暗？如果你是一颗粮食，你是否哺育了有用的生命？如果你是一颗最小的螺丝钉，你是否永远坚守在你生活的岗位上？如果你要告诉我什么思想，你是否在日夜宣扬那最美丽的理想？你既然活着，你又是否为未来的人类的生活付出你的劳动，使世界一天天变得更美丽？我想问你，为未来带来了什么？在生活的仓库里，我们不应该只是个无穷尽的支付者。

雷锋围绕“人为什么活着”这样古老而永恒的命题，展开了七次问与答，并用“一滴水”“一线阳光”“一粒粮食”和“一颗最小螺丝钉”来比喻人生，揭示了人生的价值不在于索取，而在于奉献。

这七个叩问初心之问，蕴含着他朴素的人生观、价值观和全心全意为人民服务、助人为乐、无私奉献的宝贵精神品质。

这种精神，是任何时代都需要的，永远都不会过时。

经过一年多的历练学习，雷锋对人生观有了更深的理解和认识。

1959年12月8日，即将19岁的雷锋在日记中写道：

一个革命者，当他一进入革命行列的时候，就首先要确立坚定不移的革命人生观。……树立这样的人生观，就必须培养自己的思想道德品质，处处为党的利益，为人民的利益着想，具有大公无私、舍己为人的风格。……要能够为党的利益，为集体的利益不惜牺牲自己的利益。

对人生价值的思考，雷锋意犹未尽。12天后，他看到中央党校杨献珍的一篇文章，雷锋将其内容抄录进了日记：

一个人出生在世界上以后，除了早夭的以外，总要活上几十年。每个人从成年一直到停止呼吸的几十年的生活，就构成了各人自己的历史。至于各人自己的历史画面上所涂的颜色是白的、灰的、粉红的或者鲜红的，虽然客观因素起一定作用，但主观因素起决定性的作用。每个人每时每刻都在写自己的历史，每个共产党员和共青团员都应该好好地想一想。怎样来写自己的历史。每个共产党员和共青团员时时刻刻都要以马克思列宁主义、毛泽东思想来做你自己的思想行动的指导，真正做到言行一致。我要永远保持自己历史鲜红的颜色。

如何永远保持自己历史鲜红的颜色？1960年12月28日，20岁的雷锋立下了要为共产主义而奋斗的雄心大志。

雷锋写道：

我在党和毛主席的不断哺育和教导下，健康地成长起来。由于政治觉悟的不断提高，树立了为共产主义而奋斗的大志，在工作和学习中取得了一点点成绩，这应该归功于党，归功于帮助我的同志们。我一定永远牢记毛主席的教导，永远做群众的小学生。

雷锋时刻保持着清醒的头脑，不忘学习，常常书本不离手，有空就读书，有空就学习，白天挤时间学，晚上打手电学。

学习让人进步，学习让人成长。在不断的学习中，雷锋不断地完善自己的认知，不断地校正自己的航向，不断地挑战自我，不断地努力奋进。

经历了望城农民、鞍钢工人、部队战士的生活，雷锋懂得了“一滴水只有放进大海才能永远不干涸，一个人只有当他把自己和集体事业融合一起的时候才能有力量！”

从此，雷锋把个人的发展与国家、人民的事业融为一体，把全心全意为人民服务当成自己的奋斗目标。

1961年8月3日，雷锋光荣地参加了抚顺市第四届人民代表大会第一次会议，激动万分，第一次完整地透露心声：“我要全心全意为人民服务，永生为伟大的共产主义事业而奋斗。”

人的生命不在于长度，而在于厚度。1961年10月20日，雷锋通过学习领悟到了这个道理，挥笔在日记郑重地写下了人生最精彩的一笔：

人的生命是有限的，可是，为人民服务是无限的，我要把有限的生命，投入到无限的为人民服务之中去……

一个月后，11月26日，雷锋在读了《毛泽东选集》后感慨良多，提笔在日记本上写道：

我学习了《毛泽东选集》一、二、三、四卷以后，感受最深的是，懂得了怎样做人，为谁活着……

我觉得自己活着，就是为了使别人过得更美好。

我要以黄继光、董存瑞、方志敏等同志为榜样，做一个热爱祖国、热爱人民，永远忠于党、忠于人民革命事业的人。

前行的路，艰难而曲折。

雷锋说："当个人利益与国家、党和人民的利益发生矛盾的时候，我就想到了过去家破人亡、受苦受难的苦日子，就感到党的恩情永远报答不完"。

雷锋还说："学习愚公不怕困难，敢于斗争，敢于胜利的精神。愚公能挖掉两座大山，我有恒心克服各种困难，学习好毛主席著作和军事技术，把自己锻炼成为一个又红又专的共产主义革命战士，更好地为人民服务，为人类的解放事业——共产主义而贡献自己的一切。"

1962年3月初的一天，雷锋自勉写道："你崇高的行为就是献身于为人民服务，为自己的祖国效忠，为崇高的共产主义理想立功。"

6月25日，听到有些人说当兵不合算，挣不到钱，不如在家种二亩地，既有花的，又有吃的，雷锋在日记中写道：

我认为这种人对个人利益和集体利益的关系认识不足。俗话说："大河涨水，小河满；大河无水，小河干。"同样，只有集体利益富裕了，个人利益才能得到满足，如果没有集体的利益，哪还有什么个人的利益呢？

三天后，雷锋又在日记里写道：

我认为个人和集体的关系，正像细胞和人的整个身体的关系一样。当人的身体受到损害的时候，身上的细胞就不可避免也要受到损害。同样的，我们每个人的幸福也依赖于祖国的繁荣，如果损害了祖国的利益，我们每个人就得不到幸福！

在个人与集体之间，雷锋选择了集体，处处为集体着想，处处为他人着想。雷锋以服务人民为最大幸福，以帮助他人为最大快乐。

8月6日，雷锋听到有人在说“人活着就是为了吃饭”，气愤地在日记予以反驳：“我觉得这种说法不对，我们吃饭是为了活着，可活着不是为了吃饭。我活着是为了全心全意为人民服务，是为人类的解放事业——共产主义而斗争。”

1962年8月10日，就在因公牺牲前五天，雷锋写下了人生的最后一篇日记。

在这篇日记里，雷锋还不忘记毛主席的教导“虚心使人进步，骄傲使人落后”，一再表示要牢记，坚决努力，要求自己更好地做到这一点。

同时，他又一次旗帜鲜明地表达了决心：“今后，我要更加热爱人民和尊敬人民，永远做群众的小学生，做人民的勤务员。”

时代呼唤英雄，英雄光耀时代。

雷锋目光远大，总能从国家发展大势、从党和国家工作全局出发观察和思考问题；雷锋信念坚定，总是把党和人民放在心中最高的位置，始终不渝坚持共产党人的理想信念，在平凡的岗位上做出了不平凡的事。

做好事，做好人。雷锋对党和人民一片赤诚，肝胆昭日月，忠魂系铁流。

他说：“我就是长着一个心眼，我一心向着党，向着社会主义，向着共产主义。”

1962年8月15日，雷锋因公殉职。他把自己短暂的一生，全部奉献给了党，奉献给了人民，也坚守践行了全心全意为人民服务的誓言和承诺，为自己的人生涂画上了最鲜红的颜色。

人倒下了，精神和价值却站了起来，穿越时空，飞越九州，融入每一位中华儿女的血脉，融进鲜艳的五星红旗，融入中华文明五千年的史册，为后人树起了一座人人敬仰、永远不朽的道德丰碑。

第二节　三个目标：入队、入团、入党

入队、入团、入党，是青少年追求政治进步的“人生三部曲”，也是雷锋人生的政治追求。

雷锋是新中国第一批少先队员，是学校少先队中队长。

雷锋在望城县委工作时，县委书记张兴玉鼓励他，要热爱党、热爱毛主席，向革命英雄学习，创造条件，实现一个人一生的三件光荣事：“在已经是少先队员的基础上，争取早日入团、入党。”

张兴玉的一番话，如同一盏明灯，一下子就照亮了雷锋的前程。从此，雷锋的人生，有了更为明确的奋斗目标和坚定的政治追求。

在日记里，雷锋写道：

对每个人来说，我认为一辈子有三件大事，就是参加少先队、青年团、共产党这三大光荣组织。……我们只有好好学习、天天向上，听党的话，听毛主席的话，才能达到这三个目标。

目标明确，意志坚定，使命必达。从此，雷锋坚定不移地听党话、跟党走，努力奋进，在“入队、入团、入党”的道路上加速奔跑，把追求融入血液，矢志不渝。

入队

雷锋在部队忆苦思甜时曾说："我是第一批入队的，大家选我当了队长。我们队的工作搞得很好，被评为全县的一个先进单位，这是队员们的努力"。

雷锋在荷叶坝完小[①]加入少先队，是在1954年。那年，他还不到14岁。

1953年6月，"中国少年儿童队"正式改名为"中国少年先锋队"。1954年6月1日，中国少年先锋队正式公布《中国少年先锋队章程》。全国也正是从这一年开始在全国范围内开始组建少先队。

1954年，上级团委决定在荷叶坝完小试点成立少年先锋队，而学校决定先在五年级组建少先队中队。雷锋正好上五年级，因学习刻苦，表现突出，被选入第一批少先队员候选名单。

考察期间，雷锋在参加"我爱红领巾"活动时，"击鼓传花"，花落在了他的手里，抽到了一张"讲讲红领巾意义"的小纸条。雷锋稍做调整，说道："光荣的红领巾，就是无产阶级革命红旗的一角，是用革命先烈的鲜血染成的。我要争取入队，做一名少先队员。"

原望城县荷叶坝完小少先队总辅导员常业勤说，在筹备建队时，雷锋成了建队的积极分子，积极组织同学学队章、唱队歌、写心得，并鼓励同学递交入队申请书，开展"比、学、赶、帮"活动。无论辅导员交办什么任务，雷锋都能出色完成，先后在班里发展了吴强国、王振云、凌小俐等十多名少先队员。

---

① 现位于湖南省长沙市望城区雷锋学校内。

1954年6月1日，雷锋正式成为少先队员，成为当地第一批少先队员，也是新中国第一批少先队员。

宣誓那天，辅导员把鲜艳的红领巾戴到雷锋的脖子上，雷锋抚摸着胸前飘起的红领巾，无比激动。作为新少先队员代表，雷锋第一个上台讲话，“我心里有许多话要讲，但激动得一时说不出来。我是个孤儿，今天光荣地入队了，从此有了自己的组织，孤儿不孤了。今后，我必须努力学习，以实际行动争取更大的进步，做一个优秀少先队员。”

紧接着，学校组建了少先队大队部。在酝酿大、中队队委候选人名单会议上，别看雷锋事事都争先，可面对荣誉时却处处让，他热情诚恳地一一列举了吴强国、王振云、李建芝等人的优点，提议推选他们为候选人，始终没有涉及自己半点成绩。

最后，吴强国当选为学校少先队大队长，李建芝当选为少先队中队长，王振云当选为少先队中队学习委员。

少先队总辅导员常业勤说，在酝酿大队队委候选人时，大家不约而同地一致推选雷锋，雷锋最终以全票当选。

在队委干部分工时，雷锋主动提出：“我愿当旗手，我要像解放军的旗手那样，当一名好旗手，如果需要鼓手，当鼓手也可以，服从组织安排。”

经过学校团支部和少先队大队部集体研究，最终决定尊重雷锋本人意愿，就这样，雷锋成了少先队旗手。

同学王振云回忆，为了当好大队旗手，雷锋利用课余时间练习握旗姿势，操练步伐。每次大队活动，雷锋扛着队旗雄赳赳气昂昂地走在队伍前面，步伐铿锵，雄壮有力。

雷锋身为旗手，处处以身作则，模范带头，努力学习，积极踊跃地参加学校各类活动。

易华钦老师回忆，雷锋个子不高，就坐在教室第一排，靠讲台最前面，无论是哪个老师上哪一门课，雷锋都端端正正地坐着，集中精力听讲。课堂上没有听明白的问题，下课后必定要找同学或老师弄懂为止。每年都被评为品学兼优的好学生。

雷锋不仅自己学习好，还经常关心别人学习。看到班里有同学考试没考好，就主动去交朋友，积极帮助学习。看到有人因病或因事请假，无论是谁，他都利用课余时间到同学家帮补课。

在上高小时，晚上总有农民来找雷锋学识字。雷锋索性就开办了一个农民识字班，从老师手里借来了课本，晚上坚持讲课，组织农民学习。1955年，雷锋被评为望城县模范群教。

荷叶坝完小有个图书室，雷锋自告奋勇当图书管理员。每天按规定开门，自己拿一本书坐在门边看，关门时就组织同学们把书放回原处，锁好门才离开。

雷锋不仅学习好，还积极踊跃参加学校的各项文艺活动，是学校的文艺活动积极分子，也许这跟他从小跟着六叔祖走街串巷唱过皮影戏，有音乐和表演的历练有关。

在就读过的五所学校里，雷锋一直都是文艺骨干，几乎每次演出都要登台表演，充分展现了爱好广泛、多才多艺及热爱集体的良好品质。

学校成立腰鼓队，对队员要求很高，雷锋因个子矮小，影响队伍整齐，第一次没选上。雷锋听说后，着急了，找到老师谭礼再三请求："谭老师，打腰鼓不是打一天两天就不打了，我慢慢地会长高的嘛！"

谭礼老师问："你能背出打腰鼓的点子吗？"

雷锋二话没说，准确无误地背了出来。

谭礼老师于是同意了雷锋的请求。在腰鼓队，雷锋学花样、练动作格外认真，课余的每一分钟都不放过。下课了，雷锋就在桌上用手指头练节拍；放学回家，他边走边在自己的小书包上敲起来。就这样，经过一番苦练，雷锋终于成了一名出色的腰鼓队员。

1955年六一儿童节，荷叶坝完小少先队决定到湖南长沙烈士公园过一次有意义的队日。

步行到烈士公园要走三十多里路，打大鼓的任务很重，雷锋主动当鼓手，打着鼓带着队员们一起唱着《中国少年先锋队队歌》，累得浑身是汗。

辅导员派其他同学来替换，雷锋表示打鼓的任务是自己领下来的，就应该由自己来完成。他顶着烈日，咬牙坚持边打边走……

有一次，在当地推山完小举行文艺联欢晚会，演出前大家互相拉歌，互不相让。雷锋看到文娱委员凌小俐累得不行了，马上接过指挥棒，指挥同学们唱歌，迎接兄弟学校挑战。

为把联欢活动搞好，推山完小和清水塘完小两所学校商量决定再出一个节目。因事先没准备，老师都很着急，雷锋听说后，主动抢任务，“我和文娱委员凌小俐一道演出《小锯子》吧！”

以前，雷锋和凌小俐一起表演过这个节目，演出后很多同学曾调皮地取笑过他俩，可雷锋从没放在心上，今天又主动站出来为学校解围。

老师无不佩服其胆量，更为其一心为集体着想而称赞，就同意了雷锋的建议。雷锋的精彩表演得到了全场热烈掌声，老师也为他们竖起了大拇指，雷锋却红着脸谦虚地说：“如果不是老师平时精心辅导，就不会有今天的成功！”

雷锋爱护集体，关心同学。在到长沙烈士公园参观学习回来路上，看到有一名同学脚疼难忍，老师轮流背他走。14岁的雷锋争着抢着要替老师背，这个同学个子比雷锋还高，只能驮着走。雷锋满头大汗，也不喊累。

三年级少先队员张义华，下雨天上学时甩木屐上的泥，毁坏了农民秧苗，被村民告了状。放学回家时，张义华又因抢一年级学生小皮球，被家长告到了学校里。夏柳老师和大队辅导员商量后，召开少先队大队会，当场宣布：停止张义华同学队籍，把红领巾交给中队辅导员，什么时候有好的表现，什么时候恢复队籍。

雷锋主动找到张义华谈话，讲粮食从秧苗到收获离不开农民辛勤耕耘，来之不易，并带着张义华放学后一起到农田去把踩坏的秧苗扶好补种好，帮农民除草。就这样，在雷锋帮助下，张义华的表现打动了农民和老师，队籍在被停了22天后又恢复回来。

两年间，雷锋一直连任少先队旗手，时刻发挥旗手的作用，还为学校培养了一批又一批的好旗手。也从这一时刻起，夺旗帜，当排头，争先锋，深深地融入进了雷锋的血脉。

入团

1955年下学期，经上级团委批准，学校成立荷叶坝完小团支部。当时在高小学生中，达到入团年龄的不少。为在学生中发展团员，学校团支部成立青年学习小组，动员青年学生积极报名。

校团支部书记李树琪说，雷锋闻讯后，立即写了申请书，报名参加团课学习。在雷锋的带领下，学生报名非常踊跃，六年级绝大多数同学都报了名，五年级一些适龄学生也报了名。

学校对学习小组成员审批很严，只有思想品德表现好、组织纪律性强、学习成绩优异的同学，才能成为正式学员。雷锋是当时首批学员之一。

周一放学后，学习小组40名学员集中到教室里学习团课，了解团的性质、团员义务和职责、团徽和团旗等知识。

第二天一早，雷锋就向团组织递交了一份入团申请书。此后，雷锋几乎每周都写一次申请，迫切地想成为一名光荣的团员。

当时因为发展的团员名额少，距离雷锋完小毕业只有半年多时间，雷锋年龄又小，团支部认为还需要考验一段时间，暂时没有吸收为团员。

看到别人入团宣誓，雷锋羡慕不已。雷锋作为进步青年代表上台发言，激动地说道："亲爱的老师、同学们，我多么希望能站在团旗下光荣宣誓，我多么希望能成为党的得力助手——中国新民主主义青年团[①]团员。我这个孤儿能有今天，多亏了党和毛主席，我一定要'好好学习，天天向上'，争取早日加入中国新民主主义青年团，为社会主义建设多做贡献。今天，我没有被批准，这说明我离一个团员的要求还有差距，但我绝不灰心，绝不气馁，一定争取早日加入中国新民主主义青年团。"

从此，团旗在雷锋心中飘扬。

1956年11月17日，不到16岁的雷锋来到望城县委，在县委书记张兴玉身边工作，成为县委里年龄最小的公务员。

雷锋到县委机关工作后不久的一天晚上，张兴玉找到雷锋进行了一次长谈。

---

① 中国新民主主义青年团是中国共产主义青年团的前身，1957年改名为中国共产主义青年团。

张兴玉让雷锋讲一讲自己的家史，讲一讲他的童年的生活……又进一步引导他认识幸福的由来，告诉他应该怎么去保住这份幸福。

张兴玉说："小雷呀！你的解放，就是因为无产阶级革命的胜利。这个胜利是来之不易的。它是无数革命先烈和无数革命英雄经过流血斗争才换来的。你已经长大了，应当更好地热爱党、热爱毛主席，向革命英雄学习，创造条件，实现一个人一生的三件光荣事：在已经是少先队员的基础上，争取早日入团、入党。"在张兴玉和县委领导同志的教育下，雷锋决心用实际行动，保卫好无产阶级革命胜利果实。

在县委工作时，雷锋遇到了望城县委组织部干事、共青团望城县委书记黎国平。

黎国平回忆说："雷锋见我胸前挂了一块鲜红的小徽章，上面有'中国共产党望城县委员会'的字样，他摸了又摸，非常羡慕。

"时隔半年，我由县委组织部调到团县委工作，胸前又增挂了一块'中国新民主主义青年团'的徽章。他看见了，一把拉着我，打开话匣子：'你是共产党员，又当了团县委书记，一定不要忘记了我，帮助我也戴上这两个徽章。'

"'这是机关出入证。'我解释说，'小雷，我明白你的意思，你是想加入青年团和共产党，对吗？'

"雷锋笑着说：'对，这是我最大的愿望。'

"'小雷，只要你努力学习和工作，你的愿望一定可以实现。'我为他靠拢组织、追求进步而感到高兴。"

雷锋来到县委工作不久，共青团望城县委机关支部为了培养雷锋，特意安排时任望城县委办公室干事解国良找雷锋谈话。一个满月的晚上，解国良和雷锋一边走一边谈话，雷锋恳请解国良好好帮助自己，他要报党恩。

解国良有意识地谈到入团的事：“你今后有什么打算，为什么没有写入团申请书？”

雷锋说：“青年团是一个先进组织，是党的得力助手，只有先进青年才能入团。我刚参加工作，还不够条件呢。”

解国良鼓励雷锋：“条件是可以创造的，申请入团是靠拢组织、争取组织帮助的表现。你参加工作以来，组织上对你的工作很满意。”

“真的？”雷锋显得很激动，“解大姐，我明白自己条件不够，但我一定努力创造条件，争取早日加入团组织，并随时接受团组织的考验。”

解国良回去后，把谈话内容向团支部负责人进行了汇报，并提出了加快培养的建议。没过几天，雷锋就积极主动向团支部递交了入团申请书。

事后，雷锋找到望城县委办公室机要秘书、县委机关党支部青年委员兼机关团支部书记冯乐群说：“老冯，我要加入团组织，能不能批准？”

冯乐群说：“团的大门随时都是敞开的，你只要努力，创造条件，是完全可以的。你要经得住组织的考验。”

雷锋迫切地继续追问：“我够不够条件？还有什么缺点要改正？”

冯乐群说：“你基本条件够了，但是还有些缺点和不足之处，必须改正。一是有时学习抓得不够紧，二是还有点散漫习气，三是有时还表现出一点自满情绪和某些优越感。”

雷锋听后点了点头：“老冯，你讲得很对，我一定改正。我要创造条件争取加入团组织。”

随后，冯乐群送给了雷锋两本书——一本团章，一本团员基本知识讲话。

过了一段时间，雷锋再次拦住冯乐群：“老冯，你送的那两本书真好，我看了几遍。我明确了入团的目的。入团，就是要当好党的助手，为党的事业尽心尽力，为共产主义事业奋斗到底!”

在1956年11月4日加盖有“中共望城县委员会办公室”公章的一页档案上，我们不难发现，雷锋也不是完人，也不是处处都好，更不是时时都好，也有缺点，也有不足，可雷锋能时刻正确认识到自己的不足和缺点，在不断的改正中完善自我。

此时，雷锋优点和缺点都很突出，甚至说缺点要多于优点。望城县委办公室称：“雷正兴，优点：学习认真，工作积极。缺点：1. 不艰苦朴素；2. 生活不太紧张；3. 加强组织观点。”

知错就改，雷锋雷厉风行。雷锋面带微笑，充满朝气和活力，对人热情，眼中时刻有活，手里时刻不停，走起路来两脚生风，打扫卫生、提水泡茶、帮着油印装订，永不知疲倦。助人为乐，不分干部、职工，不分职位高低，也不分亲疏远近，甚至对素不相识的人，只要有需要，他能做得到的或能帮上忙的，总是有求必应。

黎国平回忆说：“在县委工作的那些日子里，雷锋总是忘我地工作和孜孜不倦地学习着，为自己能早日加入团、党组织积极创造条件。

“当时，雷锋住在县委大院前门旁的一间房子里，跟通信班伙伴朝夕相处。那间房里放着一张五屉桌，供大家公用。雷锋分得一个小抽屉，他在抽屉外面贴上‘雷锋用’三个字作为标志。

“一天，我去通信班玩，对雷锋说：‘看看你的抽屉，里面装的

什么宝贝？'

"'有什么好看的，就只有三本书和一本日记本。'

"他打开抽屉，里面端端正正地放着三本书：一本党章、一本团章，还有一本团的基本知识。翻开书页，上面有不少圈圈点点，可见他是认真读过了。

"'这三本书'，雷锋笑着说，'我可真把它们当宝贝呢！'

"原来，雷锋平时一有空闲就如饥似渴地学习毛主席著作和这些书。他到机关工作没几个月，就向团支部递交了两份申请书，还经常主动征求别人的意见，希望得到大家的帮助。"

后来，机关团支部认为雷锋克服了缺点，成长进步很快，经研究决定，批准他加入团组织。

1957年1月初，在钟光仁、谭以新两位入团介绍人的介绍下，团支部正式通过了雷锋的入团志愿书。

至此，16岁的雷锋用自己的努力和优秀表现敲开了共青团的大门，开启了新的人生征程。

当天，雷锋头戴青色呢帽，身着蓝色列宁装，胸前佩戴着红底白字的"中共望城县委员会"的圆形证章，跑到照相馆，拍了一张照片纪念。照片中，雷锋面露微笑，难掩入团后内心的激动和喜悦，一切溢于言表。

1957年1月4日，雷锋把照片送给了县委书记张兴玉妻子郑桂先一张，并在照片背面用笔端端正正写了"赠给：老郑同志留念　雷正兴"。同时，雷锋还把这张照片送给了冯乐群一张。

虽然组织上通过了，但入团有着严格的组织程序，只有等所有手续审批完毕后，才能算是正式成为青年团员。

对于雷锋入团准确时间，无论是在1958年3月16日发表的《我学会开拖拉机了》，还是在后来的先进事迹报告材料中，雷锋本人都只说是在“1957年2月”，没有交代具体时间。

解国良回忆说：“1957年2月8日，雷锋光荣地加入团组织。当时，他是我们团支部也是县级机关团组织里年龄最小的团员。我们为有这样一个小同志加入团组织而感到高兴。”

冯乐群也回忆道：“1957年2月8日这一天，对于雷锋来说，是个难忘的、永远值得纪念的日子。这天，他入团宣誓之后，很激动地跑来告诉我，情不自禁地连声说道：‘我是青年团员了！我是青年团员了！’”

当晚，雷锋仍处于兴奋之中，又一次找到冯乐群，彻夜长谈。雷锋说：“我早就渴望加入团组织了！在学校，我参加了少先队，是我加入的第一个组织。现在进机关又加入团组织，我要严格要求自己，做一个模范团员。”

雷锋的话，不久就变成了现实。雷锋被县级机关评为“建设社会主义青年积极分子”。

在出席共青团望城县委召开的全县第一届建设社会主义青年积极分子大会上，雷锋参加小组讨论会时庄严提出：“我要努力工作，为社会主义做贡献，争取早日加入中国共产党。”

在望城县委工作两年时间里，雷锋3次被县级机关评为“模范工作者”和“模范团员”。

入党

对于加入党组织，雷锋迫不及待，在还没有加入共青团的时候就急着想加入。

刚来到县委工作三个多月，雷锋就跑到望城县委组织部干事黄菊芳家中，急切地询问入党的条件。

当初，因为县委交通员陈厚明参军，急需人手顶替，正是黄菊芳考察选调雷锋来县委工作的。

黄菊芳回忆说："雷锋到我家来惊奇地问我，'大姐姐，我听同志们说，你还是我们县委会机关的党支部书记呀，今晚我专登此门，不是向你个人，而是向组织汇报我的思想的'。"

雷锋接着说："思，就是想念毛主席，昨晚我做了一个好梦，梦见我上北京看到了毛主席，真是高兴极了，感到又香又甜。想，就是想争取入党。大姐姐，要入党，必须要有哪些条件呢?"

黄菊芳告诉雷锋："你还属于25岁以下的青年，要先创造条件加入共青团组织，共青团是党的助手，你今后要积极工作，努力学习马列主义、毛泽东思想，不断地提高自己的思想觉悟，密切联系群众，创造更高的条件再争取入党。"

雷锋在加入共青团后，继续向党组织靠拢。雷锋一共写了三份入党申请书和一份入党转正申请书，每份申请书的字里行间，都跳动着他那颗永远听党话、跟党走、全心全意为人民服务的赤胆忠心。

1958年11月5日，在雷锋动身前往辽宁鞍钢前夕，第一次正式向党组织表明决心，向湖南望城县五星人民公社党组织递交了人生的第一份入党申请书。

11月15日，雷锋来到辽宁鞍钢后，处处表现突出，积极要求进步，创造条件积极向党组织靠拢。

在鞍钢一年零两个多月时间里，雷锋3次被评为先进工作者，5次被评为红旗手，18次被评为标兵，荣获青年社会主义建设积极分子称号。

1959年8月20日，雷锋主动申请来到鞍钢辽阳弓长岭建焦化厂。

到厂后不久，雷锋就主动找到鞍钢弓长岭焦化厂党总支书记李钦荣，口头提出加入中国共产党的申请。

雷锋详细讲述了自己的苦难史，并一再向李钦荣表态："我坚决听党的话，永远跟党走，党叫我干啥就干啥，我现在是共青团员，李书记，我要以实际行动把工作做好，争取早日加入中国共产党。"

工作中，雷锋总是走到前干在前，处处起带头作用，积极向党组织靠拢。

久经历练，久经考验，雷锋认为条件成熟了，11月15日，第二次向党组织递交了入党申请书。

雷锋第三次向党组织递交入党申请书时，他已经到了部队。

1960年4月5日，雷锋刚参军近四个月，从团里战士业余演出队回到运输连，就又迫不及待地向党组织递交了入党申请书，强烈表达了入党的想法和诉求。

1961年9月19日，雷锋又写下了一份入党转正申请书。如今，这份申请书珍藏在中国人民革命军事博物馆。

从严格意义来说，这不是一份入党申请书。

入党，需要一个严格的过程。先提交申请，成为积极分子，经一年考察后，经党组织同意成为预备党员，再经一年考察才能转为正式共产党员。而此时，雷锋还是一名预备党员。

在转正申请书中，雷锋向党组织详细汇报了自己的思想，表达了自己准备"为党为人民的事业贡献出自己的一切"的决心。

在这份转正申请书中，雷锋还向党汇报了自己为河南省干沟民办小学捐款100元的事情：

我接到河南省一个民办小学校的来信，他们说，因几年遭受自然灾害，造成了一些暂时困难，要我给予他们以经济帮助。我看了这封信后，就向首长请示，准备卖掉自己的衣服和皮鞋，以支援他们办学。当首长没有同意我这种做法的时候，我心里却感到很不安，连觉也睡不着，我左思右想，后来拿出自己在部队一年零九个月所集留下来的全部津贴费（壹佰元），支援了干沟民办小学校。我把钱寄去了，心里也就快活了。

河南省巩县回郭镇干沟小学，始建于1947年。1961年8月，该校教师刘知伦在报纸上看到雷锋助人为乐的报道后，给雷锋写了一封信，介绍了学校办学面临的困难，希望雷锋给予帮助。收到信后，9月11日，雷锋到工商银行抚顺市望花区七百储蓄所取出100元钱，寄给了刘知伦。

这笔钱在当时不是一个小数目。雷锋每月津贴费只有6元。

其实，这笔钱是雷锋自己多年积攒下来的200元中的一部分。对于这笔钱，雷锋在《解放后我有了家，我的母亲就是党》中“节约二百元钱”一章中有所交代：

每个月发6元津贴费，我只留5角钱零用，余下的都储蓄了。入伍半年多，节约了32元，加上我在工厂节余的工资，现在储蓄了200多元。

1960年8月20日，平时连瓶汽水都不舍得买，连双袜子都得补了又补，生活十分节俭的雷锋，却一下子从储蓄所提出来200元，想捐赠给抚顺市望花区和平人民公社，结果公社只收下了100元。看到辽阳遭遇水灾，雷锋转身又将剩余的100元捐给了辽阳市委。

听说了雷锋捐款，有人议论纷纷。雷锋在当天的日记里写道：

有些人说我是“傻子”，是不对的。我要做一个有利于人民、有利于国家的人。如果说这是“傻子”，那我是甘心愿意做这样的“傻子”的。革命需要这样的“傻子”，建设也需要这样的“傻子”。我就是长着一个心眼，我一心向着党，向着社会主义，向着共产主义。

1960年9月6日，中共辽阳市委给部队回信称：

8月28日，雷锋同志给我们来了信并随信寄来100元钱，表示他对灾区的关怀和支援。雷锋同志能在我们遭受特大水灾之时，寄信和邮钱，从道义上和财力上支持我市灾区，这种崇高的阶级友爱精神，说明了一个问题：就是人民解放军作为人民的子弟兵和人民有着密不可分的血肉联系，说明了我们的人民解放军有着一贯的与人民同甘苦共患难的光荣传统。雷锋同志能够有着至高无上的共产主义品德，也是党和部队长期教导的结果。

辽阳市遭受百年不遇的特大洪水灾害，受到严重损失。但是，在党中央、毛主席和省委、鞍山市委的亲切关怀和正确指导下，在人民解放军和兄弟市县的大力援助下，抢救了被水围困的灾胞，减轻了洪水灾害的损失。同时，中央和各兄弟市、县，又运来了大批救济物资，安排了灾区人民的生活。目前，灾区人民在党的温暖和无微不至的关怀下，信心百倍，干劲十足，热烈响应党的号召，积极投入生产自救、重建家园运动。我们对雷锋同志寄来的款项不准备收留，并代表灾区人民向雷锋同志再一次地表示感谢。希望他能把钱继续存到银行里，支援国家建设。我们一定教育灾区人民，学习雷锋同志的阶级友爱和共产主义品格，鼓足更大的干劲，更加奋发图强，为彻底医治洪水创伤，重建辽阳幸福的新农村而努力。

由此可见，辽阳市委并没有收下雷锋的捐款。雷锋收到退款后，正好又看到了刘知伦的来信，遂将这笔钱款转捐给了干沟小学。

话又说回来，辽阳市委的回信邮到沈阳军区工程兵十团政治处办公室，被时任政治处宣传干事庞士元看到了，他把信交给了宣传股长吴广信，吴广信立即向政治处主任和韩万金政委进行了汇报。

韩万金政委听后十分感动，要求吴广信、庞士元二人进行核实，并提出了宣传意见。吴广信和庞士元打电话找来雷锋了解情况。

雷锋说："我是来自辽阳的兵，得知辽阳遭灾不能不管，就把给抚顺望花区和平公社捐款所剩的100元寄了过去。先是寄给辽阳市抗洪救灾指挥部，但由于地址不详被退了回来。后来我想，如果寄给辽阳市委一定能收到，就把钱重新寄往辽阳市委，还给市委写了一封信。"

在信中，雷锋如此写道：

我是7343部队15分队的一名新战士，我名叫雷锋，是今年1月从辽阳弓长岭入伍到部队的。由于部队党委和首长对我的不断教育和培养，使我的政治觉悟不断地提高，使我的思想和眼界变得更加的开朗和远大。

现在党中央向全国人民发出了增产节约的号召。目前，在我们的部队里，已掀起了一个轰轰烈烈的增产节约的高潮。我是一个共青团员，我应该积极地响应党中央的这一号召，我看到最近以来，辽阳遭受了百年没有过的大洪水的侵袭，因此使国家和人民的财产受到了很大的损失。现在国家和人民有困难，我是一名中国人民解放军战士，我一定要挺身而出，以实际行动支援灾区人民。

现在部队每月发给我们6元钱津贴，我每月除了理发花5角钱外，余下的钱我都存到储蓄所。入伍后我把在工厂时候攒的40多元，都带到部队存到了储蓄所。我在部队短短的7个月里，又节约了津贴费30多元，到现在为止，我已储存了100元钱。

今天我怀着万分高兴的心情，将我节约的100元寄给你们，支援灾区人民公社发展生产。

我的生命是党给我的，党是我慈祥的母亲。我一定要听党的话，永远忠于党，忠于人民，为祖国的壮丽事业贡献我的一切力量。

最后请市委对我多多培养，使我不断前进。

当时，正值中央军委号召全军开展忆苦思甜教育，韩万金政委听了汇报，认为雷锋的身世和事迹是一篇很好的教材。经团党委讨论研究，决定由吴广信具体负责整理材料，做好准备，召开一次全团指战员参加的忆苦思甜大会。由此，雷锋引起部队领导的高度关注，被团党委树立为“节约标兵”，成为全团学习的典型。

雷锋给干沟小学汇款后，仍一直牵挂着干沟小学的发展，并于1962年写信给干沟小学，询问还有什么困难需要他帮助。目前，干沟小学已更名为“雷锋小学”，继续讲述着雷锋故事，传承着雷锋精神。

在这份入党转正申请书中，雷锋还用六分之一的篇幅检讨出自己六个方面的缺点：

……因工作的需要，经常外出汇报，在生活上形成了一种自由散漫的作风。比如，有时候不请假外出，礼节不够周到，军容有时不够整齐。因今年我大部分时间在外地作汇报，很少参加党的组织生活，也没有经常向组织汇报自己的思想工作和学习情况。对同志的帮助不够，没能经常进行谈心活动。工作缺少方法，有时抓住了这头却丢了那头，遇到具体问题，仅仅从大道理上作一些解释，究竟怎样解决，要达到什么为合适，自己心中没底。个性急躁，办事总想一口气得成。以上缺点坚决克服。

其实，早在1960年6月，沈阳军区工程兵十团党委就考虑吸收雷锋入党问题了。时任沈阳军区工程兵十团政治处组织股股长、雷锋入党的谈话人赵玉瑞经历了雷锋入党的全过程。

赵玉瑞说："同年7月，工程兵十团党委，要求各连队上报当年的党员发展计划。运输连，也就是雷锋所在的连队，上报了7名，全团各连队一共上报了100多名。

"在这100多名党员发展对象中，大多是老战士，只有雷锋是当年入伍的新兵。运输连上报雷锋为党员发展对象，再次引起了团党委的关注和重视。

"运输连在汇报雷锋的情况时，提出三条主要依据：第一，雷锋入伍时间虽然不到一年，但他的表现却是十分突出的。第二，雷锋的思想觉悟和政治觉悟很高，对党怀有深厚的阶级感情，入伍不到半年的时间，就向组织递交了入党申请书。第三，团党委已树立雷锋为全团的'节约标兵'，是全团学习的榜样。"

团政治处有人提出，"一年团，二年党，三年回家进工厂"，雷锋军龄太短，列入发展计划会影响老战士的思想情绪，应延长对他考验的时间。

赵玉瑞说："雷锋从入伍到加入中国共产党只有10个月的时间，也就是说还不到一年。雷锋加入中国共产党在工程兵十团，可以说是打破常规的。一般来说，在和平时期，入伍不到一年的士兵是不考虑作为党员发展对象的，但在雷锋的入党问题上却打破了这个常规。雷锋在立功问题上也是打破常规的，入伍8个月，在抗洪抢险中表现突出，荣立三等功一次。如果把两件事联系在一起，它就客观、真实地诠释了一个共产主义战士的成长过程，也揭示了一个共产主义战士的成长和进步是有着深厚的思想基础、群众基础和组织基础的。"

在《解放后我有了家，我的母亲就是党》事迹材料中，雷锋写道：

暴雨一连下了几天，抚顺地区的洪水不断上涨。8月3日那天，我们连接到上级命令：到郊外上寺水库去抗洪抢险。

当时，我身体不好，连长让我在家执勤。我讲了价钱："在这种时候，不能把我留在家里！"我和全连同志到了水库，连夜开掘溢洪道，团长、政委和我们一起战斗在溢洪道中。雨下得很大，堤坝不断塌方，大家挥舞铁镐越干越欢，什么苦呀，累呀，全不在话下，只想到保住水库就是保住了煤都。一不小心，我手中的锹被塌下来的土方打掉了，天黑雨大没找见。我只好用双手当锹挖泥，手指挖破了皮，但当我看到左手腕上的伤疤，又想起了过去的苦，心想今天为了保卫人民生命财产不受损失，手指破点皮算得了什么，我继续干。连长见我用手挖，就让我搞宣传鼓动工作。于是我马上搜集连里好人好事，进行口头广播，带领大家唱歌、喊口号，溢洪道里活跃起来了，大家顶风冒雨越干越欢。一连干了四天，我病倒了，晕倒在堤坝上。同志们把我扶到一个老乡家里，连长让卫生员看着我，不许我再到工地去。我躺在老乡的炕上，越想心里越不是滋味。外面的暴风雨撕裂了我的心，我要上工去，卫生员不让。我从挎包里拿出日记本，翻开第一页，我一眼看见了战斗英雄黄继光的像，他的眼睛盯着我，仿佛在说：雷锋啊，雷锋！在这种时候能躺在老乡家里休息吗？一种力量鼓舞着我，我用黄继光的英雄事迹说服了卫生员，又跑到了水库工地上去了……

就这样，雷锋带病参加抚顺上寺水库抢险救灾，连续奋战七天七夜。

赵玉瑞说："抗洪抢险结束后，连队为雷锋报上了三等功。为了更好地培养雷锋，更深刻地了解一名刚刚入伍8个月的战士的成长过程，我专门去雷锋所在的运输连了解情况。我在运输连找干部、战士分别召开了几个座谈会。

"通过座谈会，我对雷锋有了更全面更深刻的了解。在座谈会上，我让大家谈谈对雷锋立功的意见和看法，大家的看法和意见都是一致的，都同意给雷锋立三等功。一个入伍才8个月的战士，是以他的实际行动赢得了荣誉、信任和战友的高度评价。我在四班（雷锋班）座谈时，大家仍是一致赞成给雷锋立三等功。

"大家都发言后，我对雷锋说：'谈谈你自己对立功的想法。'雷锋回答说：'抗洪抢险是全团的任务，战胜洪水人人出了力，我和大家一样，只是尽了一个革命战士的责任，没必要为我请功。'听了雷锋的回答后，雷锋的品质、雷锋的精神深深地打动了我。当时我想，这不正是一个共产主义战士应具备的谦虚谨慎的可贵品质和无私奉献的精神吗！

"回到团部，我把座谈会的情况向韩万金政委做了汇报。韩万金政委说：‘雷锋这样做，正体现他谦虚谨慎，不图名、不为利的高尚品质，很好！是一名很值得培养的好战士，这样的战士应该给他立功。’就这样，工程兵十团给入伍仅8个月的雷锋记三等功一次。这个三等功真实地记载了一名年轻的共产主义战士的成长历程。”

组织股长赵玉瑞回忆道：“韩万金政委在吸收雷锋入党问题上也有明确指示，韩万金政委指示说：‘雷锋是个好苗子，连队党支部要做好重点培养，组织部门不要拘泥入伍时间的长短，符合条件就发展。’韩万金政委还指示说：‘如果条件成熟，尽快安排人员进行外调。’”

之后，韩万金政委指派政治处组织股到湖南望城县雷锋的家乡进行了外调。从外调情况来看，雷锋在旧社会出身很苦，他幼小的心灵对共产党就充满了感激之情。他常说，是党把他从水深火热中解救出来，党就是他的母亲。他对党一往情深、无限忠诚。抱着对党感恩的思想，读书时他是一个好学生，参加工作后是一个积极向上、努力工作的好青年。外调结束后，团党委把雷锋列入了当年的党员发展计划。

1960年11月初，雷锋以特邀代表资格上报出席沈阳军区首届共青团代表会议。

在审查代表资格时，沈阳军区工程兵政治部主任王良太和其他几位常委都认为像雷锋这样的好同志，以党员身份出席会议更为适宜，便催请工程兵十团党委审核批准雷锋加入中国共产党，使他踏上人生道路新的起跑线。

赵玉瑞回忆说：“1960年11月初，沈阳军区工程兵政治部在沈阳召开连队党支部工作经验交流会。会议期间，工程兵组织处的同志们问我们，雷锋的入党问题解决没有。运输连的指导员（高士祥）

回答说：‘支委会已研究同意，就等报后勤党委批准。’工程兵组织处的同志说：‘军区准备在最近召开首届共青团代表大会，军区首长指名雷锋要作为特邀代表参加会议（当时雷锋事迹已在沈阳军区广泛传颂）。军区首长希望雷锋能以党员的身份出席团代会。既然支部已同意，那就尽快召开支部大会通过。十团党委要抓紧办。’”

早在6月底，团领导到运输连了解情况时提出应考虑吸收雷锋入党的问题，连党支部有人提出不同意见，认为雷锋入伍才半年，考察时间短，又缺少政治审查材料，如列入发展计划可能会影响老兵中非党员积极分子的情绪，又是高士祥统一了思想，最终研究决定把雷锋列入发展计划。

针对雷锋在8月抢险救灾和捐款200元上的表现，高士祥在9月召开的第二次党支部会议，专门讨论雷锋和其他两名同志四季度入党问题，又有个别支部委员提出原来的老问题反对。高士祥又一次站出来说话：“政审问题应该从实际出发，雷锋入伍前在鞍钢已有政审，更何况雷锋是孤儿，有一段苦难的家史；另外，雷锋入伍时间虽短，但工作时间并不短，而且雷锋的思想表现比较突出，先进事迹越来越多，在军内外影响较大，他所做的那每一件件平凡的好事，人民群众的一封封热情洋溢的感谢信，使我们对他身上那种共产主义的思想品质认识的越来越深刻。”于是，党支部会议决定发展雷锋入党。

此后，高士祥时刻关心着雷锋的成长，一直给予其正确的指导引领，及时指出不足，纠正雷锋存在的问题，帮助雷锋改正。可以说，雷锋的每一次进步都离不开高士祥的培养。

1960年11月8日下午，高士祥按照韩万金政委指示返回抚顺，在晚饭前召开了党支部委员会。会上，高士祥念了雷锋的入党志愿书。高士祥和连长李超群作为雷锋入党介绍人，详细介绍了雷锋的情况，大家一致同意雷锋入党。

晚饭后，运输连又召开了支部大会，全连共24名党员，到会的18名，一致通过雷锋入党的申请。其余的6名党员夜间执行任务，11月9日早晨，高士祥逐一向他们征求意见，也都表示同意。

于是，高士祥在入党介绍人一栏里郑重地写下了："雷锋同志牢记我党宗旨，全心全意为人民服务，爱憎分明，有坚定的政治立场，我自愿介绍雷锋入党。"

11月9日上午11时许，高士祥赶到沈阳会场，把支部大会通过的雷锋填写的入党志愿书带回到沈阳的会议上，并向韩万金政委汇报了连队支部大会的情况。韩万金指示找十团技术营教导员崔东基，利用午休时间尽快召开营党委会讨论雷锋入党。

在会上，雷锋的入党介绍人、运输连党支部书记高士祥宣读了雷锋的入党志愿书，营党委委员举手表决，一致通过，批准雷锋加入中国共产党。

当日下午3时许，高士祥把刚在沈阳实验中学做完报告的雷锋领到了军区工程兵宣传处办公室，拿出雷锋的入党志愿书，以严肃的口吻对他说："雷锋，从现在起，你就是中国共产党的党员了！"

高士祥回忆，雷锋好像久别母亲的孩子扑到了妈妈怀里一样哇的一下哭了，这时在场的几位指导员和教导员全被雷锋对党的赤诚的感情所感动，雷锋用手翻动着他的入党志愿书，哽咽着，断断续续地说："我……终于是个共产党员啦……党，就是我的母亲……今后，我坚决听党的话！"

站在雷锋身边的技术营教导员党委书记崔东基，拉着雷锋的手说："你已经是一名党员啦，以后要更加谦虚谨慎，全心全意为人民服务！"雷锋听了连连点头。

多年的梦想终于实现了！入党当晚，雷锋怀着万分激动的心情，提起笔来，向党、向人民立下了这样的誓言：

1960年11月8日，是我永远不能忘记的日子。今天，我光荣地加入了伟大的中国共产党，实现了自己最崇高的理想。

我激动的心啊！一时一刻都没有平静。伟大的党啊！英明的毛主席！有了您，才有了我的新生命。我在九死一生的火坑中挣扎和盼望光明的时刻，您把我拯救出来，给我吃的，穿的，还送我上学念书。我念完了高小，戴上了红领巾，加入了光荣的共青团，参加了祖国的工业建设，又走上了保卫祖国的战斗岗位。在您的不断培养和教育下，我从一个穷孩子，成长为一个有一定知识和觉悟的共产党员。

伟大的党啊，您是我慈祥的母亲，我所有的一切都是属于您的，我要永远听您的话，在您的身下尽忠效力，永做您忠实的儿子。

今天我入了党，使我变得更加坚强，思想和眼界变得更加开阔和远大。我是一个共产党员，人民的勤务员，为了全人类的自由、解放、幸福，哪怕高山、大海、巨川！为了党和人民的事业，就是入火海进刀山，我甘心情愿，头断骨粉，身红心赤，永远不变。

雷锋把誓言写在日记里，刻在心里，体现在一切行动中。

雷锋以他对党无限忠诚的赤子之心践行了他生前的诺言，以他全心全意为人民服务、无私为人民奉献谱写了划时代的壮丽诗篇！

第二章

雷锋走过的路：人生需要奋斗

青春啊！永远是美好的，可是真正的青春，只属于这些永远力争上游的人，永远忘我劳动的人，永远谦虚的人。

——《雷锋日记》1959年10月25日

自古英雄出少年。

纵观历史，社会的兴衰交替往往与青年群体的积极参与有着极大关系。他们朝气蓬勃、活力无限、勇气十足、激情四射，肩负使命，以身许国，为党、为国家、为民族、为人民，修身齐家治国平天下。

面对封建统治的黑暗、腐败和国家的落后，27岁的梁启超写下了《少年中国说》；24岁时，毛泽东漫游潇湘，开始了对中国国情的研究和强国之路的寻找；16岁时，习近平到延安市延川县梁家河大队插队，与人民同甘苦，开始了他人生探索之路……

合抱之木，生于毫末；九层之台，起于累土；千里之行，始于足下。

人生总要经历少年、青年、中年、老年，而青少年正是人生起步时期，也是人生最好时期。

毛泽东曾说："世界是你们的，也是我们的，但是归根结底是你们的。你们青年人朝气蓬勃，正在兴旺时期，好像早晨八九点钟的太阳。希望寄托在你们身上。"

列宁曾说："真正建立共产主义社会的任务正是要由青年担负。"

习近平总书记说："青年是祖国的未来、民族的希望，也是党的未来和希望。"

青年强，则国家强。

每一名青少年，都是祖国母亲种下的一颗希望之籽，肩负着历史的重任。

当今正处在中华民族发展的最好时期，既面临难得的建功立业的人生际遇，也面临“天将降大任于是人”的时代使命，新时代的青少年生逢其时，有着无比广阔施展才干的舞台，实现梦想的前景无比光明。

责任在肩，使命向前。

习近平总书记寄语新时代青年：“新时代中国青年要继承和发扬五四精神，坚定理想信念，站稳人民立场，练就过硬本领，投身强国伟业，始终保持艰苦奋斗的前进姿态，同亿万人民一道，在实现中华民族伟大复兴中国梦的新长征路上奋勇搏击。”

这是青少年前行的指南针，这是青少年奋进的航向标，这是青少年拼搏的原动力，这是青少年奋力前行的方向！

人生如棋，我愿为一卒，虽不能如马行千里，却能脚踏实地，步步为营，行动虽慢，却勇往直前，未曾见我后退半步；虽不能像车一样纵横千里，但也毫不畏惧，纵使前途漫漫，处处是险境，仍无怨无悔，拼搏奋战到底。

人生因奋斗而精彩，青春因奋斗而闪光！

2022年10月16日，在中国共产党第二十次全国代表大会上，习近平总书记殷切寄语青年：“广大青年要坚定不移听党话、跟党走，心系祖国，志存高远，怀抱梦想又脚踏实地，敢想敢为又善作善成，立志做有理想、敢担当、能吃苦、肯奋斗的新时代好青年，让青春在全面建设社会主义现代化国家的火热实践中绽放绚丽之花，在奋斗中创造精彩人生，为祖国和人民贡献青春和力量。”

奋斗的青春最美丽，青春在奋斗中展现美丽，青春在奋斗中展现辉煌。

1961年3月16日，雷锋在日记里写道：

世界上最光荣的事——劳动。
世界上最体面的人——劳动者。

不久，他又在日记里写道：

什么是时代的美？战士那褪了色的、补了补丁的黄军装是最美的，工人那一身油渍斑斑的蓝工装是最美的，农民那一双粗壮的、满是厚茧的手是最美的。劳动人民那被烈日晒得黝黑的脸是最美的，粗犷雄壮的劳动号子是最美的声音，为社会主义建设孜孜不倦地工作的人的灵魂是最美的。这一切构成了我们时代的美。如果谁认为这并不美，那他就不懂得我们的时代。

人的成功不是一时兴起，而是来自每一天的努力。雷锋在1961年10月16日的日记里写道：

高楼大厦，都是一砖一石砌起来的，我们何不做这一砖一石呢！我所以天天都要做这些零碎事，就是为此。

1962年2月19日，雷锋参加了沈阳军区首届共产主义青年团代表会议，并被选为主席团成员在大会上发言，激动万分，认为自己为党和人民做的工作太少了，比起其他与会代表，差得太远了。

雷锋在日记里谦虚地写道：

永远听党和毛主席的话，党指向哪里，我就冲向哪里，处处以整体利益为重，全心全意为革命工作，勤勤恳恳，踏踏实实，在平凡细小的工作当中，干出不平凡的业绩。

在这篇日记里，雷锋立志“在平凡细小的工作当中，干出不平凡的业绩”，这是他对爱岗敬业理解的深化与延伸，更是他成为一个平凡而伟大的共产主义战士的最好也是最有力的佐证。

同时，雷锋还表示：“我要积极肯干，做到说干就干，干就干好，脚踏实地、实事求是地干，千方百计地干，事事拣重担子挑，顺利时干得欢，受挫折时也要干得欢，扎扎实实地干，一定要把事情办好。”雷锋一连用十个“干”字，表达了他爱岗敬业的坚强决心。

什么是奋斗？奋斗就是要脚踏实地、爱岗敬业，一步一个脚印，一步一个台阶，踏石留印，抓铁有痕。艰难方显勇毅，磨砺始得玉成。脚踏实地去干，是立世成业的基石；爱岗敬业，才是永攀高峰的助推器。岗位无高低、事情无大小、工作无轻重，只要爱岗敬业，无论任何岗位、任何工作、任何事情，都会结出累累硕果。

从学生到农民，从工人到战士，从战士到辅导员，是雷锋短暂的22年人生中经历的社会五种身份。

在每个成长阶段，雷锋都有自己明确的目标，并立下了“五好”之志：要做毛主席的好学生、好农民、好工人、好战士、好辅导员。

雷锋把奋斗发展的目标，“牢记在思想上，溶化在血液中，落实在行动上。”

1962年3月一天，雷锋在日记里写道：

生活中的一切大的和好的东西全是由小的、不显眼的东西累积起来的。

人若没干劲，好像没有蒸汽的火车头，不能动；像没长翅膀的鸟，不能飞。

3月4日，雷锋在日记里表态写道：

我愿在暴风雨中——艰苦的斗争中锻炼自己，不愿在平平静静的日子里度过自己的一生。

几天后，雷锋又在日记里写下：

不经风雨，长不成大树。

不受百炼，难以成钢。

迎着困难前进，这也是我们革命青年成长的必经之路。有理想有出息的青年人必定是乐于吃苦的人。

1962年4月4日，雷锋在日记里说：

我觉得人生在世，只有勤劳，发愤图强，用自己的双手创造财富，为人类的解放事业——共产主义贡献自己的一切，这才是最幸福的。

雷锋是一块砖，哪里需要哪里搬，哪里艰苦去哪里。从秀美湖南到白山黑水的辽宁，从农业战线到工业战线再到部队，雷锋从不叫苦，从不喊累，处处充满朝气活力，浑身总有使不完的劲儿……

雷锋是一颗螺丝钉，一颗永不生锈的螺丝钉，干一行、爱一行，钻一行、精一行，行行奋勇争先，行行是状元，行行是模范，尽展青春活力……

雷锋是一滴水，滋润大地，勤勤恳恳为人民做好事，把小爱的涓涓之流汇聚成无私大爱，时刻滋润人的心灵，引领着社会风尚……

雷锋是一束光，始终面带微笑，乐观积极向上，充满阳光，普照大地。一年三百六十五天，他几乎没有过节假日，甚至过大年都不好好休息，把整个身心都投入无限的为人民服务中，放射出万丈光芒……

雷锋是一团火，有一颗火热的心，对党无限忠诚，对人民无限热爱，知恩图报，牢记初心，从不忘本，待人热情似火，从不计个人得失，团结友爱，无私奉献，关爱他人，出门一千里，好事做了一火车，以对人民的真诚与火热的赤子之心，燃烧着自己，温暖着他人……

从上小学之日起，经过12年的拼搏奋斗，雷锋逐步实现了“五好”青年梦想，成就了梦想，塑造了辉煌。

雷锋平凡而伟大，虽说没有丰功伟绩，却有对党和人民的一片赤诚，可昭日月；虽说没有惊天动地的壮举，却处处沐浴春风感动天地，让人难忘；虽说没有长命百岁，但精神却成为永恒。

1996年，雷锋成为全军挂像英模之一。2019年，雷锋被评选为全国“最美奋斗者”。这是历史对他最好的评价。实现中华民族伟大复兴，需要更多像雷锋一样的时代楷模。

传承就是最好的缅怀。当代青少年要接过雷锋手中的枪，像雷锋一样始终保持艰苦奋斗的前进姿态，把个人理想与奋斗同国家民族的前途命运紧密联系在一起，在追梦圆梦的道路上矢志拼搏奋斗，努力干事、奋力创业，在成就“大我”中实现“小我”，勇做走在时代前列的奋进者、开拓者、奉献者，让青春在为祖国、为人民、为民族的奉献中焕发绚丽光彩！

无奋斗，不青春！

第一节　雷锋在湖南

（1940.12.18—1958.11.12）

在湖南望城，雷锋一共生活工作了18个春秋，经历了出生到成年，出生在万恶的旧社会，成长在新社会，感恩付诸奋进学习工作中。

好学生：雷锋在学校

雷锋“时时争第一、处处争第一、事事当先锋”，上学时如此，参加工作也是如此，是学校第一个报名下乡当农民的学生，是望城青少年捐款最多的个人，是第一个拖拉机手。到辽宁鞍钢，雷锋也是第一个学会开推土机的，所在的班组经常拿第一、夺红旗。报名当兵亦如此，他又是第一个站出来表态要当兵的，他还为没能抢到第一个报名名额而懊悔，并写进了《我决心应召》里，刊发到报纸上。当兵后，更是如此，是第一个下到战斗班的新兵，是第一个入伍十个月就入党的新兵，更是一个新兵中唯一“破格”入党的战士。

穷人家的孩子早当家。雷锋从上学开始起跑，沿着自己的人生规划，坚定不移地一路在奔跑，一路在追赶，跑向胜利的终点，跑向人生的辉煌。

1950年夏天，10岁的雷锋被安排免费进入望城县刘家祠堂小学（即龙回塘小学）读书，成为一名小学生。

上学的第一天，雷锋就下决心要做毛主席的好学生。雷锋当兵后参加忆苦思甜做报告时说：“党又送我到学校念书，老师给我和同学发了新书，看到同学都交了费，我就去找老师说，我还没有交费呢。老师说这是党送你去读书，并翻出毛主席像说，就是他老人家送你读书的，你永远也不要忘记他老人家。所以我第一次就在笔记本上写了‘毛主席万岁’五个大字。我非常感谢党和毛主席，连睡觉做梦都想见到毛主席……毛主席热爱学习，热爱劳动，处处从人民的利益出发。我非常感动，一定要好好学习，做毛主席的好学生。”

李扬益是雷锋小学班主任，接待雷锋并帮雷锋办理了入学的手续。他仍清楚地记得雷锋入学第一天的情况：学校正式上课的那天，雷锋起了个大早，是第一个来到学校的。

李扬益看到雷锋这么早就来学校上学，对他说：“雷正兴，你怎么来得这么早？”

雷锋回答：“老师，报到时彭叔叔和您对我讲的话，我回家后想了很久很久，毛主席是我们穷苦人的大救星。所以，我今天特意早点来，请您教我写‘毛主席万岁’。”

看到雷锋如此懂事，李扬益心里有一种说不出的高兴，牵起了雷锋的小手，带他进了办公室，鼓励说：“希望你以后听党的话，做毛主席的好学生！”

雷锋点了点头：“好，我一定努力，做毛主席的好学生！”

李扬益拿起毛笔，在一张纸上端端正正写下了“毛主席万岁”五个大字，并把笔画和执笔方法都一一告诉给了雷锋。雷锋聚精会神地看着，跟着一句一句地念着：“一撇，一横，一横，一竖弯钩……”

开始时，雷锋总是写不好，写得扭扭曲曲、歪歪斜斜的，非常着急：“老师！为什么我的字总是写不好？”

李扬益安慰道：“勤学苦练，字就能写好。”

雷锋听后静静地坐下来，认真地写呀写，认真地练啊练，写了一行又一行，一页又一页……终于会写这几个字了。

雷锋就是这样怀着对党对毛主席无比的热爱走进学校，走向人民的视野，开启新的人生。

在龙回塘小学，雷锋从一年级一直念到了三年级。雷锋在报告中曾说：“每天功课每天都做完，星期天也不休息，晚上9点多钟才睡，我想将来很好地为人民服务，所以一年级时我考了第一名，二年级也是第一名……只有好好学习，才能将来更好地为人民服务，报答党的恩情。”

悲惨的童年生活，让雷锋从小没有娇生惯养的习气；每天都在劳作中讨生活，这也练就了他“眼中有活，手脚勤快，做事麻利”的良好品质和独自处理事情、独立思考的能力。这些优点，影响着雷锋成长的每一步。

在得到党和国家的照顾后，身为孤儿的雷锋视每个人都是亲人，更愿意尽自己最大所能，去像党和国家帮助他一样，无私地去帮助别人，不计得失，不求回报，只讲付出和奉献。

李扬益说，雷锋10岁入学，由于深受苦难，他比一般孩子更懂事，在学校里热心助人，从上学的时候就表现出来。学校门前有一个漫水桥，一下雨，水就把桥淹了，小孩子们过不去，老师帮助孩子过桥，雷锋就和老师一起，遇到个子小的就背着过去。

因为学校更名、合并等原因，1953年夏天，雷锋先后在上车庙、向家冲、第二完小（后改为清水塘完全小学）、荷叶坝完全小学等五所学校上学。

新中国成立之初，望城教育沿用民国“四二”学制。完全小学指设有初级和高级两部的小学，其中一年级到四年级为初级小学，五、六年级为高级小学。

1954年下半年，雷锋考入清水塘完小五年级，后来清水塘完小被合并到荷叶坝完小，雷锋在这里一直念到高小毕业。

上学期间，雷锋家住在简家塘，距离清水塘学校足足有十里地，可他总能克服困难，每天起早摸黑，来回步行上下学，风雨无阻。因为童年经常挨饿，雷锋的胃不是太好，经常胃疼，他也没有请过假，总是带病坚持上学，从不迟到、早退、旷课。对于老师布置的家庭作业，雷锋总能认真按时完成，从不马虎潦草，从不缺交或拖交。

雷锋在忆苦思甜时说：“一定要好好学习，做毛主席的好学生。”

雷锋在自传体小说《一个孤儿》中把自己化名为“李斌”。他在小说中写道：

学校里成立学生会，小李斌当上了学生会主席。1952年，他初级小学生毕了业，又考上了“二完小”，开始了高小的生活。

李斌在高小曾经读过这样一课书：“一个可怜的孤儿，在党的培养帮助下成长大了，现在当上了一个优秀的拖拉机手。”李斌想：我将来是不是也能当上一个拖拉机手呢？

有了一个这样的理想，他在高小加入了光荣的少年先锋队组织。他还被选为少年先锋队的大队委员。同学们都很敬佩他，老师也非常热爱他。李斌的成绩算是全校第一个，每门功课都得5分。

平时，雷锋也一时不闲着，学业、家务、农业都不误。李扬益曾问过雷锋，是如何读好书、做好作业、搞好家务劳动全面发展的。

雷锋说："我采用了毛主席'各个击破'的战略战术，归纳起来叫作：'一问、二抓、三补'的方法。一问，就是上课时没有听懂的问题向老师提出，一定要问懂为止，因此课堂上的课就不存在问题了；二抓，上午布置的作业中午抓紧时间做好，下午布置作业晚上抓紧时间做好，因此作业就不存在问题了；三补，就是上午耽误的下午补，下午耽误的晚上补，晚上耽误的第二天早上补。所以我能够全面完成作业，家务劳动也没有耽误。"

雷锋学习成绩优异，乐于助人，品学兼优，多次被评为优秀学生。特别是在成为少先队员后，雷锋表现更加突出，荣获优秀少先队员称号，还被评为毛泽东时代的好少年。

当时，学校和乡政府同在一个院子里，来往办事的人很多。课余时间，雷锋看到有人进校门，就马上去迎接，帮着提包拿东西，主动热情询问找谁，如果要找的人在，他就把客人带过去，如果要找的人不在，他也帮着继续找。

雷锋曾担任过儿童团团长，对当地干部和群众非常熟悉，乡政府通知开会或联系群众传个话，一般都交给雷锋放学后去送发。雷锋上小学的几年时间里，一直都是乡政府的义务通信员。

当时，农村许多地方连报纸都很少，遇到有任务，就需要学校配合帮着宣传。雷锋经常和老师一起写黑板报、贴标语，到村民会上宣读文件。雷锋还经常和李建芝、凌小俐等班里同学把中心工作编写成“莲花落”“三句半”“民歌联唱”等到村里演出。

1954年6月1日，在雷锋加入少先队的当天，荷叶坝完小举办了一场建校以来规模最大的庆祝大会，10所小学的1500多名少年儿童参加。

在庆祝大会上，雷锋负责会场组织指挥，并代表全体同学在大会上讲话。在大会进行第四项时，雷锋身着白衬衣、佩戴红领巾，精神抖擞地走上主席台，向台下师生敬队礼。

雷锋说：“庆祝六一儿童节，这是多么幸福、多么有意义的节日。这幸福是有了毛主席，有了共产党，领导中国人民解放军，推翻压在中国人民头上的三座大山，解放了全中国，才有今天。要打垮强大的敌人，不是一件容易的事，是千千万万的革命先辈抛头颅，洒热血，换来了我们的幸福。”

雷锋回忆了自身的悲惨遭遇，让师生感同身受，泪水横流。雷锋话题一转，呼吁同学们要安定地学习，幸福地生活，一定要听毛主席的话，做毛主席的好学生，学好文化科学知识，锻炼好身体，让自己成为建设新中国的人才。

主席台下，掌声雷动。

在主席台上，坐着望城县委书记张兴玉、安庆乡乡长彭德茂。雷锋讲完话后，张兴玉站起身和雷锋握手，摸着雷锋的头，表扬他讲得好，鼓励他要好好学习。

雷锋不曾想到，台上坐着的这两位会是自己人生路上的贵人、恩人。自己与张兴玉的这次短暂相识，只是开始。两年后，他在彭德茂的推荐之下，来到张兴玉身边工作，并得到了张兴玉的关怀和帮助，成长飞速，受益无穷。

好农民：雷锋在望城

中华人民共和国成立后，为了解决城市中的就业问题，从20世纪50年代中期开始就组织将城市中的年轻人移居到农村，尤其是在边远的农村地区建立农场。

1955年，毛泽东提出："农村是一个广阔的天地，在那里是可以大有作为的。"这句话，也成为后来知识青年上山下乡最响亮的口号。从这一年开始，共青团开始建设农场，鼓励和组织年轻人参加垦荒运动。

1956年，在完成生产资料私有制的社会主义改造之后，中国已经进入社会主义社会。

1956年1月，党中央发布了《一九五六年到一九六七年全国农业发展纲要草案》，提出"社会主义工业是我国国民经济的领导力量。但是，发展农业在我国社会主义建设中占有极重大的地位。农业用粮食和原料供应工业，同时，有五亿以上人口的农村，给我国工业提供了世界上的最巨大的国内市场。从这些说来，没有我国的农业，便没有我国的工业……今后的任务是要尽力巩固合作化制度，同时继续反对农村中的资本主义自发势力"。

农业合作化给我国农业生产力的发展开辟了最广阔的道路。由此，全国掀起大办农业、发展农业生产的高潮。

农业合作前景广阔，农村到处都需要人才。

望城县安庆乡乡长彭德茂反映，在全乡5个村，只有一个人能读报纸，还是个富农的儿子，想找一个记工员和队会计都十分困难。

雷锋在忆苦思甜时说："老师要学生们填志愿，很多人都填志愿要入技校、高中，我就在志愿书上写着‘党的需要就是我的志愿’。……老师让我升学，我向学校写了决心，要求到农村参加农业生产，去建设新农村。农村是国民经济的基础，到农村可帮助农民扫盲，去锻炼和改造自己。农村是广阔的天地。毛主席说有两门知识：实践知识、书本知识。我再三保证，老师才批准我的要求。”

1956年7月15日，荷叶坝完小举行第一期毕业及休业仪式，雷锋高小毕业，并作为学生代表上台发言。时任荷叶坝完全小学少先队辅导员夏柳在“教师笔记”记录下了雷锋的发言：

我响应党的号召，去当新式农民——做个好农民，驾驶拖拉机耕耘祖国土地。将来要做个好工人，建设祖国。将来要做个好战士，拿起枪用生命和鲜血保卫祖国，做人类英雄。

三天后，夏柳还在日记中记录了雷锋在学校学生会和少先队队部工作表现：“雷正兴：工作积极，关心同学，尊敬老师，记甲奖一次”。由此，雷锋在小学期间表现可见一斑。

雷锋高小毕业后，回到安庆乡柳塘湾生产队当记工员，后又到安庆乡政府担任通信员和秋征助理员，帮助搞征收公粮工作。

两个月后的11月17日，在乡长彭德茂等人推荐下，雷锋到了望城县委，给县委书记张兴玉当公务员。

在县委工作期间，雷锋表现十分优秀，不仅光荣地入了青年团，还三次被评为县委机关“工作模范”，被评为“优秀共青团员”。

1957年，湖南省湘潭地区及沩水河沿线各县研究，决定根治沩水河，并成立了望城县治沩工程指挥部。

雷锋主动请缨，多次向县委领导积极要求参加治理沩水河工程，要到最艰苦的地方去。

就这样，夏天，雷锋来到了治沩工程指挥部给总指挥、望城县委副书记赵阳城当通信员，往返于下面11个大队，上传下达，发通知、送文件、记电话……

在治沩工程现场，南北端距离指挥部最远有10余公里，全部需要步行，无论是刮风下雨，还是黑天白天，雷锋都风雨无阻，坚决完成，不辞辛苦。

在1958年10月写的自传体小说中，雷锋把自己化身为“李斌”，这样讲述了自己参加治沩工作：

他还当上了青年夜间突击队的队长。他带领着30个队员战斗在最艰苦的地方！他们在工作中开动了脑筋，创造了“浪形挖土法”和“双钩倒土法”，提高了工效6倍多。每天每人平均挑到19方土。治沩工程指挥部奖给了他们一面很大的流动红旗。

一天雪夜，工地党委命令夜间突击队在3天内，在宽达100米的沩水河上搭一座木桥，600多人挑土要从这桥上经过。如果桥没搭好，就会直接影响600多人的工作。

李斌愉快地接受了党委交给的光荣任务，连夜带领全体队员赶到了工地。他自己奋不顾身地把冰打开，跳到河里打桩。队员们在他的影响下，也勇敢坚强地同冰雪战斗。有的忙着打桩，有的忙着运石头，有的运木板，有的在扎架子，夜以继日地紧张战斗着。在党的正确领导下，由于夜间突击队全体同志的努力奋战，克服了一切困难，提前半天完成了党委交给的光荣任务。

1960年11月5日，雷锋到沈阳师范学院做报告时又一次回忆起这段经历，他说："1957年9月，和赵书记参加建设新农场。一个下雨的晚上，我和赵书记从工地开会回指挥部，赵书记把雨衣披在我身上。我走到一个桥上，一下子没小心掉到了八曲河里，河有三丈多宽，水深八九尺，河岸高一丈。我掉到河里后，赵书记立即跳到河里，把我救了上来。我右腿摔伤了，赵书记背我回到指挥部，第二天把我送到县医院。他在百忙中还抽出时间来看我，送给我苹果、橘子，我住了一星期就好了。

"有一天晚上，我送通知到工地，回指挥部时天突然下雨。我走到一个新修的水闸上，看见了很多的水泥，于是我想到了不要让国家财产受到损失，便连忙脱下了自己的棉大衣盖在水泥上，并急忙跑回指挥部找到雨布，和民工一起去盖好了。农场建完后，我被评为劳动模范（实为'治沩模范'）。"

1958年春，治沩工程胜利结束后，县委研究决定将围起来的团山湖开垦成一个国营农场，让荒芜沉睡的湖洲地变成米粮仓。这一决定得到了上级支持，分配了一台拖拉机指标，并批准建立拖拉机站。

由于当时县财政拮据，为了购买拖拉机与建站，共青团望城县委发出了捐款的号召。

雷锋在自传体小说透露：

今年1月底，团县委号召建立望城县第一个青少年拖拉机站。李斌多么想当一名拖拉机手啊！他把节约下来的准备做被子的20元钱全部捐献给了拖拉机站。他只想拖拉机站能马上建立就好。他向党委写了6次申请书，表示了自己的决心，说出了自己的理想和愿望。

雷锋捐献出20元钱，成为全县青少年捐款最多的个人，受到了共青团望城县委表扬，并为其颁发了纪念证表示感谢。

鉴于雷锋为购买拖拉机所做的贡献和一贯表现，望城县委研究决定选派雷锋去团山湖农场学开拖拉机。1958年2月26日，雷锋光荣地走上了农业劳动战线——来到了团山湖农场。

雷锋在《我学会开拖拉机了》一文中写道：

团山与杲（高）山之间有一个大湖——团山湖。它纵横六七里，湖草丛生。人们形容这里土地肥沃，说是有五尺深的肥料。湖的周围去年围起了一道新的大堤，那弯弯曲曲的大曲河，再不能穿过湖中间了，只能顺着新堤往下游流。一个新的国营农场在荒洲上建起来了。还有“铁牛”在荒地上奔驰着。这里有三百多勤劳勇敢的农场工人在歌唱今天的幸福，歌唱劳动的愉快，歌唱美好的将来。

1958年3月10日，雷锋来到团山湖农场只有13天，就已经能够独自驾驶拖拉机了。

雷锋在《我学会开拖拉机了》一文又写道：

3月10日，是我永远不能忘记的日子。这天，我第一次学会了开拖拉机，心情是何等激动啊！

我7岁时父母双亡，变成了一个可怜的孤儿。那时，在国民党反动派统治下，我只得给地主放牛，吃不饱，穿不暖，经常挨打挨骂，过着牛马一样的生活。

自从来了人民的救星——共产党，把我从火坑中拯救出来，送我上学，给我吃的穿的，把我培养成为一个有一定知识、觉悟的青年；使我于1956年投入革命的怀抱（在县委会当公务员），并在1957年2月加入了自己光荣的组织——青年团。

今年1月底，团县委号召建立望城第一青少年拖拉机站，接着又看见农学院的拖拉机来支援团山湖犁田，我多么想当一名拖拉机手！我就把节约下来准备做被子的20元钱，全部捐献了，只想拖拉机站马上建成就好。

这次，党批准我到农场来，我真是高兴极了。……

当我第一次爬上拖拉机驾驶台学习的时候，我真高兴得要跳起来。我坐在驾驶员的身边，专心地看他怎样操作，怎样转弯，怎样发动汽油机……老陈一面驾驶，还一面告诉我操作方法和各部分名称，我一点一滴都记在脑子里，并写在日记上。这几天，我总是睡不着觉，起来又去学习，只想早一日学会，早日为祖国出一点力量。

学习了一个星期，懂得了一些操作方法和基本知识，老陈就让我试验驾驶，他真的让出座位，站在一旁指点我。我一坐上驾驶台，心跳得很，生怕开不动，别人会讥笑；又怕没有力，转不动方向盘；还怕刹不住车，就更糟。我的心情既紧张，又快活，手脚都不由自主地颤抖起来。老陈对我说："不要怕，要放勇敢些！"这时，我才把油门加大，把离合器向上一推，拖拉机嘎嘎地开动了。可是，拖拉机总不听我的指挥，走弯路。开了一会儿，我不怕了，心也跳得不那么厉害了，手脚也慢慢地不发抖了。这时，拖拉机也听我使唤了。在这个时候，我的心情又是多么喜悦呀！我回头望望，看到那可爱的肥沃土地，很快地被犁翻了，仿佛看见了一大片绿油油的可爱的庄稼。

今天，真有很大的收获，过得真有意义。下班以后，脑子里一个转又一个转地想着。吃饭的时候，还好像坐在拖拉机上似的，不停地摇晃着；拿起筷子，像握住拖拉机的操纵杆一样，随手拽动。两只脚像踏在“刹车”和“油门”上，自然地踏动着。我在想，今天这样幸福，不是党的培养，又是哪里来的呢？

我一定要以实际行动，来报答党对我的亲切关怀和照顾。一定努力钻研，勤学苦练，克服一切困难，忘我地工作，争取做望城县的第一个优秀的拖拉机手。

雷锋这篇《我学会开拖拉机了》，在原望城治沩工程指挥部《治沩工地报》编辑熊春祐的帮助下，于1958年3月16日发表在了《望城报》上。

就这样，雷锋成了望城县第一位拖拉机手，驾驶着拖拉机耕耘在团山湖农场。

雷锋曾在忆苦思甜时说：“每天白天、黑夜，我就驾着拖拉机耕地，一天工作10多个小时，我也不觉得累，后来粮食丰收了，我非常高兴，原来的荒湖，现在开垦出来了。”

1958年8月1日，雷锋兴奋地创作并发表了人生的第一首诗歌《南来的燕子啊》：

南来的燕子啊！新来的候鸟，从北方飞到了南方，
轻盈地掠过团山湖的上空，闪着惊异的眼光。
我听清了呢喃的燕语，
像在问：“为什么荒芜的团山湖，
今年改变了模样？”
…………

南来的燕子啊!
也许母燕曾向你说过旧时的惨象。
往日的团山湖——
湖草丛生，满目荒凉，洪水一到，一片汪洋，
十年前有人三次收款，三饱私囊，
围垦团山湖只是一个梦想。
如今的团山湖啊——
良田万顷，满垄金黄，
微风吹过一片稻香。
新修的长堤像铁壁铜墙，
洪水已再不能称凶逞狂。
红旗插在社会主义的农场，
到处是谷满仓、鱼满舱，
祖国又添了一个“鱼米之乡”。
南来的燕子啊!
…………
你是这样轻快地飞翔，
许是欣赏这美丽的景象:
蜿蜒的八曲河像一条白银管，
灌溉这片肥沃的土地，
团山湖与乌山对峙，
是天生成的一幅屏障。
这景象是诗情也是画意，
活跃在这诗画般怀抱里的工人，
更是些生龙活虎般的健将。

…………

南来的燕子啊！

你不用再寻旧时代的屋梁，

无论你飞到哪里，

再也找不着你从前住过的地方。

去年这里是荒凉的地方，

今年变成了高大的厂房，

欢迎你到新的农场宿舍来拜访。

但得请你告诉我，

你可知道你所飞过的地方，

新建了多少这样的农场？

1958年秋，望城县掀起人民公社化运动高潮，国营团山湖农场被撤销，并入五星人民公社。团山湖农场场长李庆发调任到五星人民公社任党委书记，雷锋也跟着到五星人民公社工作。

第二节　雷锋在辽宁

（1958.11.15—1962.8.15）

1958年11月12日，雷锋在湖南省长沙火车站乘坐北上的列车，途经武汉、北京进行短暂停留，并在长江大桥、天安门广场留影。

11月15日，雷锋来到辽宁鞍钢。从此，雷锋扎根于辽宁，把他乡当故乡，把他人当亲人，把岗位当战位，开始在辽宁奋斗的新征程。

雷锋在辽宁一共生活工作了三年零九个月，经历了工人和战士两个阶段。当工人时，雷锋在鞍山和辽阳弓长岭生活工作。成为战士后，雷锋的足迹遍及了辽宁辽阳、沈阳、抚顺、铁岭、丹东、锦州、大连、葫芦岛、盘锦及吉林长春、吉林、通化和黑龙江哈尔滨、牡丹江等城市。

好工人：雷锋在鞍钢

1958年，全国上下掀起了社会主义建设高潮。1958年8月，中共中央政治局召开扩大会议，通过《全党全民为生产1070万吨钢而奋斗》的决议，确定了1958年全国钢铁产量要比1957年翻一番，即1070万吨的任务。

从此，全国开展全民大炼钢铁运动。为完成1070万吨生产任务，全国各地钢铁厂广泛招人，扩大生产。

1958年10月下旬，鞍山钢铁厂要从全国抽调上千名技术人员，派人来到了望城招工，招工人员就住在县招待所。

因经常听雷锋说想要去工厂当工人，22岁的张希文连忙赶到望城县周家坝，把鞍钢、湘钢招工的消息告诉给了未满18岁的雷锋，问他愿不愿意报名。

两个人相识于1956年冬天，同在望城县委工作生活。1957年夏，雷锋主动要求到治沩工程指挥部，1958年初转到团山湖农场工作。张希文转到县电影公司当放映员，就住在县招待所。

当时，鞍钢、湘钢、武钢都在招工，因为东北太冷，南方人吃大米，吃不习惯东北的高粱米饭，许多人不愿意报名到鞍钢，可雷锋直接就选择了到最艰苦的地方去。

听到鞍钢招工的消息，雷锋高兴得几乎跳了起来，毫不犹豫地说：“我报名去鞍钢，那是国家的钢铁基地，可以大显身手。”

雷锋劝说张希文和自己一同报名去鞍钢，张希文说：“我家有父母需要照顾，我报名去湘钢。”

此时，张希文已结婚成家，一家人全靠他。看到张希文家中困难，连双袜子、新鞋都不舍得买的雷锋，却每月拿出几元钱来资助张希文。

雷锋在望城县当公务员期间，每月工资能拿到29元，1958年到了团山湖农场当拖拉机手时，每月工资32元。

这个收入在当时已相当高，对于“一人吃饱全家不饿”的雷锋来说，相当不错了。

雷锋当场向团山湖农场领导请了假，和张希文一起前往县招待所报名。两个人并肩走到了团山湖大堤上，看着彩霞和清澈的沩水河美景，想象着站在通红的炼钢炉前劳动，心里格外高兴，步子也格外轻快。

当走到团山湖三汊河口处时，雷锋突然停住了脚步，若有所思地和张希文说道：“希文，我雷正兴这个名字，是小时候叔公给起的，包含有家道兴旺的意思。旧社会，我连家都没有，还说什么兴旺呀！我不喜欢它，一直想改个名字。近年来，常在乌山、金山等地走，觉得登山能登高望远，不会迷失方向，心里想改名叫雷峰，可是一直没改成，现在就趁报名当工人的机会，坚决改过来。”

张希文好奇地问：“现在想改什么名字？”

雷锋说：“现在全国大炼钢铁，钢铁元帅已经升帐，我又想去鞍钢当工人，我想我的名字应该改得既和钢铁结缘，又要表达我打冲锋、争先锋的心愿。我觉得叫‘雷锋’蛮好。你看呢？”

雷锋诚恳地望着张希文，征求他的意见。张希文觉得改得不错，连连称赞："改得好，改得好。"

看雷锋改了名，张希文也想把自己的名字改一改，但因为自己只读了三个月的书，就请雷锋帮忙。雷锋沉思了一会儿说："你那个名字叫希文，是希望有文化的意思，缺乏主动作战的精神。我看叫建文吧，发挥主观能动作用，建设社会主义，建设新文化，表现出主动创造的精神。"

听了雷锋的一番分析，张希文觉得这个名字很合心意，连连点头说："要得，要得！"

说到改名的事儿，还得多说几句。雷锋曾有过两次改名的经历。

雷锋第一次改名，还曾找望城县委书记张兴玉帮助。

原望城县委办公室机要秘书冯乐群回忆说，雷锋找到张兴玉书记，要把雷正兴这一名字改为单名。张书记沉思了一会儿，回答他说："你就叫作'雷峰'，行吗？峰是山峰，是高峰，这一定会永远激励你奋发努力，攀登高峰。"雷锋点点头……一天，雷锋跳跳蹦蹦跑到冯乐群的办公室，欣喜地把张书记为他改名的事儿告诉了冯乐群。

第二次改名，雷锋还征求过望城县委副书记赵阳城的意见。在报名去鞍钢前，雷锋觉得自己原来的名字"雷正兴"有点土，不够"响亮"，于是想改成"雷峰"。

赵阳城劝说雷锋："你不是要去鞍钢吗，跟钢铁打交道，又不是上山下乡，不如把'峰'改成'锋'。"雷锋欣然接受了，并把自己要改名的事儿说给了同事冯乐群。

冯乐群说，去鞍钢的前夕，雷锋又找到我谈起改名的事。他说："老冯，我想把山峰的'峰'字改为先锋的'锋'字，你看好不好？"

我问这是为什么。雷锋语气急迫，显得很激动，说："我现在已经成为团员了，将来要加入中国共产党。共产党是工人阶级的先锋队，成为其中的一员，做个先锋战士更有意义，对吗？"

我忙说："改为先锋的'锋'字意义更重大，意味更深长。"

在望城，张兴玉帮雷锋改名"雷峰"后，雷锋使用过这个名字。在雷锋获得的一些证书上，可以看到署名都是"雷峰"。

1958年11月，雷锋到辽宁之后，曾经把"峰"和"锋"两个字混用。1959年鞍钢焦化车间党支部给雷锋的鉴定书上，雷锋入伍第一天粘贴黄继光像的日记本上，雷锋的军人登记表、雷锋的入党志愿书、雷锋当选抚顺市第四届人民代表大会代表的当选证书上，存折上的名字用的名都是"峰"字。连军事博物馆珍藏的鞍山钢铁公司化工总厂洗煤车间发的职工证上，也是用"雷峰"的名字。

雷锋最早是在1958年11月15日的工人登记表上开始使用"锋"的。在1958年以后发的鞍山工会会员证上和以后的兵役登记表、体格检查表、行车执照、自己用的针线包上，还有给辽阳市委的回信当中，都可以看到"雷锋"的名字。

当年雷锋所在连的文书齐贵春证实，1960年4月，雷锋被分到运输连的时候，雷锋的名字大部分开始用"锋"字，他的印章也是"雷锋"两字。在雷锋出名，特别是他牺牲之后，统一使用的都是"雷锋"这个名字。这都是后话。

一路上，张希文也被雷锋说动了心，改变了初衷，改去鞍钢。当来到县招待所时，已是黄昏，两个人找到鞍钢招工同志，领取了一张招工表，坐在灯下认真填好。雷锋在姓名一栏里庄严地写下了"雷锋"二字，张希文郑重地写下了"张建文"三个字。

后来，张建文和雷锋一同来到鞍钢工作。1959年10月，工作不到一年，张建文突然接到家中电报，“母亲病故，速归！”张建文就这样离开了鞍钢，返回家乡。

张建文刚回到家两天，就收到了雷锋从鞍山邮寄过来的20元钱，帮助张建文渡过了经济难关。此后，二人经常有书信往来，谈得最多的还是人生观、价值观，雷锋经常勉励张建文要争做对人民有益的人。张建文多次荣获“先进工作者”“优秀共产党员”称号。

雷锋在参加忆苦思甜中曾说：“党发出大炼钢铁的号召，毛主席说，没有工业，就没有国防，没有人民的幸福。要有钢铁，就只有听毛主席的话，自力更生。那时鞍钢到望城县招工，我再三要求，还是不同意。我又找到张书记，才批准我。”

1958年11月12日，雷锋怀揣着梦想，从家乡长沙乘坐北上的火车，前往辽宁鞍山。

雷锋在《我学会开推土机了》一文里详细介绍了从长沙坐车到鞍山的过程：

我为了响应党的号召，为了服从祖国的需要，为了1800万吨钢，为了把自己锻炼得又红又专，我从湖南望城县委机关要求来到了祖国的钢都——鞍山。一路上经过了武汉长江大桥，经过了首都——北京，同时我还在北京参观了一天，我看到了许许多多新鲜的东西。

我还在天安门前留了影。古老的北京城变成了一座美丽的大公园了，风沙飞扬的岁月也一去不复返了。如今空气清爽，风和日丽，有多得数不清的工厂，有幽静优美的大小楼房，有宽敞富丽堂皇的俱乐部，有日用品堆得像山一样的百货供应大楼。北京是多么的可爱啊！我想在北京多停留几天，但为了1800万吨钢，我那颗火热的心已飞到了鞍钢，只想马上到达钢都，用自己的双手，使钢水昼夜地奔流，让钢水奔流得像海洋一样。

雷锋在忆苦思甜时说："来到鞍钢，看到大机器，我非常高兴。到鞍钢后，人事科长找我谈话，说：'你以前当过公务员，你还给首长当公务员，跟着首长一起住洋房，坐小汽车，生活很好。'我不同意，说我不是来享受的，是来工作的。后来，才送我到技术学习，学了两个月回来，当了推土机手。"

1958年11月15日，雷锋在鞍钢化工总厂"工人登记表"中填写了自己的名字，进入洗煤车间。就这样，雷锋从农业战线走上了工业战线，从公务员变成了工人。

在鞍钢，工匠精神薪火相传，英模人物群星璀璨。"老英雄"孟泰、"走在时间前面的人"王崇伦、"永远的丰碑"雷锋、"当代雷锋"郭明义、"时代楷模"李超……一个个闪亮的名字，让鞍钢时刻闪烁着勇攀高峰、百炼成钢的道德荣光。

雷锋热情阳光、意气风发，来到鞍钢后一下子就被热火朝天、你争我赶的红火场面所感染，激情一下子如铁水涌流迸发。

雷锋曾写道：

1958年11月15日中午12点，火车开到鞍山车站停住了。我挑着行李下了火车，抬头一看，真把我惊呆了！那多得像春天里生长的春笋一样的烟筒，那密如繁星的炼钢炉，那沸腾的钢水，那堆得像山一样的钢材，那机器的响声比春雷还凶，祖国的钢都是多么的伟大啊！我真爱上了它。

为表达自己决心，雷锋还写下了一份决心书：

我是一个孤儿，我7岁时父母双亡，无人照管。自从来了人民的大救星——共产党，把我从火坑里拯救了出来。党给我吃的穿的，还送我读书，1956年已高小毕业。

几年来，由于党的不断教育和培养，使我从一个幼稚无知的孩子，成长为一个有一定知识、觉悟的共青团员。1956年11月，党把我调望城县委会当机要员，保护首长。因工作需要，在今年又调我去农场学习驾驶拖拉机。经过8个多月的学习，现已成为了一个驾驶员。

根据国家形势的发展，钢铁生产占了目前的重要地位，我自己申请，经望城县委批准，我来鞍钢学习，我愿把我的青春献给祖国……我一定服从组织的调配，到工厂后，一定刻苦学习，克服一切困难，发挥一个共青团员的应有热能……为祖国人民过幸福生活而奋斗到底！

来到鞍钢，雷锋未能如愿成为一线炼钢工人，而是被分配到了化工总厂洗煤车间，主要是组织考虑到雷锋原先在家乡开过拖拉机，有一定的驾驶技术，便决定让他去洗煤车间学开推土机。

雷锋有点儿想不通，找到车间主任于明谦，坦率地说："我是为祖国炼钢来的，为啥让我当推土机手？"

于明谦是位老工人出身的干部。他不慌不忙地向雷锋解释联合企业的特点："炼钢光靠几座平炉不行，还需要矿石、铁水、焦炭、煤气等，缺少哪一样都不行。大工业生产就像一架机器，缺哪一颗螺丝钉也不能转动。"

雷锋觉得于主任讲得有道理，当场表态：“我就甘当螺丝钉，党把我拧在哪里，我就在哪里发挥作用！”

雷锋想通了，看开了，热血也沸腾了。

他在《我学会开推土机了》一文中写道：

领导分配我开推土机，当时我汹涌激动的心儿像压不住似的，像要往外蹦。全身像有一股股的暖流在沸腾。我高兴得只想笑，说不出话来。我好几年来的愿望在今天已实现了。

雷锋被分配到乙班，跟着李长义师傅当学徒。于主任把雷锋带到鞍钢化工总厂工段主任白明利面前介绍说：“他叫雷锋，原先开过拖拉机，还是县里的先进人物。”

白明利上下打量了一下雷锋，看到雷锋只有一米五四的身高，心里直犯嘀咕：“开过拖拉机再学推土机技术当然顺路，可他长得也太单薄瘦小了，学C-80恐怕够呛。”

于主任是明理人，一看白明利犹豫的表情，就什么都知道了，便说：“我刚和雷锋谈过，人家到鞍钢来是奔着要当一名炼钢工人的，总厂考虑到他在家乡农场开过拖拉机，才指名让他来学推土机的。”

白明利冲着于主任说：“好了，我收下就是了。大不了，让我当保姆。”

雷锋听着这句话不太顺耳，就紧跟着回了一句：“请白主任放心，我不会让你当保姆的。”

于主任走后，白明利和雷锋闲聊起来。

白明利问道：“你在农场开拖拉机，每月工资多少？”

“32元。”

“你知道在这里学徒，每月工资多少？”

“我没问过，不晓得。”

“我告诉你，在这里学徒每月只有22元，比农场少拿10元，你不怕吃亏？”

“吃亏？不，我不是为钱来的。”

“那你大老远地到鞍钢来为什么？”

“为了炼钢嘛，为了1070嘛。”

雷锋当学徒每月22元，加上领班津贴、保健在内的，每月工资36元，但他从不把金钱看得那么重。雷锋连3角5分钱的汽水都不舍得买一瓶，却经常把钱捐给困难的人，毫不吝啬。

别看雷锋个子矮小，但思想觉悟还挺高，就这么几句话，让白明利顿时对雷锋心生好感。

白明利接了个电话后，领着雷锋走出办公室，指着煤场上停放的一台C-80，说：“看见没？今后你就学它。先去见见师傅，他姓李，是个好老头。回头我再找他谈。”

说完话，白明利就去开会了。雷锋没有看到李师傅，就绕着推土机观察了一圈，看到这台推土机比自己先前开的拖拉机大了好几倍，便急不可待地钻进了驾驶室。看着驾驶座前长短不同的七八个操作杆，雷锋摸摸这个，动动那个，辨别着每个操作杆的具体用途。

这时，李长义刚从车间里办事回来，远远地看到有人上了自己的推土机，大声喊道：“喂，你是谁家的孩子，不去上学念书，跑这儿来淘气。”

雷锋麻利地从车上跳下来，上下打量了李长义一番，猜测到对方可能就是自己的师傅，急忙表明身份：“我是新来的学徒工，不是来淘气的，您就是李师傅吧?”

李长义一看雷锋这么矮的个头，娃娃脸上还留着刘海儿，还以为是个孩子：“多大啦?”

“快满十八了!”

“骗人？你有十八?”

“1940年冬天出生，您算算我多大?”

“我看你顶大不过16岁。”

在确认过后，李长义坐进了驾驶室，敞开车门：“跟我学徒，我得把丑话说在头里。这台C-80推土机是苏式重型机械，驾驶起来震动大，劳动强度大，技术复杂。冬天顶风冒雪在这露天煤场作业，是又脏又累又冷，手脚冻得像猫咬似的，你这南方小鬼受得了吗?”

雷锋打包票说道：“放心吧，师傅。什么苦我都吃过。”

就这样，在白明利主持下，李长义与雷锋签订了为期一年的“师徒包教保学合同”，李长义收下了雷锋这个徒弟。

李长义说：“我开了半辈子推土机，前后带过不少徒弟，数雷锋年纪小，可也数他学得快学得好。”

雷锋个子不高，而C-80重型推土机又高又大，坐着开车看不见前面的推土铲，不好操作；站起来开车，头又顶着车篷，直不起腰来。雷锋说：“我就垫了一些被子等东西才勉强开得动。”

雷锋克服各种困难，发扬“挤”和“钻”的钉子精神，深入学习马克思列宁主义、毛泽东思想，刻苦钻研业务知识，悉心琢磨推土机驾驶技术和机器构造原理，只用了四个半月就学会了开推土机，而别人要学习一年。

李长义说：“雷锋从上班那天起，每班都早来晚走，勤勤恳恳，虚心求教，不过个把月就能单独驾车作业，全工段的人都说，这个小鬼真行!”

1959年2月24日，雷锋第一次学会开推土机，高兴地写了一篇文章《我学会开推土机了》来纪念。

雷锋是这样描述自己的心情的：

2月24日是我永远不能忘记的日子！这一天我第一次学会了开推土机，心情是何等的激动啊!

在22年岁月里，雷锋总会用“永远不能忘记的日子”来记录自己人生最为重要的时刻。

雷锋第一次写下“永远不能忘记的日子”，还是1958年3月16日，在湖南老家团山湖农场学会开拖拉机时。他在《我学会开拖拉机了》一文中写道：“3月10日，是我永远不能忘记的日子。这天，我第一次学会了开拖拉机，心情是何等激动啊!”

学会开推土机，这是雷锋第二次使用“永远不能忘记的日子”来记录人生最重要的时刻。

雷锋第三次使用“永远不能忘记的日子”，是在1960年1月8日，这天雷锋穿上了军装，光荣地成为一名解放军战士。雷锋写道：“这天是我永远不能忘记的日子，这天是我最大的荣幸和光荣的日子。”

1960年11月8日，雷锋光荣加入中国共产党，第四次在日记里写道：

1960年11月8日，是我永远不能忘记的日子。今天，我光荣地加入了伟大的中国共产党，实现了自己最崇高的理想。

第五次是在1960年11月21日，沈阳军区工程兵党委领导班子统一会见了雷锋。雷锋为此写道：

今天是我永远不能忘记的日子。下午1点半钟，我在沈阳工程兵部见到了上级首长。

第六次使用“永远不能忘记的日子”，是雷锋成为抚顺市第四届人民代表大会代表参加会议。1961年8月3日，雷锋在日记里写道：

今天是我永远不能忘记的日子，我光荣地参加了抚顺市第四届人民代表大会第一次会议。像我这样一个给地主放猪出身的穷孩子，能够参加这样的大会，心里有说不出的高兴和感激。

1962年2月19日，雷锋第七次在日记中写道：

今天是我永远不能忘记的日子。像我这样一个穷孩子，能光荣地参加这次沈阳部队召开的首届团代会，感到万分的激动，能见到上级首长，直接听到首长们的报告和指示，更是感到荣幸。首长特邀我参加这次隆重的团代会，并选我为主席团的成员，能和首长坐在一起，能和来自四面八方的英雄模范见面等等，这一切都是我过去做梦也想不到的。

由此可见，雷锋把学会开推土机当成人生的头等大事。

雷锋在文中继续写道：

当我第一次爬上推土机驾驶台学习的时候，我真高兴得要跳起来。我坐在驾驶员的身边，专心地看他怎样操作，怎样转弯，怎样发动汽油机……李师傅一面驾驶，一面告诉我操作方法和各部分名称，我一点一滴都记在脑子里，并写在日记上。这几天我真是睡不着觉，老是想着推土机，在床上翻来覆去，回忆着李师傅的指教，只想不睡觉，起来又去学习就好；只想早一日学会，早日为祖国出一点力量。

学习了一个月，懂得了一些操作方法和基本知识，李师傅就要我试验驾驶，他真的让出座位，站在一旁指点我。我一坐上驾驶台，心跳得很高，生怕开不动，别人会讥笑；又怕没有力，拉不动方向杆；还怕刹不住车。我的心情既是紧张又是愉快，手脚都不由自主地颤抖起来。李师傅对我说，“不要怕，要放勇敢些！”这时我才把油门加大，挂上排挡，把离合器向后一拉，推土机嘎嘎地开动了。可是推土机总不听我的指挥，走弯路。开了一会儿，我不怕了，心也不跳得那么厉害了，手脚也慢慢地不发抖了。这时，推土机也听我使唤了。在这个时候，我的心情又是多么的喜悦啊！我回头望望，看看那一堆堆的土被推成像山一样的高，仿佛看见了堆得像山一样的钢铁。

今天真有很大的收获，过得真有意义。下班以后，脑子里一个转又一个转地想着，吃饭的时候，还好像坐在推土机上哩，不停地摇晃着；拿起筷子，像握住推土机的方向杆一样，随手推动，两只脚像嘴踩在制动器上，自然地踏动着。我想今天得到的这样的幸福，不是党的培养教导，又哪里来呢！

我一定要以实际行动，来报答党对我的亲切关怀和照顾，一定努力钻研，勤学苦练，克服一切困难，忘我地工作，争取做一个优秀的推土机驾驶员。

那年冬天气候不太正常，雪大风也大，推土机在冰雪覆盖的露天煤场作业，对初到东北的雷锋来说，实在是够艰难的。因为天气太冷，李长义坐在驾驶室里开车，浑身发冷，雷锋长时间站在车下，漫天飞舞的煤粉和雪花混合着飘落到他的身上脸上，弄得他活像个黑脸小包公。每当工间休息时，李长义停下车来总叫雷锋进屋一起烤烤火暖和暖和，可他却很少进屋去烤火。

雷锋总是说："师傅，你去吧。我到车上坐坐就行。"

李长义心里明白，雷锋是担心推土机停车后，万一水箱或发动机冻了就麻烦了。

李长义感动不已："人家休息你也不闲着，看把手都冻成啥样了！快进屋烤烤去。"

李长义看到雷锋转身走开了，满以为他会进屋烤火取暖，就放心地开动推土机推煤，却看到雷锋已经站到门型吊车下扬起了手中的小红旗……

雷锋这种忘我工作精神，深深地感动了身边的人。于明谦、白明利、李长义经常一起开玩笑："当初，我们都没看透这个小青年。"

于明谦常常逗白明利："当初，你不想要他，现在我把他领走怎么样?"

白明利不接话，转过身来逗李长义："当初，你不是也不想收这个徒弟，我马上给你换一个如何?"

李长义笑了："我和雷锋订了师徒合同，你们撕毁合同，我就敢去告你们!"

1959年2月8日春节，雷锋拎着两瓶老白干和一个笔记本来到师傅李长义家中，与师傅一家人一起过节。

虽然不会包饺子，但雷锋敢于尝试，争着抢着包了几个，包得七扭八歪的，不像个饺子样，逗得大家哈哈大笑。雷锋连忙解释，在湖南过节不吃饺子，他包不好，想学一学。

看到师母把一枚硬币包到饺子里，雷锋觉得好奇，问这是干什么。师母说，过年图个吉利，一会儿看谁吃到这枚硬币谁就是有福人。

除夕钟声从收音机里传来，李长义带着孩子们到门外放鞭炮，师母已经把饺子捞出一盘盘地摆到了炕桌上，给师徒二人摆上了一壶酒，大家围坐在一起吃年夜饭。

雷锋说，这是他生来第一次吃饺子，觉得特别香。

说话间，李长义突然吃到了那枚硬币，大家都嘻嘻哈哈地说笑，他是有福人。

李长义仰头喝了一盅酒，说："我是一家之主。我是有福人，全家都有福。"妻子偷偷地捅了李长义一下，暗示怕雷锋会伤感。李长义会意："雷锋不是外人，我说全家有福也有他。"

说笑间，雷锋突然也吃出来一枚硬币："准是师母怕我没有福，多包了这一分钱是不是?"

"没的事。我就包了一个。你吃到的这个莫非是从天上掉下来的。"

"美的你！天上会给你掉下钱来?"李长义盯着自家三个孩子看了一圈："准是你们谁?"

家中小三噘着嘴承认："是我包的，可是我没有福，没吃到。"

看到小三有些不开心，雷锋一把拉过小三的手，把一分钱硬币还给小三："我有福，你有福，我们全家都有福。"

1959年3月28日，雷锋经过安全技术规程考试合格，允许在C-80号推土机工作，并顺利拿到了编号为4819号的“冶金工业部鞍山钢铁公司安全操作允许证”，白明利作为主考人被记录入档。

后来，李长义因故被调走，车间就派阎志升担任雷锋师傅，教他开推土机。阎志升和雷锋同开一台推土机，又同住在一个寝室，结下了深厚情谊。

阎志升说，雷锋每天都是早早来到车库，先把车清扫干净，然后清洗过滤器，给车注油，等等，认真做好开车前的一切准备工作。他那小小的身影，总是不停地忙着，好像有使不完的劲儿。和他在一起工作时，他总是抢着多干活，让别人多休息。他总忙个不停，却从来不叫一声苦，不喊一声累。

雷锋一有空闲，就一头钻进书堆里，总是手不离书抽时间看。每到星期天，他总是到图书馆去读书。别人问他：“雷锋，你怎么总是看书？”

雷锋说：“不学习不行，心里没底，只有学习才心明眼亮、干劲十足哇！”

在苦水中长大的雷锋，平时总不忘记勤俭节约。工作中，雷锋发现保养推土机的破布消耗量很大，就把用过的破布收集起来，洗干净，继续使用。

1958年，厂里开展增产节约运动，在车间里建立一个节约仓库，并设有登记簿，要求每个人把节约回收的物品记录到登记簿上，并根据每个人登记的物品数量来评选先进。

阎志升说，雷锋回收的螺丝钉、垫圈、机器上的零件等物品数量是最多的，但他却从来没在登记簿上登记过。有人问他：“小雷，你回收的东西最多，你不登记，难道不愿当先进吗？”

雷锋总是笑着回答："勤俭节约是我们每个人应尽的责任，我不是为了当先进才这样做的。"

雷锋在鞍钢化工总厂洗煤车间开推土机，从头到尾只工作了9个月零11天，却留下了一串坚实的脚印。

雷锋在1960年的一份讲话录音中说：我除了开推土机以外，我们每天是8个小时工作，在那时候，我想为了加快社会主义建设，为了大炼钢铁，响应党的号召，为钢而战，下班以后哇，我也不回宿舍，去参加炼钢。有次炼到半夜了，我还不想睡觉，越干越有劲。

当时，洗煤车间规定，推土机作业班每周评一次生产标兵，每月评上四次，连续三个月就是季度先进生产者。雷锋在推土机班虽然只干了三个季度，但坚守岗位任劳任怨，千锤百炼始成钢，先后3次被评为厂先进生产者，18次被评为标兵，5次被评为"红旗手"，还被评为职工夜校优秀兼职语文教员。

1958年11月15日，雷锋被评为"青年社会主义建设积极分子"，出席了鞍山市青年社会主义建设积极分子代表大会。

在授奖大会上，雷锋说："我这样一个孤苦伶仃的穷孩子，今天能够参加这样光荣的大会，心中感到十分光荣，万分感激党对我的教育和培养。我的一切都是党给我的。光荣应该归于教育我成长的党，应该归于热情帮助我进步的同志们。我懂得一朵花打扮不出春天来，只有百花齐放才能春色满园的道理。一花独秀不是春，百花齐放春满园。"

为适应生产不断发展的需要，鞍钢决定在辽阳弓长岭矿新建一座焦化厂。

1959年8月间，鞍钢要往弓长岭铁矿调一批人，弓长岭是比较艰苦的，大多数人都怕调去，可雷锋知道后，几次找到车间主动要求去支援弓长岭建设。

车间主任于明谦回忆说，开始我们没有同意，说心里话，像雷锋这样的好同志，我们是舍不得放他走的。但是雷锋同志却说：“我所以要去，就是因为我是一个共青团员，弓长岭虽然艰苦点，但这正需要青年人去锻炼一下。为了建设社会主义贡献我的一分力量。”在他的再三要求下，我们只好同意了。

1959年8月20日，雷锋来到弓长岭。这里是一处群山环绕的荒郊野岭大山沟，与辽阳县安平公社姑嫂城大队（今弓长岭安平乡姑嫂城村）相邻。

弓长岭焦化厂，一切都是白手起家，从零开始。原鞍钢弓长岭团委宣传委员曹春禄说，建厂初期，各项工作比较繁忙，特别是一些基建工作比较多，又比较重，雷锋每天总是第一个到工地，最后一个离开工地。在工作中，雷锋总是抢脏活、累活干，自己的活干完后，又帮助别人干。

1959年8月26日，雷锋在日记里写道：

自从由鞍山转到弓长岭以来，自己就抱定决心：一定要很好地工作、学习，争取加入中国共产党。对各种学习任务都能认真完成；自学较好，每天早晨学习一小时，晚上总是要自学到深夜10至11点钟。早晨坚持做早操，没有违反过纪律，都能按规定去做。今后，我应当继续加强组织纪律性，向违法乱纪做斗争，严守纪律，听从指挥，做好机器检查和保养，保证安全，消灭事故。努力学习政治，开展思想斗争和批评与自我批评，加强团结，虚心学习。

弓长岭工作环境实在是太艰苦。雷锋到部队忆苦思甜时曾说：

“的确很艰苦。我们从鞍钢一共去了50名老工人，还有很多新同志。到那里的时候，我们住的就是老百姓的房子，有的住工棚子里，一个屋子里住三四十个人。”

9月10日，雷锋的老乡、与雷锋同车来到鞍钢的工友易秀珍也紧随雷锋脚步来到了弓长岭。

易秀珍曾回忆，那里的生活条件的确很不好。住的是动员搬迁后的土民房，破旧不堪，四处透风，连我们女同志睡的都是大通铺。食堂是临时搭的大席棚，吃水困难，洗脸用水要到二里远的姑嫂城去挑。太子河旱成了干河套，想洗衣服都难。

面对困难，雷锋以苦为乐，总是乐呵呵的，从不说一声苦，皱一下眉。1959年11月的一天，雷锋在日记里写道：

我们在建设焦化厂当中，住不好、吃不好和工作环境不好等，这些困难都是暂时的、局部的、可以克服的。只要我们有叫高山低头、河水让路的气概，是没有战胜不了的困难的。

易秀珍在工地当统计员，每天负责统计各个班组的施工进度，对雷锋的劳动情况了如指掌。

易秀珍说，雷锋这个人不论干什么都抢在别人前头，推土机手一时没有推土机开，让他做力工，他也不在乎。运木料，他拣大的扛；运石头，他挑重的担。发现好人好事，他编快板，写墙报，进行宣传鼓动。有人说他赚钱不多，管事不少，你说你的，他干他的。他到哪里干活都像一团火，能让那些心灰意冷的人感到温暖。领导把他编入了青年突击队，共青团员选他当团支部宣传委员。

雷锋在忆苦思甜时曾回忆：“我们的工作就是每天和泥呀，砌墙哪，运砖哪，打地基呀，抬大筐啊，干这些活。在这种情况下，有少数同志不安心，有的讲讲怪话，说弓长岭这个地方有十条不如鞍山，吃不如鞍山，住不如鞍山，工作条件不如鞍山……有的说，我在鞍钢是个技术人员，把电钮一按，那机器就转了，到这里后叫我抬大筐，叫我盖房子，干不了，有的就开溜跑回去了。"

临近冬天，矿领导决定发动职工修建宿舍。雷锋等一群青年人组织了"青年突击队"，没日没夜地劳动。

初冬的早晨，泥坑已经结起冰碴，用镐头和泥已经和不开了，雷锋就穿着靴子进去踩。谁知靴子踩进去就拔不出来了，雷锋就光着脚和起泥来。

当同志们看到雷锋的腿上划破了不少口子，都关切地问他："小雷，冷了吧，快进屋歇歇!"他笑呵呵地回答："冷点怕啥，宿舍早一天盖好，大家就少冷一天。"

雷锋在忆苦思甜做告时说："特别是东北的天气比南方冷，下了雪，水还结冰，和泥是最困难的，我每天早上就提早一个小时上班，参加和泥。去和泥的时候呀，我想到为了提高我们和泥的质量，为了和得快，我就脱下了鞋，跳到泥巴中间去和泥。我的脚被冻得像针扎一样难受，但是我想到这是为了社会主义建设，我的心还是暖乎乎的。又有两名共青团员同志看到我这样，也跳了进来。我就和他们两个团结在一起，分工合作，我们提高了工效。以前，是6个人和泥供不上10个瓦匠的需要，现在呀，我们就3个人和泥不但供上了10个瓦匠的用泥，而且还有多余时间，帮助瓦匠运砖。"

在大家的共同努力下，一幢幢漂亮的职工宿舍很快就盖了起来。在数九寒冬，千里冰封、万里雪飘的时节，职工住进了自己动手盖起来的宿舍，像春天般温暖，干劲十足。

雷锋在辽阳焦化厂里虚心向群众学习，并以团员的模范作用，带动群众前进。他说：“一朵鲜花打扮不出美丽的春天，一个人先进总是单枪匹马，众人先进才能移山填海。”

学会了开推土机后，雷锋转身也成了师傅，开始带徒弟，传授驾驶技术。

1959年11月20日，雷锋在日记中写道：

我在鞍钢开推土机时，车间主任给了我一个任务，要我带三个学员。自己的技术不高，怎能教好学员呢？可是，我想到这是党给我的任务，我一定要坚决完成。在驾驶和学习机器构造原理时，我和他们互相研究，我不懂就去请教其他师傅，而后再告诉他们。他们只用四个月就学会了开推土机。毕业后，工厂要给我36元带学员的师傅钱，我没要。我学的技术是党培养的，今天告诉别人是应该的。

周玉凤就是新学员之一。周玉凤说，她和四名新工人被选送到鞍钢化工总厂学推土机驾驶技术，雷锋在这里担任教员。同来的小张和雷锋签订了师徒包教保学合同，自己与赵师傅签订包教保学合同。

周玉凤说，雷锋只有十九岁，一天有说有笑，异常亲切。我们几个同来学习的青年工人都喜欢接近他。

雷锋毫不保留地把技术全传授给了小张。虽然小张文化水平低，可雷锋一点也不嫌弃，劳动时一面操作一面教他，工间休息时总是指着机车上的零件详细地讲这个、比那个。

雷锋没有一点架子，主动做下手活，添油、擦车，啥活都做。

有一次，小张驾驶机车操作失灵，煤推得多了，车身不平，发动不起来，正着急之时，雷锋一手示意停止发动，转身跳下机车就用锨去铲煤堆，给机车铺平了道路，机车很快就发动起来了。

因为自己年纪小，又是女同志，周玉凤的师傅有些不高兴，不止一次地说：“女同志干这玩意够呛，为啥你偏要学这行?”有活也不让她做，也不教技术，甚至连车都不让她坐，周玉凤十分难过。

一天，周玉凤把赵师傅不愿意教自己的事，和雷锋说了，雷锋边听边安慰：“赵师傅经验丰富，不爱多说话。可他爱的是实干家，只要你抢着去干活，主动钻技术，时间长了他会喜欢你的。”

虽然周玉凤没有和雷锋签订师徒合同，但雷锋对她十分关心，在工余时间里还是主动教她技术，讲机车构造原理，讲革命故事，鼓励她好好学习。

经雷锋指点，周玉凤更加刻苦努力，赵师傅也逐渐转变了对她的态度，建立起了良好的师徒关系。周玉凤不到半年就掌握了一般技术。

看到周玉凤做出了成绩，雷锋高兴地鼓励她：“巩固成绩，戒骄戒躁，不断前进吧!”

雷锋关心工友，更爱护集体财产，雨夜救水泥就是最典型的事例。

1959年11月26日中午12点，雷锋刚从车间开完会回到宿舍，一进门就被大家围住了。小王拿着一张报纸跑到雷锋跟前说：“雷锋同志，你看，你上次在雨夜抢救水泥，登了《共青团员报》了!”

此前，1959年11月10日，《弓长岭报》就报道雷锋雨夜抢救水泥的事，新闻显示了准确的事发时间——“1959年11月5日，雷锋与工友们雨夜抢救水泥”。

雷锋把雨夜抢救水泥的事，写进了1959年11月14日的日记里：

今天，我感到特别的高兴，一天紧张工作过后，一点儿也没有觉得疲劳，我感到浑身是劲，深夜了，我还坐在车间调度室里，看一本学习毛泽东同志的思想方法和工作方法的书，真使我看得入了迷，越看越使我感到毛主席的英明和伟大。

深夜11点钟了，走出门外，天黑得伸手不见五指。这时突然下起雨来了。陈调度员说，我们建筑焦炉工地上，还散放着7200袋水泥。陈调度员急得一时手足无措。……雨越下越大。这时，我猛然想到了党的教导，要我们爱护国家财产，又想到了我是一个共青团员。想到这些，一种无穷的力量鼓舞着我急忙跑到工地，用自己的被子，并脱下了衣服，抢着盖在水泥上。后来，我又跑到宿舍，发动了20多个小伙子，组织了一个抢救水泥的突击队，有的忙着找雨布，有的忙着找芦席，盖的盖，抬的抬，经过一场紧张的战斗，避免了国家的财产受到重大的损失。

这时，我才松了一口气。抹掉了头上的汗，带着乐观的心情，昂首阔步回到了宿舍，回忆自己为国家、为党做的一点点工作而高兴。

11月20日，李廷波、赵吉洪以《抢救水泥》为题，把雷锋雨夜抢救水泥的报道，刊发在了共青团辽宁省委机关报《共青团员报》上。报道中，没有提及详细的事发时间，只写到“一天”。

看到《共青团员报》的报道，雷锋和大家一样感到高兴。他在日记中写道：

这对我和大家来说，都是很大的鼓舞……我这么一点点贡献，比起党对我的要求和希望还是做得很不够的，但是我有决心忘我地劳动，赤胆忠心，不骄不傲地乘胜前进。多为党做一些工作，这就是我感到最光荣的。

这就是好工人雷锋，他处处都想着党，想着人民，想着国家，事事都奋勇争先，处处严于律己，时刻以模范带头作用带动他人，一起积极参加社会主义建设，为社会主义贡献力量和青春。

工作之余，雷锋看到焦化厂旁边的姑嫂城大队农民种地缺少粪肥时，就利用业余时间，每天捡一筐粪送到姑嫂城大队。

雷锋在忆苦思甜时自述说："我每天起早半小时上班拿大筐捡大粪，中午吃完午饭以后，大家休息，我就跑去捡大粪。下班大家都走了，我总要捡一筐大粪才回去。一个多月以后，我就捡了800多斤大粪。一个星期天，我到附近安平人民公社，准备送给他们，当时那个副主任给我讲，他说你要多少钱哪，我说一个钱也不要，我这是业余时间捡的。"

有一天，雷锋到鞍山开完会回来，在路上看到放羊的吕长太老人。雷锋在报告讲话中说："那个老头穿着一身很薄的棉衣，就把身上的一件棉上衣脱下来送给了老人。老人当时就流下了眼泪，紧握着我的手，说：'我死也忘不了你。'

"随后，我又问了他一些情况，他家里过去也很穷，他过去给地主放了20多年羊，在旧社会没吃没穿，连一个老婆都没找上。新中国成立以后，党把他拯救出来，使他过上了幸福的生活。

"他们家里有七口人，老的老，小的小，都需要公家的照顾。老人给我讲旧社会给人家当牛做马，没吃没穿，现在党和毛主席把他们救出来了，大家都轰轰烈烈地建设社会主义，他如果不给社会主义建设出点力，怎么对得起党和毛主席呢。这位老大爷的话深深地教育了我，我想到这个老头的心哪，和我的心是一样的。于是我就把我的情况也向他介绍了。那个老大爷讲，这真是我们穷人心连心哪。后来，我有时间就去他家看望这位老大爷，把他当作自己的父亲一样，给他打柴呀，挑水呀，给他做些零活。”

无巧不成书。雷锋认识吕家人，最早的并不是吕长太，而是吕长太的儿子吕学广。

1959年，吕学广还是一个10岁的二年级小学生。吕学广中午去理发，排队的人很多。吕学广没吃午饭，又怕耽误下午上学，急得坐不住了。排在他前面的人看他着急，就让他先剪，而且替他付了钱。这个人就是雷锋。

认识吕学广，雷锋知道他是姑嫂城大队的，家中困难，就给他买了书包、笔记本、铅笔、橡皮、文具盒等，勉励他好好学习。

吕学广常去焦化厂找雷锋。那时候大家生活困难，午饭大都吃高粱米饭、玉米面饽饽，但焦化厂的工人能吃上白面馒头。雷锋常常把自己的白面馒头拿给吕学广，自己吃吕学广带的饭菜。

1959年10月的一天，雷锋从姑嫂城大队党支部书记曹恩德口中了解到吕长太家生活十分困难，七口人盖一床被子，就到他家送一些旧衣物，发现原来这就是吕学广的家。

吕学广父亲就是吕长太，母亲叫宫玉芝，全家老少三辈七口人，只有吕长太一人在生产队干活，生活非常困难。雷锋征得吕长太夫妻的同意，在曹德胜的见证下，认吕长太夫妇为义父义母。

雷锋对义父义母非常孝顺，给义父义母买新衣服，经常帮助义父家挑水、垫猪圈、起地瓜、掰玉米，什么活都干，还时常从食堂买来馒头等食品带到义父家。雷锋也经常利用业余时间，义务辅导吕家孩子的功课。

雷锋参军后，还不忘时常给义父寄钱，因为雷锋一寄钱来，吕家就时不时地“显摆”，所以这个村的好多人都好生羡慕。

虽然相处只有短短的80多天，但吕学广一生难忘。后来，吕学广长大成人也来到弓长岭矿里当了一名工人，年年都被评为“五好标兵”“劳动模范”和“先进生产能手”。

吕学广家并不富裕，退休以后，吕学广买了一台三轮车搞营运，常常帮助那些有困难的老年人、残疾人。他还在村道口摆摊修车，常常给家庭困难的人免费修车。2011年以后，吕学广又组织40多名村民成立全国第一支农民学雷锋志愿者团队。在雷锋精神鼓舞下，弓长岭这座只有10万人口的小城，就有1.6万名“学雷锋”志愿者。

从1959年8月20日到1960年1月2日参军报到，雷锋 共在辽阳弓长岭焦化厂生活工作了4个月零13天，累计142天，一共留下了16篇日记。

后来，雷锋虽然离开了辽阳到部队，但他的心时刻关注着辽阳。1960年8月，当辽阳遭受百年一遇的特大洪灾时，雷锋拿出100元支援辽阳灾区。

好战士：雷锋在部队

当兵，是每个年代热血青年都向往的目标。雷锋也不例外，他从小就有参军的想法。

1949年8月，湖南长沙望城解放。9岁的雷锋找到路过的解放军连长要求当兵，可连长没同意，把一支钢笔送给了他，鼓励他好好读书，好好学习。也正是从那时起，参军当兵的种子种进雷锋的心里，同时，也在心里种下了好好学习的种子，因为只有好好学习才能实现当兵的愿望。

在土地改革中，安庆乡成立儿童团。凡是愿意为党为人民贡献自己力量的少年儿童都可以加入儿童团，它的主要任务是学习、生产，同时也担负着站岗放哨送书信等任务。

雷锋在忆苦思甜中回忆说："二年级时土改斗地主，我们乡里成立了儿童团，我参加了，后来大家选我当团长。大人搞生产很忙，我们儿童团就去看管地主，斗争那个姓唐的地主时，我非常气愤，恨不得一口气要吃掉他，旧仇都一齐涌到我的心头，母亲是在他家做女工时被害死的，我在他家放猪遭到了非人的折磨，斗争后就把他枪毙了，为我们的阶级兄弟报了仇。"

儿童团始于抗战时期，后逐渐发展成为少先队。刘胡兰、王二小等烈士都曾经加入过儿童团。儿童团的成立，不仅给雷锋的生活带去了乐趣和希望，同时也锻炼丰富了他参与斗争的思想，更加坚定了一心听党话、一心跟党走的决心，逐步树立了远大的理想和抱负。

1954年初冬，望城县开展征兵工作。作为县委组织部干部，黎国平白天下基层做群众工作，广泛宣传动员，晚上回乡政府碰头，汇报情况，研究下一步工作。

黎国平回忆说："那天晚上，北风呼呼直叫，天气十分寒冷，我们正在乡政府开会研究征兵工作，只听见门外有人喊：'彭乡长，彭乡长！'随着进来一个十三四岁的小青年。

"彭乡长指着他对我说：'这是小雷，还在小学读书，他是我们乡第一个报名参军的。'

"我不禁放下钢笔，打量着眼前的这位小青年：个头矮矮小小，但敦敦实实。圆圆的脸上露出稚气，被寒风吹得红红的。一双眼睛又明又亮，额头上渗着汗珠。显然，他是急急忙忙赶到这儿来的。

“‘小雷找过我四次了，要求参军，我说服不了他。你给他讲讲，好不好？’彭乡长被缠得没法，只好把我推出来当‘挡箭牌’。然后对雷锋说：‘就算我同意也不行，不信，你问问县里来的黎同志，他是负责征兵工作的。’

“雷锋一听我是县里来的，眼里闪着希望之光，马上向我提出要求：‘黎同志，我要参军！’

“我沉思一会儿，说：‘小雷，你年纪太小……’

“没等我讲第二句，雷锋接过话，理直气壮地说：‘我从小就失去了父母，受尽了地主的欺压和剥削。今天，我们当了国家的主人，幸福生活来得不容易。俗话说，有志不在年高。我一定要参军，当一名光荣的解放军战士，拿起枪杆子，保家卫国！’

“‘你决心这么大是好的，但是你个子太小，当兵是很苦的呀！’

“‘小个子当兵，打仗才灵活呢！’雷锋机灵地闪动着眼睛，‘我是苦水里泡大的，不怕苦，也不怕死，请领导考验我。’

“这一晚，我们谁也没有把雷锋说服。

“当时，征兵消息像春风一样，吹遍了山乡的每一个角落。每天报名参军的人络绎不绝，有自己跑来的，有妻子送丈夫的，有父母送儿子的，我们的工作非常繁忙。

“雷锋天天都跑来，软磨硬泡，要求参军。他总是对我说：‘我家祖祖辈辈都是穷苦人，受尽了地主老财、日本鬼子的气。现在我搭帮党和毛主席翻了身。保卫祖国，是我们的义务。你就同意吧！’

“每当我看到他那焦急而又诚恳的眼神、那充满稚气和带着执拗神情的娃娃脸时，真不忍心立即回绝他，只好安慰他说：‘你还小，

先好好读书，别着急，过两年我们一定让你去……'

“我们欢送第一批新兵入伍的那天，安庆乡沉浸在欢乐之中。在锣鼓、鞭炮声里，新兵胸戴大红花，一个个英姿飒爽。我朝四周一望，在新兵队伍的后面，站着一个矮个小青年，那不是雷锋吗？

“他见我朝他走来，一把拖住我，抱着最后一线希望央求说：'让我去吧！让我去吧！'顿时，我心潮汹涌，久久不能平静，眼睛湿润了。我能说什么呢！只是默默地拍着他的肩膀，和他一起，把这批新兵送到10里以外的望岳区委……

“这一年，小雷锋参军未去成。可是，他仍然三天两头地往乡政府跑，总是打听参军的消息，我们更加熟识了。他这种不达目的不罢休的坚定意志，给我留下了极深极深的印象。”

1955年，在雷锋上五年级时，班主任肖叔陶老师的儿子从抗美援朝战场上回来，学校特邀请他到学校做报告。

雷锋同班同学刘中柱回忆道：“这次开展的向解放军叔叔学习，向前线胜利归来的战士学习，使大家受到了一次深刻的教育。在那天的欢迎会场上，雷锋第一个上台献花、献上了红领巾，并在大会上发言……他还慷慨激昂地说：'我现在年龄还小，等我长大了一定要参加中国人民解放军，做一个坚强的战士，保卫党中央、保卫毛主席、保卫社会主义祖国和全国人民……'他的讲话博得了全场同学和老师的一阵阵掌声……”

万丈高楼平地起，人生辉煌靠自己。当梦想还无法实现时，雷锋时刻准备着，努力学习，修炼自我，创造一切条件，为自己的梦想架桥铺路，为自己的理想打下坚实的基础。一旦机会来临，一定要牢牢抓住，绝不放过，更不会错过。

雷锋把自己崇高的理想信念和道德品质追求融入日常的工作生

活，在实践中牢记“全心全意为人民服务”的初心，在实干中坚定“知行合一”工作信念，在效果上让人民群众“看得见、摸得着、感受得到”。

守正笃实，久久为功，持之以恒，痴心不改！

雷锋真正实现参军梦想，则是6年后。此时，雷锋已经北上来到辽宁鞍钢，正在辽阳弓长岭参加鞍钢焦化厂建厂工作。

1960年，国际国内形势极其紧张，蒋介石叫嚣着“反攻大陆”，军队处于紧张战备状态。一年一度的国家征兵命令下达后，1959年12月1日，辽阳市开始了征兵工作。

辽阳县兵役局来到鞍钢弓长岭矿焦化厂征兵，弓长岭矿抽调团委宣传委员曹春禄、总务股长陈日东、保卫科干事金守成等人成立征兵办公室，负责在全矿范围内征兵动员、政审等工作。

12月3日下午1时，弓长岭矿焦化厂党总支书记李钦荣召开应征青年会议，传达了征兵相关事宜。

雷锋第一个响应发言：“当兵是我们的义务，保卫祖国是我们的光荣职责。我坚决要求党总支批准我报名应征……”

下午5时，鞍钢弓长岭矿焦化厂党总支又召开全体职工动员大会。

李钦荣在会上又一次做了动员报告，重点说明征兵工作的意义，并号召应征青年积极报名应征。

李钦荣话音未落，雷锋又是第一个登台表达了强烈应征的决心。在雷锋的带领下，30多名应征青年相继登台表达应征决心，动员会异常热烈，一直持续到了晚上9时30分。

梦想即将实现，雷锋兴奋不已，辗转难眠，来不及穿棉衣就跑到李钦荣办公室……

保卫科干事金守成回忆："雷锋回去睡不着觉，连夜写了1100多字的《我决心应召》应征入伍申请书，第二天一早就跑到焦化车间报了名，并把申请书交给了领导，以此表达自己参军坚定的决心。焦化车间领导把雷锋的这份申请书转交给我们征兵办。我看了这份申请书后，感到雷锋吃的是黄连，吐的是蜂蜜。他要参军是为了报效祖国。对于这样的好青年、好工人雷锋，我这负责征兵政审工作的人，已经过了关。我们征兵办认为雷锋为应征适龄青年带了好头，就把这份申请书登载在了1959年12月10日鞍钢弓长岭矿矿报上。

"然而，谁也未曾料到这份申请书竟是解放军雷锋同志给我矿的唯一宝贵的精神财富。"

因为雷锋在鞍钢工作表现实在是太突出了，弓长岭矿焦化厂党总支书记李钦荣舍不得放雷锋走，就想让征兵办设法把雷锋留下。

没想到，雷锋去意已决，意志坚定，这一点在他的《我决心应召》一文中得到充分体现：

12月3日，当我听到车间李书记关于征兵的报告后，我激动得一时一刻都没有平静。夜深了，我怎么也睡不着觉，便从床上爬起来，跑到了车间办公室，叫醒了熟睡的李书记。我问他，我能不能入伍呀！李书记笑着回答说："能啊！像你这样身强力壮的小伙子，参加人民解放军是顶呱呱的哩。"他从头到脚仔细地看了我一下说："哎呀，小雷怎么没穿棉衣呀！下这么大的雪，不冷吗？"这时我才觉得穿一套单衣有点寒冷，李书记把棉衣披在了我的身上。回到了宿舍，我还是不想睡觉，坐在条桌旁边写我入伍的申请书和决心书。

第二天一早，我想到车间去报头一名，天还没亮，哪知道回收工段适龄青年马守华比我更早，头一名让他得去了，真想不到我报的还是第二名。

参军！是我从小就有的愿望，人民解放军不仅是一个革命团结友爱的大家庭，而且还是个培养青年的革命大学校。现在我的愿望就要实现了，怎么叫我不高兴呢。

当我在入伍簿子上写到我要坚决“参军”二字时，一段辛酸的回忆涌上了我的心头：

我出生在一个很贫穷的农民家庭，父亲专靠给地主做长工来维持一家半饱的生活，终年辛勤的劳动，到了新年初一全家五口人有小米不到半升。抗日战争时期，我爸爸参加了革命，白天参加生产，到了夜晚就和村里的大人集合起来打鬼子，后来不幸被捕，被小日本鬼子活活地埋葬（其父遭日本人毒打后，病死……这里“……活活地埋葬”显然是一种夸张的比喻——编者注），全家无法生活，我哥只好去一个小小的机械厂当学徒，我和妈、弟三人只好上大街讨吃。一九四四年，我哥在工厂双手被机器轧断，脑袋被撞破，鲜血染红了里外的衣裳，不到两天而死。我那幼小的弟弟受不住那种生活的折磨，第二年活活地饿死在街头。我可怜的妈妈呀！逼迫投了江（实际是自缢身亡——编者注），剩下了孤孤单单六岁的我，只好给地主放猪，晚上和猪做伴，一旦到了冬天我冻得受不住，只好贴着肥猪的大肚子睡着，那大肥猪比我长得还高，它吃的比我还好哩，每天还有人伺候它。我呢？挨打挨骂是家常便饭，过着非人的生活。那时候我虽年纪小，对那些要命的野兽般的帝国主义和黑暗的社会是多么的入骨地痛恨。

那时我真想：要是有亲人来搭救我，我一定要拿起枪，粉碎那些狗豺狼！为爹妈报仇。

光明伟大的党啊！您挽救了我，给我吃的、穿的，还送我念书，高小毕了业，进入初中，戴上了红领巾，加入了光荣的共青团，参加到了祖国的工业建设，一天天地成长起来。

伟大的党啊！您是我慈祥的母亲，要是没有您我很难想象到自己的一切。今天您需要我，我一定挺身而出，不怕牺牲和一切困难，永远忠于党、忠于人民，继承长辈优良的革命传统，为建设现代化的强大的国防军，为保卫社会主义建设，保卫世界和平，我要把自己可爱的青春献给祖国最壮丽的事业！作一个真正的共产主义革命战士，粉碎帝国主义！早日解放台湾。(焦化车间工人——雷锋)

雷锋虽然意志坚定，决心强烈，但在政审和体检上却遇到了麻烦。

负责征兵政审工作的陈日东在对报名写了决心书的应征青年进行逐一政审时，李钦荣找到他，格外关照地说："日东同志，你先把雷锋同志的有关材料查一下。"

陈日东急忙查阅雷锋的人事档案，发现除了一份职工登记表和入团登记表外，什么材料也没有，而且登记表全是雷锋自己填写的。从这张登记表上，可以看出雷锋确实是一个苦大仇深的孤儿。

陈日东将这一情况汇报给了李钦荣，一是雷锋没有原始档案材料，二是雷锋个子太矮了。金守成给雷锋老家湖南望城安庆乡发去了函调，由于路途遥远一时没有回音，政审无法正常进行。

征兵办和焦化厂领导几次开会研究，考虑到雷锋命运凄苦，工作突出，思想要求进步，乐于助人和参军要求迫切等情况，同意他报名参军。

随后，矿征兵办又和辽阳县兵役局联系，县兵役局表示可以特殊处理，只要市兵役局通过，接兵部队肯要，可先参军后政审。就这样，雷锋在政审没有结论材料的情况下，“破格”进入下一项体检环节。

保卫科干事金守成回忆，12月10日，辽阳县兵役局和接兵部队对弓长岭矿应征青年进行目测检查，看到雷锋身材矮小，就把他给淘汰了。雷锋急着找征兵办的人“求情”。

转眼间，12月22日，弓长岭矿组织应征青年体检的日子到来了。雷锋还是因为身高、体重的问题没有通过接兵部队的这一关。

金守成对前来接兵的同志说：“就让他参加体检吧，如果他检查不上也就死心了。”可是接兵同志还是不同意。汽车拉着应征青年前去体检，雷锋在后面跑，硬是从车尾爬上了汽车。

后来，雷锋在一次讲话中透露说：“在检查的时候，我很早就跑到了体检站。原来我们厂里跟我讲，明天准备派车把你们送去。我怎么也等不到了，半夜爬起来就往那个体检站走。

“走到半路上的时候，看到一台军车，当时我就把手一招，那军车就站下了，我就和他们讲，解放军同志，你这车到哪里去呀，他说到辽阳去，我说我快要入伍、快要当兵了，准备到辽阳去检查身体，想搭你这个车去，好不好哇?

“当时那个解放军同志非常好，他说那行啊，将来我们都是革命的战友了。这样，我就乘车到了辽阳体检站。”

辽阳安平公社小屯新兵体检站设在小学。陈日东带着人乘坐汽车来到现场，大家一下车，当地老百姓就指着雷锋，“那个小个子，就是雷锋。”

负责征兵工作的总务股长陈日东感到奇怪，就问他们咋知道的，几位老大娘说，雷锋在这里给大家讲过家史。

这时，陈日东才知道，雷锋不但来过小屯，还去过辽阳市兵役局。

金守成说，雷锋下车就找接兵的同志恳求：“我要当兵，让我参加体检吧。”接兵同志仍坚持不同意。

弓长岭矿应征青年体检，被统一安排在下午进行。别人在等待体检时，有的结伙上街玩去了，有的三五成群聚在一起闲聊，只有雷锋一个人拿着笤帚清扫院子，挨个扫教室的临时宿舍。

经多次沟通，接兵部队同志最终同意让雷锋先参加体检。

雷锋回忆说：“那个余政委看到我去了，叫住我说，小雷呀，来得这么早哇。

“当时我很奇怪，这个首长怎么认识我呢？后来我问他，首长怎么认识我呢。

“他讲：‘你在入伍前，不是写了一篇稿吗？在报上已经登出来了，我看到了，就上你们工厂去了，还见得你在盖房子，我让厂党委书记介绍了你的情况，就这样认识了你。’

“后来他带我去检查身体，检查血压的时候，那个医生对我说，小鬼呀，你的血压怎么这么高哇，不行啦。当时我的心像压了一块石头一样，我很怕不能合格。

“后来，我就跟他们讲，我等一会儿再检查好吗？医生们同意了。第二次检查，血压还是很高。第三次时，余政委来了和那个医生讲，这个小鬼，他昨天晚上没有睡好觉呢，可能和今天早上还没吃早饭有关系。

“当时我听到这么一说，心里非常高兴，感谢这位首长对我的关怀。第三次检查的时候，血压就下来了。

“接着检查身高，我怕不够高，趁医生不注意，我就把脚踮了起来。再就是查体重，我往秤上一站，只有96斤，当时我就对医生讲，我说，我还没吃早饭呢。

“他说你怎么不吃早饭呢？我说我太高兴了，吃不下呀。那个医生笑了。”

1962年第5期《民兵之友》杂志刊发的《做毛主席的好战士》一文中，雷锋还透露了一些细节：

> 不久，厂里锣鼓喧天地把我和其他检查合格的青年送到辽阳市，可是经市一检查，说我个子矮，不批准我。这可把我急坏了，两眼含着泪水一口气跑到身体检查站，向余政委问道：“凭什么不叫我参军，我哪一点不够格？”余政委说：“你个子太小了……”难道因我个子小就不能保卫祖国吗？难道因为我个子小就不能为自己的亲人报仇吗？我满肚子的委屈一齐涌上心头，扑到余政委的怀里痛哭了一场。余政委看我人小意志挺坚决，就同意我入伍了。

然而，实际的情况远比这些还复杂，还麻烦，并不是几句话或简单地沟通就能解决的，更不是一两个人所能决定的。

这段经历在第三章节还有涉及，所以先埋下伏笔，放到后面一并详细娓娓道来。

1960年1月8日，雷锋随357名新兵战友一同由辽阳乘坐军用专列来到部队驻地营口。

此前，三营副教导员、新兵营教导员李恒基找到雷锋，让他提前准备一下讲话稿，准备在欢迎新战友大会上作为新战士代表讲话。

一路上，雷锋一刻也没闲着。看到首长们困倦，雷锋找到列车长，安排首长到最后一节卧铺车厢休息。雷锋在前面挨个座位地去同大家拉家常，指挥大家一起唱起了《没有共产党就没有新中国》

和《社会主义好》等歌曲，歌声嘹亮而激昂。车厢里到处都是欢歌笑语，歌声此起彼伏。

途中，李恒基突然想到安排雷锋讲话的事。李恒基和军务参谋戴明章说："也不知道雷锋准备好了没有？"

戴明章说："雷锋的讲话稿，早已经准备好了，内容挺好，我看过了，你是不是再看看。"

李恒基叮嘱道："你看过了就行了，告诉雷锋讲话沉住气，别慌。"

下午三点半，运载新兵的军用列车缓缓开进沈阳军区工程兵十团驻地营口的火车站。

此时，十团团长吴海山、政委韩万金等部队首长早已带队排着整齐的队伍守候在营口火车站月台上。

专列一进站，月台上顿时敲起了锣，打起了鼓，锣鼓声响彻云霄，"热烈欢迎新战友"的口号声此起彼伏。

列车刚一停稳，戴明章就第一个从车梯上跳了下来，紧跑几步来到吴海山、韩万金等人面前，敬了个军礼："团长、政委同志，新兵专列已安全到达，沿途未发生任何事故，报告完毕。请指示。"

李恒基和技术营营长荆悟先也相继跳下车，来到戴明章身旁，并排整齐站好。吴海山一一握手，说："同志们辛苦了！"

李恒基等人高声回应道："为人民服务。"

趁着韩万金政委等人正在与李恒基、荆悟先等接兵干部寒暄之时，戴明章单独走到吴海山身边报告："团长，我在接兵上犯了一个错误……"

吴海山一脸诧异，收起了笑容，直接打断了戴明章的话："什么事？"

戴明章说："我接了一个没有政审表的兵，他叫雷锋！"

一听雷锋的名字，吴海山松了一口气："不就是你昨天傍晚打电话向我报告的那件事吗？不要紧，我知道了，由我负责。"

戴明章心里暖暖的，对这位平易近人、体贴下情的老首长投去了难言的感激之情。

这时，新兵陆续下车，排起了队，个个难掩兴奋，满脸激动。雷锋拎着行装走到队伍里，荆悟先把雷锋单独叫出列，带到韩万金政委、吴海山团长面前，向首长们汇报："我说的那个特殊兵就是他，在车上已经被大家推选为新兵代表了。"

吴海山、韩万金等首长上下打量着雷锋一番，觉得阳光可爱，有灵气，暗暗心生喜欢。韩万金看着雷锋，问道："你叫什么名字？"

雷锋放下手中的行装，胆怯而又兴奋地敬了个军礼，回答道："报告首长，我叫雷锋！"

雷锋的普通话还多少带着点湖南口音，再加上锣鼓声，韩万金没有听清，就又问了一遍："你叫什么名字？"

雷锋大声答道："我叫雷锋，打雷的雷，冲锋的锋！"

韩万金高兴地点了点头，吴海山接过话去："好！你的名字好响亮啊！"

荆悟先又汇报说，雷锋一会儿要代表新兵在欢迎大会上发言。

韩万金关切地问雷锋："一会儿开大会，你得代表新兵讲话，有准备吗？"

雷锋响亮地回答："首长有准备！"由于一激动，雷锋把"首长"和"有准备"连在一起说了。

韩万金笑着和雷锋开起玩笑："首长当然有准备，我问你是不是有准备？"

雷锋涨红着脸，一本正经地回答："报告首长，新兵雷锋有准备！"

韩万金说："有准备就好。入列！"雷锋响亮地回答："是！"

说完，雷锋拿起行装，紧跑几步，跟上了队伍，随部队一同走出了火车站，径直走向部队大操场。

欢迎新战友大会由十团政治处主任张国民主持，并致欢迎词。随后，吴海山代表团党委、团领导及全团官兵讲了话，首先热烈欢迎新战士入伍来到十团，简要地介绍了一下十团的光荣战斗历程以及当前的任务，并对新战士提出希望和要求。

紧接着，老战士代表、全团学习毛主席著作积极分子、四连四班班长任佐芝代表老兵讲话。任佐芝表示决心和新战友一道，团结奋斗，为创造更多的"四好连队""五好战士"，为完成团的各项任务而做出最大的努力。

大会最后一项就是新兵代表讲话。雷锋不慌不忙地从队列里走出，沉着冷静地走上主席台，面向坐在主席台的几位团首长敬了一个未经训练、不太正规的举手礼，又转过身来面向战友们敬了个礼。

时值寒冬，辽河口海风十分强劲。雷锋拿出讲话稿，刚讲了个开头，讲话稿就被大风给刮乱了，雷锋想把讲话稿整理平整，可是怎么也铺不平，没办法看清上面的字。主持人担心雷锋"砸"在台上，急忙上前想帮忙。

雷锋见一时也整不好，索性把讲话稿装进了裤兜里，即兴开讲："我们这些新战士，能在60年代刚刚开始的日子里，穿上军装，扛起枪杆，都有说不出的高兴。我们当中有工人，有社员，也有学生，来自四面八方，可我们只有一个心眼，那就是学好本领，保卫祖国，当个像样的兵。只要我们学好毛主席著作，听党的话，听从各位首长的教导，团结一致，别说五好，就是七好、八好，我们也能当上！”

雷锋话音未落，台上台下笑声四起。雷锋不明所以，没有发现自己露怯了，没有理解部队里创建“四好”“五好”的概念，有些惊慌：“大家笑什么呀，我讲的全是实话！反正我们就是一个心眼儿，就是保卫祖国一定要当个像样的兵，绝不辜负首长和大家的期望……”

看到雷锋讲得慷慨激昂，十团政治处宣教干事庞士元打开相机抢拍了一张，但后来因为工作调动，照片不知道遗失在什么地方了，成为一大憾事。

十团政治处宣传股摄影员季增也觉得雷锋讲得好，拿着照相机挤了过来，抢拍了一张照片。这张照片成为雷锋入伍当兵拍下的第一张照片。

此后两年零八个月时间里，季增不断跟踪采访雷锋，经常陪同雷锋出席各种会议或陪同雷锋外出做忆苦思甜报告。季增曾在《解放军画报》《人民画报》上先后刊发了《苦孩子，好战士》《伟大的战士——雷锋》和《永不泯灭的记忆》等作品几十幅。季增称，自己给雷锋拍摄了260多幅照片，是给雷锋拍照最多的人。

雷锋从出生到牺牲，目前一共发现有350多张照片，除了在地方拍了数十张，在照相馆拍了一些外，多数都是在部队时拍摄的。

除了季增外，给雷锋拍摄的还有十团政治处助理员张峻、《解放军画报》记者吴加昌、沈阳军区董哲、第64军张哲西、《民兵之友》杂志记者周军、舟桥某团赵志华等人。吴加昌拍摄有10多张。

其中，张峻经常到运输连给雷锋拍照，有时还陪同雷锋一起到学校和外市兄弟部队做报告，拍摄有《雷锋擦汽车》《雷锋在驾驶室内学〈毛选〉》《雷锋给小学生辅导功课》等。

张峻曾在《沈阳晚报》上刊文称，9次下连队给雷锋拍照，累计在一起生活79天，共拍摄了198张照片。张峻说："为什么我能说出198张这样准确的数字呢？因为当年新闻纪律很严明，有工作日记，记者所用的胶卷从领取到回交入档都是有着严格的登记手续的。大家在工作中都一丝不苟，毫不含糊。而且公是公、私是私，泾渭分明，没有人想占国家和集体一分钱的便宜。当时新闻宣传纪律中还有一条严格的规定：不准用公家的胶卷拍摄私人照片。正因为如此，我曾三次放弃了雷锋提议与我合影的机会，也因此留下了今生最大的遗憾。"

周军在1961年冬拍摄的《毛主席的好战士——雷锋》照片，雷锋手握钢枪，目光如炬，意志坚定，望向远方，被全国报刊广为选用宣传，成了家喻户晓的照片。1998年，这张照片与毛泽东畅游长江的照片一同被评选为20世纪全球最有影响的100张图片。此外，1962年2月19日，周军还在沈阳军区首届团代会时拍下了雷锋参会及与神枪手雷凯学习交流射击技术的照片。

雷锋讲完话，转过身又向团首长敬了个军礼，全场响起了一片热烈的掌声。

十团政治处宣传股股长吴广信在日记上记下了雷锋的名字。吴海山团长满脸欢喜："好，这个小战士个头不高，讲起话来蛮有精神！"韩万金政委点了点头，也夸赞说："好，讲得好！"

散会后，韩万金特意和吴海山说："这个新兵雷锋讲话很有力量嘛！年纪不大，可是政治觉悟比较高，是个好兵。我看让政治处注意一下，不管分配到哪个连队，看他今后的发展怎么样……"

从入伍的第一天起，雷锋就成了部队重点关注、重点培养的对象，开启了人生的新天地。

来到部队的第一天晚上，因为乘坐专列来营口途中，车厢里有点热，雷锋顺手就把衣服脱了，下车时头上还有汗，加上讲话被风吹着了，受了些风寒，身体不太舒服，咳嗽不停，发烧，有时还发冷，但仍难掩兴奋，雷锋拿起钢笔在日记里详细记录下了这一天的感受和想法。

1960年1月8日当晚，雷锋把一天的过程写进了日记里：

这天是我永远不能忘记的日子，这天是我最大的荣幸和光荣的日子。我走上了新的战斗岗位，穿上了黄军装，光荣地参加了中国人民解放军。我好几年来的愿望在今天已实现了，真感到万分的高兴和喜悦，这是我一生最大的幸福。

我在党的正确领导下，在革命的大家庭里，我一定要好好地锻炼自己，在入伍的这一天，我并提出如下保证：

一、听党的话，服从命令听指挥。党指向哪里，我就冲向哪里。

二、加强政治学习，多看报纸和政治书籍，按时参加部队各种会议和学习，积极宣传党的政策，密切靠近组织，及时向组织反映各种情况，不断提高自己的政治思想觉悟。

三、尊敬领导，团结同志，互帮互爱互学习。

四、严格遵守部队一切纪律，做到虚心向老战士学习，刻苦钻研，加强军事学习，随时准备打击敌人。

五、克服一切困难，发扬先辈优良的革命传统。我要坚决做到头可断，血可流，在敌人面前决不屈服、投降。我一定要向董存瑞、黄继光、安业民等英雄的战士学习。

六、我要努力学习政治、军事、文化，我要好好地锻炼身体，我一定要在部队争取立功当英雄，我一定要做一个毛泽东时代的好战士，我要把我可爱的青春献给祖国最壮丽的事业。

以上六条是我努力的方向和我的奋斗目标。今天我太高兴我太激动，千言万语一下要写完是办不到的，因此写到这里告一段落。

我渴望已久的参加中国人民解放军的理想实现了，怎么叫我不高兴呢！我恨不得把我的心掏出来献给党才好。晚上我怎么也睡不着，我的心就像大海的浪涛一样，好久不能平静。

我，一个在旧社会受苦受罪的穷苦孤儿，居然成为一个国防军战士，得到党和首长的信任，受到战友们的热爱，我真不知说什么好……

在这个革命的大家庭里，首长胜过父母，战友亲过兄弟，这一切，只有在党领导下的人民军队里才能得到。我的任何一点微小的成绩和进步，都是党和首长的亲切教导、战友们热情帮助的结果。

我一定不辜负党对我的教育和期望，我决心保持和发扬弓长岭矿全体职工的光荣，军政学习争优秀，全心全意保卫国防，成为一个优秀的国防战士。

雷锋因为咳嗽，躺在床上睡不着。下半夜了，营长荆悟先来到宿舍查看，看到有的同志被子没有盖好，他就轻轻地帮着盖好。

雷锋在《解放后我有了家，我的母亲就是党》的报告材料中提及此事。荆悟先发现雷锋还没睡，就走到雷锋身边准备查看。听到雷锋咳嗽，荆悟先轻声问道：“你感冒了吗?”

雷锋心想，这点小病还是不告诉首长好，以免麻烦首长，就轻声回应：“没什么。”

荆悟先叮嘱了雷锋要早点睡，就转身离开去查看其他宿舍去了。

新兵来到部队，荆悟先一直放心不下，当晚一连查铺两三次，发现雷锋一直没睡，听到雷锋咳嗽，就从卫生连叫来一位医生诊治，医生说是有点感冒发烧，荆悟先倒热水拿药让雷锋服用。

荆悟先一再叮嘱着："有病可不能硬挺着呀！"随手脱下了自己的棉大衣给雷锋盖上，怕雷锋冻着，荆悟先又抱来了一床新被子，盖在雷锋身上，安慰叮嘱："好好睡一觉，出身热汗就会好的！"

荆悟先对新兵的细心照顾，如同春风一般，让雷锋倍感温暖，激动的泪水湿了枕头："营长亲如爹娘！"雷锋下定决心，入伍了，一定要好好地为人民服务。

1月9日清晨，起床号声一响，雷锋猛然醒来，感觉头不怎么痛了，浑身上下也有劲了。他刚要翻身起床，就听到耳边传来一声："躺下！老实给我躺下。"他扭过脸一看，原来是班长薛三元站在他的床前。

薛三元放缓口气说，昨晚营长说了，班里的新兵若有个三长两短的，唯他是问。开早饭的时候，班长从伙房端来一碗热气腾腾的面条，并说这是荆营长特意让炊事班做的病号饭，叫雷锋趁热吃。雷锋手里端着这碗热面条，眼泪在眼里直打转儿。

薛三元盯着雷锋把面条吃完，安静地躺下，才端着空碗离去。

这一幕，给雷锋留下了极深的印象，影响了一生，久久不能忘记。后来，雷锋外出到部队、学校等单位做报告时，常常提起此事。荆悟先也成了雷锋"对同志像春天般温暖"的样板、学习的榜样。

1960年10月21日，雷锋和战友们一起上山割草。吃午饭时，雷锋看到战友王延堂没有吃饭，就走过去关心询问，战友说早上吃了两盒饭，所以没有带饭来。雷锋就把自己带的饭送给了战友。雷锋在日记里写道：

我虽然饿一点，让他吃得饱饱的，这是我最大的快乐。我要牢牢记住这段名言：对待同志要像春天般的温暖，对待工作要像夏天一样火热，对待个人主义要像秋风扫落叶一样，对待敌人要像严冬一样残酷无情。

此后，雷锋时刻关心战友，帮助战友学习、理发、缝补被褥、洗衣服、洗袜子等。

雷锋在《解放后我有了家，我的母亲就是党》事迹材料“入伍第一堂政治课”中写道：

1960年1月9日吃完早饭，我们新兵营的同志集合在一个大礼堂里，政治处主任（张国民）给我们上了第一堂政治课。他说，你们参加了中国人民解放军，担负着保卫祖国的神圣职责，你们要好好学习政治和现代军事科学技术，要熟练手中武器，时刻提高警惕，随时准备消灭胆敢侵略我国的敌人……吴团长接着给我们介绍了本团的光荣历史，讲了战争年代许许多多英勇顽强、不怕牺牲的英雄事迹。课后放映了电影《董存瑞》。当我看到了战斗英雄董存瑞英勇炸碉堡的时候，我感动得流出了热泪，决心向他学习。课后回来，找到一本《解放军画报》翻着看，看到战斗英雄黄继光的遗像，我把他剪下来贴在自己的日记本上，每天写日记，我要先看看他，想想他。

新兵的生活一切都是新的，一切都等待着雷锋去探索。

和雷锋一同从辽阳入伍的战友卑福财说，新兵营进行了十多天的政治学习、团队光荣战史教育和队列训练。

在团队光荣战史教育时，团长吴海山亲自上阵，带领着新兵参观了团荣誉室。荣誉室里陈列着许多奖旗和奖状，有的奖旗上绣着“名扬川西”，有的绣着“功在黔东南”，有的绣着“万难莫挡英雄连”。

吴团长给新兵们讲解每一面奖旗的来历，讲述在枪林弹雨里，在弥漫的硝烟里，前辈的英雄是怎样勇往直前创造了非凡的团队荣誉；讲述在艰苦的环境里，官兵们如何团结一致，亲如兄弟，上下一心，战胜敌人，战胜困难。

团队历史的荣誉，点亮了雷锋心头那盏灯。雷锋暗暗发誓要继承前辈的光荣传统，并让这传统发扬光大。

见贤思齐。雷锋听得极为认真，学得也十分到位，见困难就上，见荣誉就让，见先进就学，见后进就帮，这都为其成长、成才、成功奠定了坚实的基石。

冬天，天寒地冻，正是锻炼人意志的时候，队列、射击、投弹相继进行。雷锋在集训中写下了《练兵》一诗：

天上星斗亮晶晶，
营部响起军号声，
各连集合站好队，
精神抖擞去练兵。
月儿当头亮光光，
战士握枪上靶场，
哪怕冰霜寒刺骨，
坚决要打靶中央。

班长薛三元说，在队列课上，雷锋看着我们这些班长的示范，认真体会，做得标准正确，我常让他出列给新兵做示范，他也高兴地一遍遍地为大家展示。

队列训练，对于雷锋来说，没有什么难度，真正让雷锋犯了难的是射击和投弹。

当年，刺杀、射击、投弹、爆破、土工作业，号称“五大技术”，均是步兵战士的看家本领，也是步兵必须掌握的杀敌手段。手榴弹这个武器，重量小，体积小，造价不高，操作简单容易。

1961年1月1日，雷锋在回顾入伍一年经历时，在日记中重点提到了这段经历，他写的是：“刚入伍时什么也不懂，手拿着枪还心惊肉跳直怕走火。”

班长薛三元也证实，雷锋个子矮，力气不大，端起枪来不一会儿胳膊就麻了，投弹也不过25米，急得直哭。

手榴弹投掷，要求投得远，投得准，投出35米算及格，40米属良好，50米是优秀。手榴弹在50米以内的中小范围杀伤是有效的。

这种带有体力的技能，对于身高1.54米、体重只有90多斤的雷锋来说，丝毫没有优势可言。

看到雷锋个头不高，力气不足，教练班班长惠连生也有点担心。

在开班务会时，惠连生特意提醒雷锋说：“小雷呀，咱们革命战士最讲互相帮助，你有什么困难可得吱声，别闷着。”

雷锋高兴地回答：“放心吧，班长，我什么困难也不怕。”

练习时，别的新战士抓起教练弹，跑上几步，一撒手，教练弹就被扔出去老远。可是，教练弹到了雷锋手里，他连投几次都不及格。

惠连生多次向雷锋传授动作要领，可雷锋练了一上午，胳膊甩得生疼，还是不及格。

当时，部队考核成绩都是看全班的，一个人不及格，就影响全班的成绩。

薛三元和雷锋说："咱班投弹能不能过关，就看你的了。别人问题都不大。你看大庞（庞春学），你看乔安山，你看于泉洋，哪个不比你壮实？你这么单薄，确实不容易，可先天的条件也可以通过后天的努力去改变它，你得抓紧练。我重点帮你。"

雷锋直点头："班长，我明白，我明白。"

面对困难，在雷锋的心里，永远没有退缩，只有勇往前行。

1月12日，雷锋在日记中给自己鼓劲儿：

今天，我看了一篇文章，那上面讲了许多向困难做斗争的道理。文章说："斗争最艰苦的时候，也就是胜利即将来到的时候，可也是最容易动摇的时候。因此，对每个人来说，这是个考验的关口。经得起考验，顺利地通过这一关，那就成了光荣的革命战士；经不起考验，通不过这一关，那就要成为可耻的逃兵。是光荣的战士，还是可耻的逃兵，那就要看你在困难面前有没有坚定不移的信念了。"文章还说："困难里包含着胜利，失败里孕育着成功，革命战士之所以伟大，就是他们能透过困难看到胜利，透过失败看到成功，因此他们即使遇到天大的困难，也不会畏怯逃避；碰到严重的失败，也不至气馁灰心，而永远是干劲十足，勇往直前，终于成为时代的闯将。"

"虽然是细小的螺丝钉，是个微细的小齿轮，然而如果缺了它，那整个的机器就无法运转了，慢说是缺了它，即便是一枚小螺丝钉没拧紧，一个小齿轮略有破损，也要使机器的运转发生故障的。”

“尽管如此，但是再好的螺丝钉，再精密的齿轮，它若离开了机器这个整体，也不免要当作废料扔到废铁料仓库里去的。”

雷锋加倍苦练，把休息时间都搭上了。

在1962年3月6日应《民兵之友》约稿刊发的《做毛主席的好战士》一文中，雷锋写道：

军事训练开始了，我一听说军事训练是学习保卫祖国的本领，我高兴极了，每天勤学苦练各种军事技术。在投手榴弹时，因为我个子小，臂力不大，总也达不到要求。一个革命战士如果在战场上掷不出手榴弹就消灭不了敌人，那怎么能行呢！于是，我起早贪黑地练习，常常晚上借着月光，偷偷地从床上爬起来，拿着手榴弹练起来。有时胳膊疼得很厉害，可是当一想到吃点苦、受点累是为了保卫祖国的时候，就是再疼一点，又算得了什么呢？

他一连投了好几天，结果没有进步，反而越投越近了，还把胳膊都练肿了。这令雷锋急得觉也睡不好，饭也吃不香。

听说雷锋苦练手榴弹的事后，摄影员季增吃完午饭就跑到操场。大操场上竖立着“苦练杀敌本领，誓死保卫祖国”的标语，雷锋正练得满头大汗。

季增跑了过去，拍了拍雷锋的肩膀：“小雷，干吗这么玩命啊？”

雷锋肩膀一缩，苦涩一笑：“实弹考核的时间就要到了，我不能拉全班的成绩呀。再说，我决心当兵，杀敌报国，连手榴弹都投不远，怎么杀伤敌人呢？”

正在雷锋身边进行辅导的惠连生提醒季增："别拍他肩膀了，他这阵子不分白天黑夜地练，肩膀、胳膊都肿了。"

听罢，季增感到由衷地敬佩，觉得特别不好意思，退到了旁边看雷锋继续练习。惠连生时不时地上前纠正雷锋投掷姿势，传授投掷技巧。惠连生教得认真，雷锋学得仔细，季增急忙拿起了照相机，抓拍记录下了雷锋苦练投手榴弹的经典瞬间。

班长惠连生告诉雷锋，投手榴弹要讲究技巧，还得有一定的臂力。

新兵连指导员来福生也劝慰雷锋说："浑身的劲要匀乎着用，一锹挖不出一口井来，一口吃不成一个胖子，一宿也练不成个投弹能手。要按客观规律来。如果实在因客观原因投不及格，也不必有负担。在困难面前不退缩、不服输的精神，比什么都重要。渡过了难关，就是一个光荣的革命战士了。你遇到的困难，也是许多新战友都遇到了或都会遇到的。"

来福生说："来，咱们搞一期黑板报，专门针对训练中的这个难题。我这里有一点报刊文章剪贴，给你做参考，中心意思是帮助大家渡过难关，不要被困难吓倒，也不要蛮干，用正确的观点和科学的方法对待困难。"

来福生递给雷锋一沓资料，还有彩色粉笔、黑板擦。雷锋精神抖擞地答一声："是!"

接过资料和粉笔等物，雷锋刚准备抬起已肿胀的胳膊敬礼，指导员急忙按住了他的手，没让他把右手举起来。

来福生一方面鼓励雷锋苦练的劲头，又一方面指出，不能蛮干，要讲究训练的方法，科学地练，苦练，还要巧练。练投弹不能光练投弹，投弹需要臂力，需要腰的灵活，蹲，跑，跳，引体向上，要配合，要全面提升身体素质，要动脑子。

于是，雷锋在业余时间里就成了运动场上的活跃分子，练单杠、练双杠、练跳马、练跳高、练篮球。季增拍下了雷锋苦练单杠、双杠的照片，发表在《新体育》杂志和多种报刊上。

同班战友于泉洋回忆，为了练好射击，雷锋就自己制作了一个小靶子，插在操场一边，一有空就趴在地上对着靶子练习瞄准，一练就是一两个小时。为增加臂力，雷锋经常练习托砖头，有时还把一块砖头吊在枪上，用立姿有依托进行射击练习。

雷锋在后来报告时说："经过一个时期的苦练，终于达到了要求，取得了实弹投掷的资格。在测验时，我准确地把手榴弹投到了'敌人'的堡垒里。"

1961年1月1日，雷锋对入伍近一年进行总结时写道："由于连、排首长把着我手教，因此我才学会了射击，投弹也是同样地取得了优秀的成绩。"

1月18日，新兵训练即将结束，雷锋在笔记本中给自己的人生继续打气："雷锋同志：愿你作（做）暴风雨中的松柏，不愿你作（做）温室中的弱苗。"

就在雷锋等358名新兵进行训练的时候，戴明章也一刻没闲着。

吴海山团长回忆，雷锋入伍时政审手续不全，这在当时来说，无论如何是一个不可轻视的问题。对于这一点，司令部军务部门，尤其当事人戴明章可能一直挂在心上，因此，记得是在新兵入伍后的四五天，戴明章向领导提出，要去辽阳为几名入伍的新兵团员办理组织关系的转换手续。

吴海山说，后来才知道，实际上他是特为雷锋的政审材料而去的。他从辽阳回来之后，通过参谋长建议召开了专门汇报会，他把有关雷锋的档案以及当初弓长岭矿不出具政审表是因为李钦荣书记舍不得让雷锋走等一五一十地做了详细的介绍，这才解除了大家的疑虑。

听完汇报，会上的同志都感到雷锋是个好苗子。他参军前在鞍钢化工总厂和弓长岭矿的一贯表现就能证明了他的政治思想基础好，经过党的培养教育，肯定会是个优秀的战士。

接新兵入伍和对新兵进行分配工作，都是军务参谋戴明章的职责。

对此，戴明章有着丰富的经验。1956年到1960年1月，他连续5年6次担负接新兵及新兵分配工作，共接新兵2189名。

其中，1959年，戴明章带队到四川重庆、南充等地接兵后，圆满完成了任务，还利用空隙时间组织全体新兵人员帮助重庆綦江训练了中学基干民兵和红色少年24个班共1300多人，重庆市征集办公室曾以文件形式通报表扬了接兵分队的优秀作风。沈阳军区工程兵十团特给戴明章记三等功。雷锋班第一任班长张兴吉就是戴明章从四川迎接入伍的新兵。

新兵分配工作好与坏，不只关系到部队的建设，而且对每个入伍新兵的前途发展会产生重要影响。重任在肩，戴明章自然十分清楚个中利害。

团长吴海山说，戴参谋这个人在工作上有干劲，雷厉风行，不论做什么事，他向来是善于动脑筋，考虑问题周到细致。

戴明章提出新兵分配原则，第一条，要考虑新兵入伍前各原有的技术专长、文化程度和政治素质，当然身体条件也要考虑进去。

雷锋曾在湖南望城县和鞍山钢铁公司化工总厂、弓长岭矿当过拖拉机手和推土机手。据此，他理所当然地应该被分配到十团技术营的技术一连，因为他们那里有很多推土机、铲运机、挖壕犁等机械。像雷锋这样已经熟练掌握推土机操作技术的新兵，可以不用再经过专门培训就能成为一名熟练的机械操作手，能直接顶岗当老战士使用。对于这一点，戴明章心里是十分清楚的。

然而，戴明章却置自己确定的分配原则于不顾，偏偏把雷锋分到了运输连，让他去学当汽车驾驶员。

在这件事上，戴明章是有“私心”的。

团里仅有一台首长用的指挥车——苏式嘎斯67吉普车，早已年久失修，只能勉强维持使用。驾驶这台指挥车的司机龙远才是一个入伍五年多的超期服役老兵，随时都可能退伍。一旦他退伍了，谁来接任？这也是军务参谋戴明章的职责。要选择一个政治上确实可靠、驾驶技术熟练，能随时保证首长用车，确保首长安全，机敏且又灵活的小车驾驶员。

遇到雷锋后，戴明章选准了他，他懂得内燃机构造原理、机械常识和维修保养等，只要学好路面驾驶，很快就可以当汽车司机。于是，戴明章把雷锋分配到运输连参加新驾驶员训练。对于这件事，戴明章和团司令部参谋长和团长吴海山都汇报过，也得到了首长们的同意和赞许。

通过对这批新兵进行细致分类、排队、清理及分发档案、造册，然后将分配到各连队的新兵名册、档案及组织手续都一一办理妥当，经团党委讨论后，正式分配给各连队。

1月19日，戴明章正式宣布了新兵分配到老连队名单。雷锋、庞春学、乔安山等人被分配到了运输连，羡慕得其他战友直说，“你们汽车兵是坐着走路，躺着干活，太棒了！”

可雷锋并不太满意，找到新兵连指导员问道：“当汽车兵能上前线吗?”

雷锋突然发问，让指导员有些摸不着头脑。“上前线?”原来，雷锋一直想要当个去往前线的兵，去前线打仗保家卫国。指导员说：“你在电影上看过志愿军在朝鲜战场打仗的情形吧？打起仗来，汽车兵不上前线，谁把炮弹送往前线哪?”

雷锋点了点头，不好意思地笑了。

指导员又问：“当汽车兵还有意见吗?”雷锋连连摇头：“没有意见，只要能上前线，当什么兵都行。”

对分配名单不满意的，还有技术一连连长杜玉琛。因为此前雷锋曾找过他，表达过想要开推土机的想法，杜玉琛特别兴奋，急切地说：“雷锋，你向领导要求一下，想办法分到我们连吧！我保证你愿意开哪种类型的推土机都行，而且不需要培训，来了就可以当车长。”

雷锋说道：“杜连长，说句心里话，我非常愿意到你们连来开推土机，但我是一名战士，得服从组织分配呀！首长叫我干啥，我就得干啥，不能挑挑拣拣。”杜连长听了雷锋的话，感觉很意外：“你这个小伙子境界还很高哇!”

为了把雷锋“搞”到手，杜连长托营部的罗源忠参谋到团里帮忙说话，想走走“后门”。可是罗参谋从团里回来告诉杜连长：首长说部队为了培养“多面手”，已经计划将雷锋分配到运输连学驾驶汽车了。杜连长听后还有些想不通。他认为，国家花钱培养一个技术能手多不容易，怎么说改行就改行了呢？这样浪费人才真是太可惜了!

不服的还有新兵营营长荆悟先。他不知雷锋分配的内情，直接找到戴明章发了火：“作为一个司令部的参谋人员，连自己定的事情都不执行，今后代替首长向部队下达命令，谁还能听你的?”

戴明章心里明白，雷锋入伍前就是拖拉机手、推土机手，按分配原则是要直接分到技术营，荆悟先在新兵营一解散就要回到原来的技术营当参谋长，像雷锋这么好的兵，只有抢的份儿，谁能拱手让人。

为了长远打算，再加上首长已表态，雷锋还是分配到了运输连。

雷锋成长进步快，一方面是来源于他的好学，总能从学习中找到解决问题的方法，另一方面是他勇于接受批评和自我批评，在自省和完善中修养自我。

部队是一个纪律严明的地方，绝对不同于地方工作。雷锋初到部队，对于部队的纪律还是有些不太适应。

雷锋爱美，在来部队之前的照片上，我们总是能看到他留着时髦的小刘海儿。特别是在鞍钢当工人时，雷锋总爱把帽子仰着戴，故意露出额前的刘海儿。来到部队后，虽然雷锋按规定剃了头发，但刘海儿却舍不得剪掉。

一次，一位负责行政管理的副团长正好和雷锋走了个碰头。这位副团长毫不留情地批评他仰戴军帽的样子，说他露出头发，军容不整，让他回去立刻把刘海儿剪掉。

看到首长十分严厉的样子，雷锋二话没说，立即把刘海儿剪掉了。

有了这次的批评教育，雷锋时刻都注意自己的军容军貌，还自学了理发，义务帮助战友们理发。在配合拍照时，雷锋都要先整理好衣物和帽子，视形象如生命一样珍惜爱护。

1960年1月28日，大年初一，全团在三营广场召开春节团拜会。会上，团首长讲话祝全体官兵春节快乐，同时鼓励大家要好好学习和工作。团拜会结束后，部队放假。雷锋以为部队与原来工作的工厂一样，放假就可以自由外出活动了，所以，雷锋既没有向首长请假，也没有和战友打招呼，就独自一个人跑到营口市内一家照相馆照了几张相。其中，有一张雷锋坐在汽车模型里，旁边题字为“奔驰在前线，60春节”，表达了他随时准备奔赴前线的决心和理想。

后来，雷锋到抚顺建设街小学和本溪路小学给少先队员们讲纪律时提到这段经历。

雷锋说：“我刚入伍的时候，还是一个很幼稚的青年，有时不自觉地就违反了纪律。记得一个星期日，我认为放了假就可以随便外出了，谁也没有告诉，我就上街去照相。这件事被指导员知道了，吃过午饭就找我谈话。他搬一张凳子叫我坐下，和蔼地问我：‘雷锋，你今天上街请假了没有？’我难为情地回答道：‘没有’。

“指导员说：‘这样不好哇，部队嘛，要有严格的组织纪律，不论做什么都要请示报告，星期天外出也要说一声。如果军队没有严格的组织纪律，就会成为一盘散沙，那怎么能战胜敌人呢！毛主席说，我们这个军队之所以有力量，是因为所有参加这个军队的人，都具有自觉的纪律。邱少云同志就是我们学习的榜样，他在战场上，敌人的燃烧弹烧着了他的衣服，可是，他为了不暴露目标，宁愿烈火烧身也一动不动，一直坚持到最后牺牲……’

“我听到这里，心里难过极了，哭了。指导员又说：‘只要认识到自己错了，今后改正就行了，哭什么？’打那以后直到现在，我再没有违反组织纪律和各种制度。”

雷锋第一次到沈阳是1960年3月。在新兵集训结束后，雷锋随战士业余演出队来到沈阳参加文艺演出，可从来没有上过台，默默地在幕后忙碌着。

正常情况下，新兵训练要进行3个月。雷锋集训了一个多月，2

月10日，十团接到国防部和沈阳军区命令，要求全团停止全年军训，奔赴抚顺执行“751工程”抚顺钢厂施工任务。

全团决定，各营及直属分队分为两批，分别于2月25日和3月18日到达抚顺瓢儿屯，陆续进驻“751工程”工地。

就在雷锋也准备随运输连一同前往抚顺执行任务时，他突然接到另一项重要任务。

原来，在新兵营解散前夕举行的文艺晚会上，雷锋朗诵了自己创作的诗。能拉会唱，还会吹口琴，多才多艺的雷锋，成了十团政治处俱乐部主任陈广生的首选目标。早在新兵入伍讲话时，陈广生就已经注意到了雷锋这个新兵代表。

人们对雷锋的认知一般通过三个途径：一本《雷锋日记》图书、一本《雷锋的故事》图书，和诸多雷锋照片。

《雷锋日记》可以打开雷锋的内心世界，让人们触摸到雷锋的心跳；《雷锋的故事》用笔墨书写着雷锋的平凡与伟大；雷锋的照片，以图为证，为历史留下了真实的影像记录。

《雷锋的故事》就是陈广生等人写的。1960年8月，团里准备评雷锋为“节约标兵”时，领导指派陈广生参与雷锋事迹材料整理，经采访调查，写出了《雷锋模范事迹》这份材料。雷锋看后摇了一下头，随即用笔把模范事迹4个画划掉，写上“解放后我有了家，我的母亲就是党”两行字。很快，这份材料以团政治处的名义加按语下发所属连队。从此，一项学习雷锋的行动在全团展开。

从此，雷锋一直活在陈广生的心中，活在他的笔下。

后来，雷锋立功、入党、被评为“模范共青团员”、作为特邀代表参加沈阳军区首届团代会……让陈广生看到了雷锋的与众不同，平凡而伟大。陈广生完成了4万多字的《毛主席的好战士》初稿——《向阳坡上长劲苗》。

雷锋牺牲后，抚顺市委书记沈越明确要求："雷锋是好典型、活教材，一定要把学雷锋活动搞好。"为此，抚顺市采取3条措施组织落实：一是组建雷锋事迹报告团；二是举办雷锋事迹展览；三是在《抚顺日报》开辟专栏连载雷锋事迹。陈广生都参与其中，并承担挑大梁的重任。

在《抚顺日报》连载雷锋事迹，是当时共青团抚顺市委宣传部的张凤楼提出的。陈广生白天筹办展览、外出做报告，晚上回到住所赶写每天至少2000字的文稿。他把那篇《向阳坡上长劲苗》切割成25个独立成章的小故事，以《毛主席的好战士》为题连载了25天，一直到1962年年底结束。

《抚顺日报》为连载还加了编者按：

毛主席的好战士，党的好儿子——雷锋同志的生前事迹，给了抚顺市广大干部、职工、学生很大的启发和教育。为了更好地学习雷锋同志的高贵品质，发扬雷锋同志的忘我精神，继承雷锋同志"发阶级之愤，图祖国之强"的未竟事业，特将雷锋同志生前事迹报告连载于此。让我们以雷锋同志为榜样，永远前进。雷锋同志永垂不朽！

《抚顺日报》连载的雷锋故事，是陈广生最早发表的较为全面地介绍雷锋生平事迹的文稿，对于后来出现的各类宣传雷锋事迹作品产生了很大影响。

1963年年初，《辽宁日报》《中国青年报》《前进报》等发表的《永生的战士》一文、《解放军报》发表的《伟大的战士》一文、《中国青年》杂志发表的《共产主义战士——雷锋》等，都是依据《抚顺日报》连载的文字改写成篇。此外，沈阳军区抗敌话剧团赶排的话剧《雷锋》、八一电影制片厂赶拍的电影《雷锋》，编导们到抚顺深入生活、采撷素材时，也都得到了陈广生的帮助。

1963年年初，解放军文艺出版社为出版有关雷锋的书找到沈阳军区。经沈阳军区政治部推荐，已调到沈阳军区政治部创作组的陈广生接下任务。他在崔家俊等人的帮助下，3个月后，将书稿交由解放军文艺出版社和春风文艺出版社分别出版，即人们看到的两种版本的《雷锋的故事》。

《雷锋的故事》影响了几代中国人。此后几十年间，陈广生又写出诸如《伟大的战士》《雷锋传》等有关雷锋的图书多达10余本，被誉为“播撒雷锋‘火种’的人”。

话又说回来，陈广生组建战士业余演出队，准备为驻地党政机关和人民群众做告别慰问演出，然后再到抚顺施工部队去演出，所以看过雷锋朗诵诗歌后特意挑选留下雷锋、庞春学等人。

虽然一心想上前线的雷锋心里多少有些不愿意，但嘴上和脸上都没有表现出来，坚决遵守纪律，听从组织上的安排。

雷锋和庞春学等人来到战士业余演出队后，陈广生开始分配角色，让每个人都自报节目一起研究决定。雷锋一下子报了一个诗朗诵、一个快板，还有三四个集体说唱的节目。大家都担心他“贪多嚼不烂”，不能按时把台词背下来。可雷锋信心十足，还“打保票”说：“没问题！”

庞春学回忆说，我们排练中有一个节目叫“群口词”，就是几个人组成的群体快板，雷锋是这个节目中的一个演员。雷锋是湖南人，说的话满口湖南味儿，要演这个节目难度太大了。有一句台词是

“海水汹涌浪花翻”，雷锋念成了“海水汹涌浪发发”。这台词雷锋费了好长时间也没念标准。为了练好发音，他每天起早贪黑，晚间同志们都睡觉了，他还继续苦练。

庞春学怕雷锋累坏了身体，就劝他：“可不能操之过急呀，看你满脸是汗，累成这个样子，这样下去身体是受不了的。”雷锋有一股犟劲，听不进去，最后终于攻下了这一难关。

北方人演北方节目，听起来顺耳。可是他的湖南口音和大家有些不协调，一背词就有人发笑。“不行，不行，雷锋不解决普通话问题，不能上台演出。”许多人给陈广生提意见。

陈广生说：“雷锋没有气馁，一句一句地跟别人学普通话，还让我帮他纠正语音。练了几天有些进步，但一进入正式排练，大家还是摇头。这可怎么办？我有些作难了：雷锋是我选调来的（当时就有人说他口音不行），对待工作又那么热心、肯干，一下子把他替换下来，会不会挫伤他的积极性？会不会刺伤他的心？”

十团政治处宣传股股长吴广信回忆说，在排练节目中，雷锋虽然很积极，台词背得也熟，但他的普通话说得不好，台词大家听不懂，现学也来不及。考虑到演出效果，想把雷锋换下来，让雷锋去负责剧务工作，可不知道雷锋乐不乐意，弄不好闹情绪怎么办。

一天，吴广信到演出队，陈广生把这一想法和他说了，吴广信也有同感。

过去演出队也曾有过这样的事，一个主角被换下来担任配角，他认为是看不起他，有意见、闹情绪、发牢骚，不知道要做多少说服工作。

正在陈广生左右为难之时，雷锋主动找到了他：“主任，把我换下来吧。”雷锋说他单凭热情工作，事先没有想到自己的口音问题，结果给领导添了麻烦，影响了排练进度。陈广生说这事不能怪雷锋，要怪应该怪自己，因为雷锋代表新兵讲话那天，陈广生就知道他是湖南口音了。

雷锋担任剧务工作后，每天早起，给同志们烧好洗脸水。战士们在排练时，他又把烧好的温开水一碗一碗地递给大家，不管队员们每天排练结束得多晚，雷锋都争着打扫排练场，然后把道具一件一件地收拾起来。星期天也不休息，为使节目早日同连队战士们见面，大家都在紧张地排练，雷锋抽空把一些同志换下来的衣服和脏床单洗得干干净净。

部队移防以后，演出队本身无力自办食堂，只能在机关留守人员食堂就餐。演出队30多口人，超过了机关留守人员数量。演出队工作紧张，食堂又离得远，难以保证按时吃饭。这样，演出队队员有意见，炊事员也有意见。这类事很是让人伤脑筋。雷锋看出了这个问题，便主动提出去帮厨。

陈广生说："帮厨做饭是个苦差事，开始我没想让他去。他一再说，演出队吃不好饭是个大问题，让他去帮帮厨，情况也许会好些。事情果真如此。"他一去帮厨，情况就大不一样了。每餐饭不论早去点晚去点，保证大家吃上了热饭热菜。演出队队员高兴了，炊事员的脸色也好看了。

排练中，有个集体朗诵节目需要队员们穿便装扮演成工人、知识分子、农民等不同身份。这些便装陈广生原本想着外出去租借，雷锋听到后，直接将自己的皮箱拿来，把里面一直珍藏的皮夹克和在鞍钢时的工装奉献了出来，解了燃眉之急。

一次，有一名战士感冒有点头疼，雷锋知道后主动替他去拿药，半夜里还查看他发没发烧，体贴入微地照顾着，感动得这名战士直接找到吴广信建议演出结束后，一定转告运输连对雷锋进行表扬。

经过近20天的排练，陈广生带领战士业余演出队，先是在营口海员俱乐部为站前区党政机关领导和群众进行了几场告别慰问演出，后来转战来到了沈阳。

雷锋虽然没有上台参加演出，但他一直在台后尽心尽力做着后勤工作，确保沈阳演出取得了成功。1960年3月13日演出结束后，雷锋和战友特别高兴，拍了一张大合影，雷锋还自己单独拍了一张单人照纪念。

3月18日，雷锋和战友们返回营口，大家把奖状交给雷锋捧着一起合影，以此感谢雷锋的辛勤付出。

会演结束了，雷锋也跟着战友们一起离开了沈阳。

但雷锋与沈阳的故事才刚刚开始，从1960年3月开始到1962年8月，雷锋又无数次地来到沈阳，或是工作，或是学习，或是做报告，或是参加会议，累计算下来多达330天。雷锋的成长和雷锋精神的形成都与沈阳密不可分。

此后，雷锋经常往返于沈阳与抚顺两个城市之间，并在沈阳留下了诸多足迹。像给丢票大嫂补火车票、帮老大娘寻找儿子家、冒雨送大嫂，到沈阳师范学院、辽宁省实验中学、苏家屯区八一钢厂等单位做报告，雷锋生前工作的地方就在棋盘山沈阳国家森林公园战备山洞……这一切事情，全部发生在沈阳。

因为雷锋外出经常需要乘坐火车，所以沈阳站成为雷锋外出做报告的始发站、归途的终点站，更是“雷锋出差一千里，好事做了一火车”的出发点。就是在这里，雷锋说出了那句名言：“我叫解放军，就住在中国。”

同时，关于选树、确认雷锋忆苦思甜和学习《毛泽东选集》的报告典型，也是由沈阳军区团党委决定并向全国推广的；关于决定雷锋同志入党的党委会，是在沈阳军区召开的；雷锋作为团代表参加沈阳军区首届团代会也在沈阳；雷锋牺牲后，雷锋班命名大会是在沈阳八一剧场召开的；关于毛泽东“向雷锋同志学习”题词庆祝大会也是在沈阳召开的……可以说雷锋的政治生命是从沈阳起步的。

目前，在沈阳仍生活着许多与雷锋息息相关的人。这些人包括曾培养过雷锋的老红军、老八路，雷锋生前所在部队的诸多领导，雷锋生前的战友，雷锋辅导过的学生，写雷锋、说唱雷锋、演雷锋、画雷锋、拍雷锋者等人。雷锋牺牲后，这些人在宣传学习雷锋活动中，均做出了突出贡献，使得雷锋事迹从沈阳逐渐走向全国、走向世界。

雷锋文化，在沈阳孕育成熟；雷锋精神，铸就成为沈阳城市之魂；雷锋美德，从沈阳走向世界。

3月30日，战士业余演出队任务完成。演出队解散后，雷锋将自己的照片赠给战士演出队班长张计春留作纪念，并在照片上题写赠言：“赠给张计春同志留念——战友雷锋。”如今，这张珍藏在辽阳雷锋纪念馆的珍贵照片，见证了雷锋作为战士业余演出队的一员随队参加沈阳军区文艺会演。

吴广信回忆说：“演出队结束后，陈广生不止一次地对我说过，雷锋这个小同志有较强的组织纪律观念，我们一些干部的觉悟都比不上他。”

结束了战士业余演出队的任务，雷锋跟着陈广生等人一同赶往抚顺。此时，十团运输连已经在抚顺望花公园附近安营扎寨。

陈广生的日记里明确地记载着：“1960年4月7日，晴……下午，雷锋回连，借去《鲁迅小说集》。”这是雷锋到抚顺的准确时间记录。

学习毛主席著作

此时，部队正在深入开展学习马列主义、毛主席著作的活动，大力倡导“读毛主席的书，做毛主席的好战士”。

雷锋发扬钉子精神，如饥似渴地刻苦学习，他在紧张繁忙的施工任务中，抓紧一切时间一面苦练驾驶技术，一面学习毛主席著作。他总是将毛主席著作随身带，一有空就学起来，在驾驶室里学，在工地、行军休息时学，在被窝里打着手电筒照亮学……

运输连连长虞仁昌回忆，雷锋在连里两年零八个月，除了工作就是学习，除了学习就是工作。他在工作上遇到问题，就去读毛主席著作。雷锋学习毛主席著作最可贵的是学了就能用。我常听他说，“一个人懂得了道理，首先就应该从自己身上做起。”而他就是学用结合的模范。他学习了《丢掉幻想，准备斗争》，就苦练战术技术；学了《关心群众生活，注意工作方法》就寄钱给战友周述明的父亲治病，乔安山请假回家就硬塞给他10元钱、给他买饼干，把同志的困难都当成了自己的困难，能帮就帮。

记得他刚当班长不久，班里的于泉洋和乔安山闹意见，他就组织大家学习《为人民服务》。学习后，他们班变得更团结了。

十团政治处宣传股股长吴广信回忆，有一次，我到施工现场去了解工地思想政治工作，看到雷锋坐在驾驶室里，聚精会神地看着毛主席著作。我走上前去，关心地说：“小雷同志，运输任务这么忙，你抽时间休息一会儿，别累坏了身体。”

雷锋说：“不累，抽空学一点是一点，积少成多嘛。”

吴广信顺手拿过书，看到文中一些警句，雷锋都画上了道道，其中有这样一段：“一个共产党员他的一切言行和行动都要符合广大人民利益……”雷锋在这句话旁边写下了“牢记”二字。

听说蒋介石要“反攻大陆”，雷锋再也坐不住了，求战心切，一再向党支部请求批准他到福建前线去。雷锋看到吴广信后，恳求道：“股长同志，我决心申请上前线，希望你能帮我在首长那里反映一下，批准我的请求。”

吴广信好言相劝：“小雷呀，你要求上前线杀敌的决心是对的，我也可以反映，可是革命战士应该服从组织决定，再说暂时上不了前线，后方也同样能做出贡献。”

雷锋的请求，最终没有得到批准，就安心地在工作中处处事事奉献着自己的青春和热血。

在培养雷锋成才的路上，高士祥绝对是雷锋的恩人、贵人。

高士祥出生于1928年7月，是辽宁复县（今大连瓦房店市）人，1947年1月参军入伍，1950年3月入党，比雷锋大12岁。

1960年4月初，高士祥从湖南长沙中国人民解放军高级工程兵学校政治营毕业后，被分配到正在抚顺钢厂参加基建的沈阳军区工程兵十团运输连，任政治指导员。

高士祥刚到连部，就被门口的黑板报吸引了，上面写着“向雷锋同志学习”七个大字。

“雷锋是谁？他是干什么的？有什么突出事迹？”高士祥走近细看，才知道雷锋是连里的一名新兵，来连队以后，每天做好事，早晨起来给战友们打洗脸水，打扫室内外卫生，连厕所都扫得干干净净，上课前领着唱歌，每天饭前、上课前给大家读报及其他艰苦朴素、助人为乐等事迹。

当晚，运输连连长李超群就带着雷锋前来看望高士祥。李超群刚介绍完雷锋，雷锋就敬礼：“报告，指导员，您好！您辛苦啦！听说你是军校毕业分到咱们连的，我们大家都特别高兴，我们相信您肯定会把学校学的好思想、好作风、革命的硬本领——毛主席思想传给我们。”

雷锋给高士祥留下了极深印象，让他一下子就记住了这个个子不高、整天笑呵呵的阳光小战士。随着了解的深入，高士祥更加喜欢雷锋了。

高士祥说，雷锋有几个较突出的特点，一是非常勤快，没有休息的时候，从没有看到他闲扯，平时一有空就打扫卫生，到车场擦车，帮助别人洗衣服，缝缝补补，再就是和战友们谈心学习。

二是非常热心，一心一意为别人排忧解难，把别人的困难当成自己的困难。同班战友乔安山家中来信说亲人有病暂时手中无钱买药，雷锋得知此事后立即以乔安山的名义给他家邮去了20元钱。他早晨起来不是打扫卫生，就是给班里打洗脸水，后来给全排打洗脸水，弄得大家都怪不好意思，都说“我们也要向雷锋同志看齐”。

三是克勤克俭，艰苦朴素，尤其是县委书记张兴玉送给他的一双袜子补了三四层，也不舍得扔，还经常拿出来给大家看，说“这是县委书记给我的，是传家宝，我永远保存着，经常看看它就不会忘本”。雷锋领的袜子、鞋、衣服破了，补了又补，也舍不得换新的，有同志笑话他，说给解放军丢脸，连里领导也议过，也感到他总是这样会影响军容军貌，就找他谈话。打那以后，雷锋参加集体活动或军训时都会换上新军服，平时出车执行任务或参加劳动时再换上旧的。

有人问雷锋：“你为什么这样做、这样想?”雷锋说：“我也不知道怎么回事，我只知道我生在旧社会，成长在新社会，只知道共产党好、社会主义好，心往共产主义想，劲往集体使，我们这样不是更幸福吗?”

高士祥在部队与雷锋共同生活了二年零四个月。工程兵主任王良太高度评价说，高士祥对帮助雷锋顺利成长起了很好的作用。

他发现雷锋以战友的名义给困难的同志家里寄钱，便给予鼓励和正确的引导；他在连队整理了几十名困难士兵家庭情况，引导雷锋进一步提高阶级觉悟，增强同战友之间阶级感情；他在连队举办了增产节约的专题展览，推动了雷锋发扬艰苦奋斗精神，并及时向团党委申请树立雷锋为“节约标兵”。特别是在辅导雷锋学习毛主席著作中，他有较好的理论基础，帮助雷锋注意领会精神实质，避免简单对号，进而同雷锋一起逐步总结出在执行繁重运输任务条件下，解决学习和工作之间矛盾的一些经验。

沈阳军区工程兵主任王良太说，雷锋也不是没有缺点，战友们经常有人对他有不同看法。高士祥对这类问题的态度和处理方法都比较好。比如，雷锋外出做好事不请假，自己埋头干，不注意带动其他同志，有时学习不遵守连队统一的作息时间，影响别人休息，等等。连队领导一方面肯定他的积极性，另一方面直率地指出在连队生活中必须遵守制度的重要性，雷锋接受了批评，认真改正。对于有的战士因有某种嫉妒心，讥讽雷锋做好事是“爱拔尖”，连里则理直气壮地进行批评教育，支持雷锋，发扬了连队的正气。

新兵到部队不久，连队改善伙食，有个新战友把吃剩下的半个馒头扔了，雷锋看见捡起来，交给了连长李超群，“多可惜呀!”李超群接过馒头，觉得雷锋做得对，给领导们提出一个问题，这不仅是半个馒头，而且是青年人身在福中不知福的问题。事后，李超群用这个事实教育全连同志，并且表扬了雷锋。

虽然雷锋好学上进，入伍时带了一些革命书籍和几本毛主席著作单行本，但学习目的不够明确，拿到什么学什么，学习毛主席著作更是零零星星，断断续续，对于怎样把毛主席思想真正学到手、怎样做到活学活用还是没有经验，只知道埋头苦学，背诵警句，还不善于联系实际，指导行动。

连领导发现班长任佐芝带领全班单独执行任务，决定根据形势，结合任务联系实际学习毛主席著作，运输连特意组织了一次学习经验交流会，让任佐芝介绍学习体会，让雷锋参会，使他初步掌握了学习的方法。为让雷锋把先进经验学得更好，领导又安排他单独和任佐芝交流。任佐芝把自己的学习体会概括成四句话："见缝插针、恒心毅力、精读多想、联系实际"。从此，雷锋学习方法有了改进，开始注意联系实际。

雷锋组织班里学习《反对自由主义》一文，大伙围在一起学习，读一条，对照一条，检查一条，学习特别好。雷锋也总是拿毛主席的话来检查自己，发现别人某些方面没有按照毛主席指示来办，也像要求自己一样要求别人，因为操之过急，引起战友们反感，有人说"我们班出了个'马列主义者'"。

有一次卸车扛麻袋，同班战士指着一袋子200斤的高粱米对雷锋说："你不是能干吗？来一袋试试！"班长正在忙着干活，没有来得及处理。雷锋心里很难受，情绪有些低沉。

事后，班长把这件事汇报给了高士祥指导员。高士祥找到雷锋了解情况，雷锋心里很窝火，认为战友丢他面子，埋怨自己个小，力气不大，连一袋高粱米也扛不动。高士祥安慰雷锋一番，对他指出毛主席著作中《纪念白求恩》的文章，叫他回去好好学，应该怎样对待这个问题。雷锋回去反复学了好多次，他终于明白了一个真理："一个人的能力有大有小，只要有毫不利己、专门利人的精神，就是一个高尚的人，有益于人民的人。”

雷锋从这篇文章里尝到了甜头，解开了思想疙瘩，也初步摸清了怎么样把学习和实际联系到一起，学以致用，“我虽然扛不动200斤重的袋子，但我一定要干好能干的工作，比别人干得更出色”。

因为运输连经常出车，学习时间得不到保证，怎样解决工作与学习时间的矛盾，是个现实问题。连党支部提出毛主席著作随身带的号召，让大家把书带进驾驶室。雷锋坚决执行，并总结提出“饭前饭后抓紧点，课外活动多看点，星期假日少玩点，行军走路多想点”的学习经验，最后发展提炼成了“钉子精神”，即要善于挤和善于钻。

此外，雷锋当班长后还根据自己的体会，把自学和集体学结合起来，带领全班天天学习、天天自学，每周一、三、五集体学，解决了工作和学习时间矛盾，提高了学习效果，获得了党支部学习毛主席著作流动红旗。

通过学习，雷锋对毛泽东思想有了更深的认识，学习劲头更大了，经过反复学习，雷锋意识到“毛主席著作学得越深，思想越开阔，胸怀越宽广，立场越坚定，思想越远大”。

同时，雷锋通过运用毛主席著作加强了班里团结，提高了工作方法，教育帮助改造了后进战友，意识到“毛主席著作对我来说好比粮食和武器，好比汽车上的方向盘。人不吃饭不行，打仗没有武器不行，开车没有方向盘不行，干革命不学毛主席著作不行！”

1961年4月29日，雷锋在沈阳军区工程兵部队第六届团代会上发言：

学习毛主席著作，要学习毛主席的立场、观点和方法。

学习毛主席著作，更让雷锋悟出来人活着到底是为了什么：

通过这篇文章（指《纪念白求恩》）的学习，我深刻认识到：一个人活着，就应该像白求恩同志那样，把自己的毕生精力和整个生命为人类的解放事业——共产主义全部献出。

毛泽东思想成了雷锋英雄行为和高贵品质的源泉。这一切都离不开高士祥的悉心指导和帮助。雷锋入伍不久，就写了入党申请书。一般来说，新兵入伍第一年是排不上“号”的，发展新党员必须订计划，摸底排队，严格考察。高士祥第一时间找雷锋谈话给予鼓励，还送给了他一本党章、一本《论共产党员的修养》。

雷锋激动万分：“谢谢指导员，这是我政治生命的指路明灯，我决心按照指路明灯继续前进，永不后退。”

高士祥给雷锋详细讲解了党的基本知识。从此，雷锋更加自觉地按党员的标准严格要求自己，主动找工作干，一有空就帮助他人做好事。

为提高雷锋的威信，高士祥经常在会上和利用黑板报宣传、表扬雷锋的先进思想和事迹。

雷锋出名后，经常到兄弟部队做报告。因此，技术业务水平受到一定影响，连里担心雷锋在开车技术上落后，党支部研究决定专门派一台车，指定教员负责培训雷锋。

当时，有战士认为连里对雷锋搞特殊化、有偏向，因为当时一个教员要训练很多战士，很多人开一台车。面对战士们的不理解，高士祥一方面向战士们解释对雷锋采取短期突击训练的原因，另一方面找雷锋谈话，让他利用一切时间，采取一定措施，短时间内在技术上追上大家。

雷锋二话没说，表示一定要学好赶上去。汽车模拟教练台就是雷锋和大家一起试制成功的。为学技术，雷锋下了苦功夫，克服了很多困难，中午不休息，饭都忘了吃，很快就追赶上来了。

雷锋只用了五个多月，就完成了部队八个月的课目，被评为五级驾驶员，二级技术能手。

把知识教给大家

班长惠连生说，在学习汽车理论和实际驾驶过程中，雷锋特别刻苦好学，遇到不懂的就找战友和领导询问，直到弄清楚学明白了为止。在汽车理论和实际驾驶的每次测验中，他都得到最高分5分。

战友庞春学回忆，雷锋经常和战友们讲："我们是汽车兵，汽车就是我们手中的武器，只有熟练地掌握驾驶技术，一旦爆发战争，才能在各种复杂的条件下驾驶汽车，把给养和弹药运到前线，保障战斗的胜利。"

战友卑福财回忆，当时车队共有10个班，一至四班是老兵班，五至十班是新兵班，他和雷锋被分在了十班，班长是薛三元。5月15日，新兵开始学习汽车理论课，由于十班人多，就分成了两个技术理论学习小组，雷锋任一组组长，卑福财任二组组长。按连队要求，在学习中要大力开展"互教互学"，组与组之间也开展"一帮一、一对红"活动。

因为雷锋学习领会快，所以经常组织两个小组一起对理论上存在的疑难问题进行研究讨论。有时大家弄不懂，雷锋就会耐心地讲，大家都把雷锋当成了"小教员"。

有一次，全班讨论汽化器的“怠速”和“负荷”的工作原理，大家讨论得非常热烈，但是有的问题还是搞不懂。为让大家搞懂弄通、真正明白，雷锋跑到连部把汽车挂图借来，对照实物反复讲解，一边讲还一边问：“明白不?”遇到不明白的地方，雷锋就再耐心地讲解。

而在学习汽车道路驾驶时，是采取半天理论学习半天道路驾驶的方法。因为班里有10名同志，半天里一个人只能轮上25分钟的实习驾驶。在很短的几个月时间里，必须从理论上、实际操作上在毕业时达到合格标准，难度较大、困难比较多。尤其对于新兵来说，他们从来没有碰过汽车的各个部件，对离合器、排挡、加速踏板、制动踏板等变换及动作配合怎么也做不好。

虽然雷锋参军前开过推土机，对于驾驶操纵有很好的基础，为了精益求精，为了使全班同志都能尽快掌握操作要领，雷锋和韩玉臣在教员帮助下，先画了一张汽车教练台的图纸，自己既当木匠又当铁匠，找来一些废旧物品，用几天时间做成了汽车模型。大家都利用训练空隙和业余时间去练习，认为“坐在教练台上练和坐在教练车上学原地驾驶差不多”。

雷锋学习认真，熄灯休息躺在被窝里，脑子里还在想着怎么踩油门、踏离合器、练加减挡、掌握方向盘，有时兴奋了手脚在被窝里配合着做起了动作。

雷锋驾驶的13号汽车，是全连状况最差的车，虽经过多次大修，但各部件磨损严重，是全连有名的“耗油大王”。

当时，连队正在开展节油活动，这台车谁都不愿意要，雷锋再三向连长请求，要开这台车。为保养好这辆车，雷锋不知道牺牲了多少节假日，不知道花费了多少心血。为节约汽油，雷锋苦练驾驶技术，提高驾驶技能，在保证安全的情况下，充分利用汽车行驶的惯性，运用滑行节省油料；在启动汽车时，起步前不轰大油门；保养汽车时，不用汽油清洗机件。

经过雷锋精心保养和苦练驾驶技术，这辆全连出名的“耗油大王”最终竟变成了全连皆知的节油标兵车。

自己好不叫好，大家好才叫好。虽然雷锋只是一名新兵，也不是班长，心中却有大担当、大格局。

雷锋在《解放后我有了家，我的母亲就是党》的一文中里提到：“4月上旬，我来到运输连，和30多名新同志一起开始学习汽车构造、汽车原理和驾驶。学了一个星期以后，有的同志认为进度快，记不住，不好学。和我一个班的佟占佩同志，接受能力差一些，今天学了，明天就忘了。他感到学汽车理论很吃力，第一次测验考了个不及格，有些灰心了。排长（也是汽车教员）对我说：‘你学得好些，要好好帮助佟占佩同志，下次测验，你们都得5分那有多好！’

“我想排长说得对。自己学习成绩再好，将来只能开一台车，要是大家学习都好，那不是能开更多的汽车吗？班长也专门分配我帮助佟占佩。怎么个帮助法呢？课后小组讨论，我总是让他先发言，不懂的地方就提示一下，渐渐有了起色。有一天，我们讨论汽化器的构造和工作情况，他怎么也说不清楚。我就拿着图给他讲解，他还是摇头说记不住。我分小节讲，讲一小节，让他重复一遍，这样一句一句地教，教了两个多小时，他终于弄明白了。我们起早贪晚地在一起学习，他有了明显进步。第二次测验，结果得了5分，大家都为他高兴。

“部队掀起了学文化的热潮，我们运输连开了初小班、高小班和初中班。连里缺少文化教员，动员大家‘兵教兵’。我想：自己在党的培养教育下，文化程度不高，只学到了一点点文化知识，应该好好为连队建设服务。我自告奋勇当一名兼职小教员。连首长分配我负责高小班。开始碰到很多困难，主要是事情多，忙不过来。每天要学技术专业，我是技术学习小组长；大家还推举我当了连队俱乐部学习委员，每天给大家读报、广播、教歌。现在又要备课、上课、批改作业，就是业余时间一点不休息，加上晚上少睡点也忙不过来。连首长（为了）鼓励我做好这些事，免去了我的公差勤务，（让我）集中精力把文化课教好。我一想到党对我的培养，工作再忙，困难再多也不在话下。我教高小语文课和算术课，多数同志反映还好，但有个别同志就是不用心听讲。报纸上发表了《毛主席关怀警卫战士学文化》的文章，我给大家读，说明文化学习的重要性。我们班乔安山同志，文化程度比别人低，学习信心也不足，一学数学就头疼，上课不带笔和本，有时还缺课。有一次，我让他做作业，他说钢笔丢了，我把自己的一支笔送给他，还给他订了一本作业本。他很受感动，学习热情渐渐高起来，考试成绩也不错。我按期完成了教学任务，全班总评成绩优秀。”

经过学习锻炼，雷锋成了技术上的多面手，工作中的万金油，哪里有问题，他到哪里，总能手到病除，总能做好。雷锋还总结出了防止发生事故的五个字“十快九出事”，写在驾驶室里时刻提醒自己，至今仍是运输连和雷锋班行车安全的警语和座右铭。

雷锋勤奋努力，在连队里的优异表现，进一步引起了部队领导的重点关注。

雷锋当选抚顺市人民代表

雷锋在春天来到了抚顺，种下了希望的种子，用辛勤的汗水浇灌，在盛夏里开出最鲜艳的花，被评为“节约标兵”，荣立三等功一次。

雷锋无私奉献、关爱他人，手有余香。在《解放后我有了家，我的母亲就是党》一文中，雷锋写道：

6月上旬，我因公外出，在沈阳火车站乘车回抚顺。早晨5点钟，到了上车的时间，我背着背包刚走近天桥，看见一位白发苍苍的老太太背着个大包袱，走几步歇一歇，很吃力。

我急忙赶上前去，帮助老人背起包袱，搀扶她上火车。老太太累得满头是汗，喘了半天气，才对我说了一句话：“好孩子，大娘忘不了你呀！”

上了车，人很挤，我给老人找了个座位，自己就站在老人的身旁。火车开动了，因为我没吃早饭，肚子饿了，我拿出在车站买的两个面包，送给老太太一个。她接过面包，忙说：“你这个当兵的，真好，我见到儿子叫他写信给你们首长……”

老人说她从山东来，到抚顺去找儿子，但又不知儿子的住处。她掏出一封信叫我看，记得上面写的地址是“抚顺市某某信箱第四宿舍”。

这个地方我当然不知道，但为了使老人安心，我就说：“大娘，你莫急，有地址就好办，下了车我帮你去找。”

6点多钟到了抚顺，我把自己的背包存放在车站，背上老人的包袱，领着老人四处打听，走走停停地快9点钟了，终于找到了这个“某某信箱”。原来是个保密工厂。

老人见到了儿子，高兴得满眼是泪，说：“儿呀，要不是这位军人同志帮娘找，今天难得见到你……”

临走时，他们母子二人千感谢万感谢的，送出我很远。我本不想汇报这件事，因为这是自己应该做的。谁知，那老人的儿子果真给部队写来一封信，请求领导表扬这位不知名的战士。那天我回连队晚了3个小时，想瞒也瞒不住……

金秋一过，希望的田野喜获丰收。1960年11月，成了雷锋人生丰收的季节，好事一个接着一个：11月8日入党；11月23日被授予“模范共青团员”，十团党委向全团发出了“学雷锋、赶雷锋、做雷锋式好战士”的号召；11月26日《前进报》用两个版面宣传雷锋事迹；11月27日荣立二等功，出席沈阳军区工程兵政治工作会议并发言……雷锋成为典型，又频繁受邀到兄弟部队去做报告，截至1961年1月15日，他共做报告27场，听众达到2.2万余人。

转眼，1961年4月，又是一个春天。雷锋作为特邀代表参加了沈阳军区工程兵第六届共产主义青年团代表会议，并在大会上发言。

与此同时，抚顺正在紧锣密鼓地层层酝酿选举人民代表，一直得到雷锋悉心照料的烈属张士霞向部队提出要求，要求推选雷锋为人民代表。

十团政治处组织股股长赵玉瑞回忆，一天，本溪路小学有位老师领着两个学生，带着介绍信找到运输连，郑重其事地告诉我们他们要推选雷锋当人民代表，询问部队有什么意见。这件事，我做不了主，向团政委韩万金做了汇报。韩万金说：“这下好办了。”

韩万金接着说：“雷锋在人民群众中做了不少好事，人民群众提出推选他当人民代表，这是民意，答复本溪路小学，代表我们部队自己选。”

原来，这几天，十团政治处也接到了抚顺市人民委员会的通知，并给十团一个代表名额，要求团里尽快选出代表，及时把名单报上去，韩万金也正在考虑怎么样选人民代表的事呢。

因为十团施工任务繁重，如果让班、排、连、营层层选举，根本没有那么多时间，因此，经团里几位领导研究决定，提议以望花区人民的名义推举雷锋作为全团唯一的候选人，征求全团干部战士同意即可。

恰好，第二天团里要召开全团施工动员大会，就顺便把代表候选人的这项内容加了进去。在施工动员前，赵玉瑞先把抚顺市人民委员会通知宣读了一遍，韩万金又把群众和本溪路小学想选雷锋当人民代表的事说了一遍。

全团干部战士坐在里外山坡上，叽叽喳喳议论个不休。赵玉瑞择机高声问道："选举雷锋同志为抚顺市第四届人民代表，大家有意见没有？"全团1000多人，异口同声回答："没有！"并纷纷举手表示赞同。

见困难就上，见荣誉就让，赵玉瑞留意到雷锋坐在队伍前面，但没有举手。

韩万金冲着雷锋喊道："雷锋，全团选举你当人民代表，你有什么意见没有？"

雷锋立即站起身，向台上首长敬礼，又转身向全团战士敬礼："首长和同志们信任我，我是不会辜负这种信任……"

群众的呼声，战友的心声，雷锋作为全团唯一代表候选人被上报上去。1961年5月4日，雷锋在日记里表态：

党和毛主席救了我的命，是我慈祥的母亲。我为党做了些什么？当我想起党的恩情，恨不得立刻掏出自己的心；当我想起我所经历的一切太平凡了的时候，我就时刻准备着：当党和人民需要我的时候，我愿意献出自己的一切。

1961年5月14日，雷锋被提升为副班长。雷锋高兴地在日记里写下：

今天首长提升我当副班长，完全是党对我的高度信任和大力的培养。我决心不辜负党和首长对我的期望。从今天起，我要更好地听党和首长的话，并牢记毛主席的教导："我们都是来自五湖四海，为了一个共同的革命目标，走到一起来了。""我们干部要关心每一个战士，一切革命队伍里的人都要互相关心，互相爱护，互相帮助"。坚决按毛主席指示办事，努力学习马克思列宁主义和毛泽东思想，事事以身作则，关心每个同志。以自己的实际行动，去影响和帮助同志，时时严格要求自己，全心全意为党工作，为战友们服务。耐心帮助同志们提高共产主义觉悟，组织大家更好地学习毛主席著作，用毛主席的思想指导一切行动……

5月26日，辽宁省抚顺市第四届人大代表选举委员会发出第306号"当选证书"。工作人员手误，把雷锋写成了"雷峰"。

7月1日，建党四十周年。前一晚上，雷锋做了一个美梦，梦见了伟大的毛主席，他感到格外的高兴，有向党说不尽的话，感不尽的恩，表不完为党终生奋斗的决心。

于是，雷锋拿起了手中的笔，在日记上写道：

我，一个孤苦的穷孩子，今天成长为一个解放军战士、光荣的共产党员，并当选为抚顺市人民代表，这一切是我做梦也想不到的。可以肯定地说，没有共产党，就没有我。每当朋友和同学及许多不相识的同志来信称赞我，羡慕我的进步的时候，我就感到很不安。我像一个学走路的孩子，党像母亲一样扶着我，领着我，教会我走路。我每成长一分，前进一步，这里面都渗透着党的亲切关怀和苦心栽培……亲爱的党，我慈祥的母亲，我要永远做您的忠实儿子……为建设社会主义和实现共产主义而献出自己的全部力量，直至生命。

7月27日晚上，运输连指导员高士祥把抚顺市人民委员会开会的通知书交给了雷锋，上面印着："市人大代表雷锋同志：兹订于7月31日午前8时在抚顺宾馆召开第四届人民代表大会第一次会议，会期预计四天。希望携带六天本人定量标准的粮食，7月30日午后3时前到抚顺宾馆报到。如有提案请随身带来为盼。"

雷锋按期前来报到，并从大会秘书处领取了会议材料袋，里面装着十几份会议文件，工作人员手误把雷锋写成了"雷峰"。

令人遗憾的是，雷锋没有留下参会的影像资料。但透过日记和雷锋照片，我们还依稀能够看到"雷锋代表"的样子。

8月1日，第三十四个建军节。爱照相的雷锋特意挤出时间跑到照相馆拍了一张纪念照。照片上，雷锋身穿军装，军容整齐，胸戴奖章，手持人代会材料袋，青春帅气，左上角留有手写字样："于抚顺市第四届人民代表大会留影。61.8.1"。

8月3日，雷锋在日记中写道：

今天是我永远不能忘记的日子，我光荣地参加了抚顺市第四届人民代表大会第一次会议。像我这样一个给地主放猪出身的穷孩子，能够参加这样的大会，心里有说不出的高兴和感激。首先我要衷心地感谢党和毛主席把我从虎口中救出来，把我抚育成人，教给我无产阶级的思想，感谢政府对我的亲切关怀和照顾，感激人民对我的爱戴。今天我深刻地认识到，只有在党和毛主席的正确领导下，才有我们穷人的天下，才有穷苦大众当家做主的权利，才有我们今天幸福的新生活。

…………

我们的党，是英明的、伟大的、正确的。我要坚决听党的话，一辈子跟着党走，认真贯彻党的方针政策，对党有利的话有益的事，我要多说、多做；对党不利的话，没有益的事，我坚决不说、不做。我要全心全意为人民服务，永生为伟大的共产主义事业而奋斗。

当天，雷锋还在会议材料袋上写了这样一首诗：

过去当牛马，今天做主人。
参加代表会，讨论大事情。
人民有权利，选举自己人。
掌握刀把子，专政对敌人。
衷心拥护党，革命永继承。
哪怕进刀山，永远不变心。

雷锋参会激动之情，跃然纸上。

8月6日，雷锋在日记里写道：

我看见有六位六七十岁的老太太来参加抚顺市第四届人民代表大会，内心十分羡慕和尊敬。我看到她们就好像看到了自己的祖母一样。拉着她们的手，微笑着向她们问好，并把她们一个个送到宿舍，给她们倒茶、打水……并和她们有趣地拉家常……从阶级友爱出发，我不但爱这些老太太，而且爱全国人民，爱全世界的穷苦大众。他们都是我的亲人，我要为他们的自由、解放、幸福而贡献自己毕生的全部精力，直至最宝贵的生命。

当天，雷锋还登上了大会的讲台，做了发言。今天的抚顺市档案馆仍完好保存着雷锋在这次人代会上的发言稿。雷锋以自己的家史和亲身经历，具体地讲述新旧社会两重天，只有社会主义才能救中国的革命道理。

雷锋说："今天，我能参加这样的大会，是我做梦也想不到的……"

最后，雷锋向党向人民表示："为了不辜负党和人民对我的要求和期望，在这次大会的鼓舞下，我决心鼓足更大的革命干劲，努力学习马列主义和毛泽东思想，更好地为人民服务，在今后的工作和学习中，争取更大的成绩。我一定要时刻提高革命警惕，握紧枪杆，保卫我们的社会主义建设，保卫我们可爱的祖国。我要永远忠于党，做人民的好战士。"

雷锋的发言，长达20分钟，现场一次次响起了热烈的掌声。

8月7日，雷锋在日记里写道：

抚顺市人民代表大会已经开了四天，今天是最后一天了。市委负责同志代表全市人民的心意，送给我们一份礼物（一斤苹果）。当我拿着这斤用红纸包着的苹果，内心特别激动。回想起自己过去那种无依无靠到处流浪的苦日子，总觉得现在的党和人民胜过自己的亲生父母，对我太关心了。我想：自己好了，不能忘记为人民而负了伤的阶级兄弟。于是我把这份苹果又转送给了住在卫生连的伤病员同志，自己虽然没吃着，但是心里比吃了这斤苹果还要甜十分。

雷锋参加完人民代表大会，回到部队做了汇报。不久，他听说张士霞大娘病了，便立刻请了假去看望老人家。一到老人处，张士霞就迎着雷锋亲热地说："孩子，你开会回来啦。""是呀，大娘，您老的病好了吗?""好多了，孩子，你太挂念大娘了……"张士霞说着，眼圈湿润了。雷锋扶着老人说："您老的儿子，为保卫中朝人民的幸福，光荣地牺牲了，您就跟我的亲娘一样。"张士霞用衣袖抹抹眼睛，笑了起来："可就是呢，我见了你们穿军装的，就像见了我儿子那么亲，打心眼里乐。往后，衣服袜子穿破了，就拿来，大娘虽然老了，给你们缝缝补补还行。"

雷锋牺牲后，一茬茬雷锋班战士接过老班长的爱心接力棒，经常到张士霞家进行慰问，帮助老人解决生活中的困难，直至2008年3月老人102岁去世。老人生前铿锵有力地说："为了让更多的人知道雷锋，我也得多活几年。"临终时，宣传了近半个世纪雷锋精神的老人把晚辈挨个叫到身边，叮嘱：千万别忘学雷锋!

抚顺市第四届人民代表大会第一次会议结束不久，雷锋被提升为运输连二排四班班长，带领全班成为部队先进集体。

1962年1月1日，雷锋总结入伍两年来的收获时表示："因为我所做的是每个共产党员应尽的义务，而且距离党和上级的要求还差很远，获得一些成绩也是党的教育和同志帮助的结果。在新的一年中，我决心继续努力，做各项工作中的红旗手，关心同志，关心集体，处处、事事、时时起模范带头作用……”

1960年6月，雷锋被抽调到安东（今丹东）九连城舟桥八十二团参加集训，准备代表工程兵参加当年7月份沈阳军区在锦州举行的首届体操运动比赛。

薛三元回忆说：“军区工程兵从每个团抽几名同志，在安东组织赛前集训，我们团决定从运输连抽调三名同志参加集训，连里选派了雷锋和我，还有另一名同志。

“在这次集训中，雷锋再一次表现出那种倔强和不怕苦的精神。集训内容分体操、鞍马、单杠、双杠、吊环等5个项目，雷锋练双杠，我练单杠。

“我们虽然在连队都是单双杠的爱好者，但到了正规训练场合，按照比赛标准还是有很大差距，集训时间紧，训练强度大，几天下来，另一名同志被淘汰了，剩下雷锋和我在互相鼓励中咬牙坚持。

“当时，集训人员住的是上下铺，雷锋住上铺，我住下铺，所以他比我又多了一道困难，每天睡觉都要像登山一样往上爬。经过一段艰苦训练，我俩挺过训练疲劳期，终于达到了集训要求。”

在安东集训结束后，雷锋还特意照了一张相，并在照片上注明“鸭绿江留影1960年6月26日”。

1960年11月14日，雷锋和于助理员一同到达安东某部队去做报告。

雷锋在日记中写道：

今天早上，我和于助理员到达了安东××部队，首长们对我亲切的关怀和照顾，让我真感到革命大家庭的温暖和幸福。

上午9点40分，首长要我给干部训练队做一次汇报。当我讲到旧社会的苦，痛苦得眼泪直掉。在座的首长和到会的同志们都十分同情我，有半数以上的人掉下了眼泪。会后他们进行了讨论，人人表示决心，一定要紧握手中武器，将革命进行到底，彻底粉碎帝国主义，解放全世界的劳苦人民。

晚上7点钟，放了一场电影，影片中的主角聂耳给我的印象最深。他是一个坚强的无产阶级的革命战士，是党的好儿女。他那种勇敢、坚强、机智、虚心、敢于斗争的精神，是值得我永远学习的。

1961年2月初，雷锋和季增去安东工程兵某部又做了两场忆苦思甜报告。

在安东的活动结束后，雷锋和薛三元一同作为工程兵代表队成员到锦州参加军区体操运动会。

雷锋在1960年9月的《解放后我有了家，我的母亲就是党》事迹材料“节约二百元钱”一节中提到了参加运动会的事：

今年7月，我去参加军区工程兵体育运动大会，天气热得很，不少同志都跑到场外去买汽水喝，我也想买一瓶，掏出钱往外走，发现那里有自来水管，我又把钱收起来，上前拧开水龙头喝了个够。我这样做，有的同志说我是小气鬼，太熬苦自己了。我是想，我们不能好了疮疤忘了疼，国家有困难，大家来分忧，就要一点一滴地做，这不是小气不小气的问题。

1961年1月5日，在辽宁省实验中学做报告时，雷锋回忆说：

7月份，我参加了（部队）体操运动员比赛大会。那时，天气比较炎热，许多同志比赛完了都出去买汽水喝。当时，我也很渴，也想买一瓶，我掏出了3角5分钱，但是我舍不得这钱哪。我想到一分钱、一角钱来之不易的，我也想到这3角5分钱可以买一个小笔记本子，学习文化。我就没有买，到外面找了一个凉水管子，漱一下口。

雷锋对自己要求苛刻，对别人却十分大方，毫不吝啬，先前已经讲过参加比赛后一个月，雷锋就把自己积攒的200元捐献给抚顺市望花区和平人民公社和辽阳灾区，还给战友乔安山等人家中邮钱。

在锦州比赛中，雷锋和薛三元圆满完成了上级交给的任务，个人还被评为三级运动员，雷锋显得特别的高兴。7月19日，雷锋来不及换军装，穿着在鞍钢工作时发放的印有“钢技”字样的背心，拍了一张站立双手抱膀的照片，手上还戴着一块手表。在照片左上侧写着：沈阳军区体运赛在锦留影1960.7.19。

1962年2月26日，刚刚在沈阳参加完沈阳军区首届团代会的雷锋，接到了部队的新任务，让他带领着四班全班同志配属后勤器材处，单独到铁岭东部横道河子山区执行国防工程器材运输任务和运送部队的给养。

此后近半年时间里，也是雷锋人生的最后时段。他辗转于铁岭、抚顺、沈阳三城之间，这是他入伍后第一次带领战友们远离部队单独执行任务。1962年8月15日上午，雷锋从铁岭施工现场返回抚顺后，不幸牺牲了。

雷锋在铁岭下石碑山工作和生活170天，其间留下了诸如“雨夜送纪大嫂”“夜写请战书”“智擒磨刀人”等当地人耳熟能详的感人故事，还写了39篇日记、2篇讲话稿、4封书信和1篇赠言。

1962年3月16日，雷锋写下了："我是党的儿子，人民的勤务员。我走到哪里，哪里就是我的家，我就在哪里工作。"以此来表达自己落户扎根铁岭下石碑山村的决心。

下石碑山大队位于铁岭县横道河子公社中西部，东与横道河子的上石碑山村相连。清初，两村之间有一荒山头，上面立一界碑，将两个大队隔开，两村因而得名。

雷锋进驻下石碑山大队所辖自然屯红带沟。据《清史稿》记载，四百年前，该地附近有一处清王朝御马场。皇太极继位后，努尔哈赤第十六子费扬果因反对而被砍头，家人被逐出皇族，派到此御马场驻守。费扬果家人取姓为"常"，寓希望子孙作为平常人之意，目前此村常姓占90%以上。二十四岁时，康熙回来祭拜两陵（永陵、福陵），了解到费扬果的后代表现很好，回京后命令恢复其皇族身份，每人赐红带一条，因此其居住地得名为红带沟。

雷锋进驻下石碑山村不久，为了施工方便，战士们便分别住到了老百姓家里。战友乔安山回忆，雷锋和他到下石碑山村后，先住在了李维国家，住了不长时间，就住到了刘东林和艾荣普家，在艾荣普家住的时间最长。

在调整住地时，刘东林的妻子请雷锋给一张相片留作纪念。雷锋身边没有相片，战友刘兴学手里正好有一张雷锋的相片，相片背后还有赠言："刘兴学战友，让我们互相帮助，共同进步。62年2月11日，赠于抚顺"。雷锋想把赠言重新修改一下，刘兴学说："赠言不用改了，我姓刘，房东也姓刘，我们是一家子，一家子就不说两家话了。"就这样，此张绝版相片一直保留在刘东林家。

从抚顺驻地到铁岭下石碑山区所走的路，沟壑纵横，道路崎岖。为确保运输安全，雷锋在行进下石碑山区时反复勘察，3月26日在笔记本上手绘了一张道路勘察情况图，用各种符号说明路况，讲给大家听，提醒大家要看熟、记牢。

战友们感动地说：“班长考虑问题太全面了！心真细呀！”

就这样，雷锋带领着四班战友们在铁岭下石碑山区工作了3个多月，安全行车2.6万多公里，从未发生任何事故。6月22日，雷锋特意把这件事写进了日记里：

从3月16日到今天，我开的汽车已安全行驶了4000多公里，没有发生事故，圆满完成了上级首长交给的各项任务。

这是雷锋干一行，爱一行，钻一行，精一行，日积月累、埋头苦干和勤奋好学的结果。

雷锋爱车如命，无论是出车还是收车，都要进行一次仔细的检查，不放过一丝一毫的问题。有一天，气温骤降至零下20摄氏度，呼出的热气都在帽檐、帽耳边挂上了一层白霜，手套薄一点都会冻得生疼。雷锋和助手韩玉臣却要进行汽车三级保养。油在同样的气温下，感觉要比水冷，更何况在油中清洗金属零件。为清洗油垢，必须下手去擦去抠，不一会儿，手指就麻木了，一动就针扎似的疼痛。

韩玉臣实在忍耐不住了，说：“咱们弄盆炭火，烤烤手吧。”

雷锋一边朝手上哈着热气，一边笑着说：“小韩，你就当我们是在打仗吧，打仗的时候，到哪去弄个火盆抱着？在最艰苦、最困难的条件下练出的本领，才是真正过得硬的。你说对吗？”

韩玉臣心悦诚服地点点头：“你说得没错，现在就是打仗，咱们冲上去。”

还有一次，雷锋和韩玉臣检查车辆时，发现一个豆粒般大的火花塞帽不见了，找了半天也没找到。韩玉臣着急出车，便找来一个新的火花塞帽，说："把它换上，赶紧出车吧，今天的任务很重！"

"任务重也不能这么走。若是火花塞帽掉进汽缸里，马马虎虎把车开出去，就会发生事故，给国家造成损失，不找到这个火花塞帽，我们绝不能出车！"

韩玉臣见他这样坚决，就跟他一起把车辆机件拆开，细心查找，最后果然在汽缸里找到了火花塞帽。这件事使小韩受到很大教育，心想，不是雷锋坚持要找，出了车非出事故不可。

1962年5月2日，雷锋在日记里写道：

今天下午我在保养汽车，突然天下大雨。我正在盖车的时候，见到路上有一位妇女，抱着一个小孩，右手拉着一个五六岁的孩子，左肩上还背着两个行李包，走起路来真是很吃力。我急忙跑上前，问她从哪来？到哪去？她说："从哈尔滨来，到章子沟去。"她还告诉我说："兄弟呀！我今天遭老罪了，带两个孩子，还背一些东西，天又下雨，现在天快黑了，还要走10多里路才能到家。现在我都累迷糊了，我哭也哭不到家呀……"我听她这么说，心里很过不去。我想，毛主席说过："我们的同志不论到什么地方，都要把和群众的关系搞好，要关心群众，帮助他们解决困难。"想起毛主席的教导，浑身有了力量，我跑回部队驻地，拿着自己的雨衣给那位妇女，我又抱着她的孩子，冒着风雨送她们回家。在路上，我看那小孩冷得发抖，我立即脱下自己的衣裳给他穿上。走了1小时40分钟，终于把他们送到了家，那妇女激动地对我说："兄弟呀，你帮了我，我一辈子也忘不了啊……"

我对她说："军民一家嘛，何必说这个呢……"我离开她家的时候，风雨仍然没停，他们都留我住下，我想，刮风、下雨、天黑，算得了什么？一定要赶回部队，明天照常出车。我一边走一边想着：我是人民的勤务员，自己辛苦点，多帮人民做点好事，这就是我最大的快乐和幸福。

章子沟村地处沈阳市浑南区望滨街道，原归属于望滨乡，地处沈阳、铁岭、抚顺交界，与沈阳的黑林子村、山城子村、房身沟村及铁岭市横道河子镇下石碑村相邻。当年的大嫂是章子沟村村民徐世富的三嫂纪玉春。

2006年3月3日，徐世富在接受记者采访时回忆，当时，他们家和大伯家同住，三嫂从哈尔滨回大伯家探亲。

徐世富说："那天，天下着大雨，一个个头比较矮、身穿军装的青年进了屋，身上还背着一个孩子，全身都湿透了，直往地上淌水。我还以为是前院部队的战士呢，当看到三嫂穿着雨衣抱着另一个孩子进屋，才知道是解放军给送回来的。

"家人急忙给解放军倒水，让他暖和暖和。当时天黑了，而且外面雨还很大，大家就留这位解放军住下，并张罗着做饭，解放军说啥也不吃，说部队还有事得马上回去。

"我一看，就问解放军同志，你叫什么名啊？他告诉我叫雷锋。"

当雨停下来后，徐世富便来到部队感谢，部队的人告诉他，雷锋还是他们部队的典型。

徐世富的三哥徐世民和三嫂纪玉春曾于1992年回沈阳养病，后来去了甘肃省天水市。纪玉春回到沈阳后，曾做过报告，此事《沈阳日报》在1993年3月3日报道过。

记者辗转找到了远在天水市生活的纪玉春的丈夫徐世民。徐世民说，1955年，他原在沈阳高压开关厂工作，因工作调动到哈尔滨电表仪器厂工作。1962年5月2日，纪玉春抱着6岁的二儿子徐富滨和2岁的三儿子徐富权从哈尔滨回沈阳，因到望滨乡章子沟村不通车，纪玉春便带着孩子、拎着两大包行李，在抚顺市顺城区金花楼村下了车，这里到望滨乡章子沟村需经铁岭县下石碑山村，还有15里路。此时，已下起了雨，纪玉春背着三儿子，手牵着二儿子一路向家赶。

当走到铁岭县下石碑山村时，纪玉春遇到了正在附近施工的雷锋。

徐世民说："后来，老伴常对我说，雷锋帮了我，这一辈子到死也忘不了。"

雷锋因公殉职的消息，传遍全国。纪玉春得知后，痛哭流涕，找人写了一篇稿子登在《哈尔滨日报》上。从此，"雷锋雨夜送大嫂"的故事便流传开来，纪玉春作为雷锋做好事的受益者，成了雷锋事迹宣传员。随着工作调动，她随丈夫调到甘肃省天水市长城控制电器厂。纪玉春以雷锋为榜样，先后七次被哈尔滨市和天水市评为"学雷锋先进个人"。三子一女中有两个儿子曾入伍，接过"雷锋的枪"，有的入了党，有的当了干部。徐世民告诉记者，徐富滨现在在天水市运输公司当司机，徐富权在天水市仓库厂当电工，都是本单位学习雷锋的标兵和模范。2004年，纪玉春因糖尿病和心脏病不幸去世。

3月24日，雷锋在日记里写道：

今天吃早饭，我看到炊事班的饭盆里有很多锅巴，便随手拿了一块吃。

炊事员刘太顺同志说："自觉点啊！"我听了这句话，心里很难受，觉得吃一块锅巴有什么？赌气把那块锅巴放到饭盆里，走了出来。

这时，通信员送来了一张报纸，我接过来就看，看到了报纸上毛主席的语录："因为我们是为人民服务的，所以，我们如果有缺点，就不怕别人批评指出。不管是什么人，谁向我们指出都行。只要你说得对，我们就改正。"

我一口气把这段话念了十多遍，越念越感到自己不对，越念越感到毛主席的这段话好像是专门对我说的，越念越后悔不该和炊事员赌气。

我自己问自己："你多不虚心呀！人家批评重一点，你就受不了啦！"想来想去，我还是硬着头皮跑到炊事班，承认了自己拿锅巴吃不对，并检查了自己的缺点。

炊事员感动地说："你对自己要求这么严，真是好同志……"

雷锋宽以待人，严于律己，通过这件事就得到了充分的展现。

金无足赤，人无完人。雷锋是普通人，不是神，也会有这样那样的小问题，但他不怕问题，不回避不躲避，敢于正确面对，勇于反省自己，勇于认识错误，勇于批评和自我批评，不怕丢面子，诚心诚意向战友承认错误，在自省中不断地完善自我，感动了战友，也赢得了尊重。

4月18日，雷锋在日记中写道：

思想教育应该是经常的，长期的。正如洗脸一样，一天不洗，脸上的脏东西和灰尘就不掉，要是长期不洗，脏东西和灰尘就会在脸皮上结成壳，人家看了，会骂他是懒汉……人的思想也是这样，如果不经常教育，不用正确的思想克服错误的思想，时间长了，思想就会出毛病。思想背了包袱，工作就会消极，干劲就不足，各项任务就不能完成。

由此可见，雷锋对加强个人修养问题，有着深刻明晰的认识。

下石碑村一位妇联主席，是各方面表现很好的姑娘，由于久慕雷锋的名字，知道他是学毛主席著作的标兵，有空就请教雷锋学习的经验，共同探讨学习体会。

有人以为他们在谈恋爱，就偷偷地反映给了运输连指导员高士祥。高士祥想，雷锋是全团学习的典型，要出了问题影响可就大了，必须及时给他敲敲警钟。

7月29日，高士祥找雷锋谈话，对雷锋从3月份离开连队到下石碑山单独执行运输任务给予了充分肯定，认为雷锋工作很积极，政治责任心强，任务完成很出色，安全行车4000多公里没发生事故，还为人民群众做了很多好事，并鼓励他要继续发扬。

高士祥先扬后抑："现在有人反映，说你和一位女同志谈情说爱，是否有这么回事？你好好谈谈。"

战士在服役期间是严禁与地方女青年谈恋爱的，这是部队的一项纪律。

雷锋一愣，感到有些莫名其妙，但又不知从何说起，没有过多解释："指导员，你放心吧！我是不会做出任何违反组织纪律的事的。"

回来后，雷锋内心难以平静，提起笔来，在日记里写道：

从内心往外说，我没有和哪个女同志谈情说爱。指导员提出这个问题，我感到莫名其妙，不知风从何起。首长经常教育我们，无论到什么地方，都要严格要求自己，不要违法乱纪。这些话，我永远也不能忘记，坚决不会明知故犯。

我想：自己年轻，正是增长知识的好时候，应该好好学习，好好工作，更好地为人民服务。我还这样想过：我是在党的哺育下长大成人的，我的婚姻问题用不着自己着忙……

现在，有同志说我谈情说爱，没有任何根据，完全是误解。我是个共产党员，对别人的反映和意见不能拒绝，哪怕只有百分之零点五的正确，也要虚心接受。现在有的同志还不了解我，冤枉了我，使我受点委屈。这也没什么，干革命就不怕受委屈。“没做亏心事，不怕鬼敲门”，我没有这回事，就不怕人家说。

“有则改之，无则加勉。”事情总会清楚的，让组织考验我吧。

在当地，雷锋和村民的交往都是正常交往，没有越界之事。还有一件事，雷锋给18岁的女中学生李维英写赠言，也让人们议论纷纷。

李维英，1962年6月从铁岭县七中毕业，居住在下石碑山村爷爷家里。与爷爷一墙之隔的就是雷锋居住的艾荣普家。艾荣普和李维英的姑舅沈启发是东西屋，沈启发家有一个姑娘叫沈凤云，因此，李维英经常到沈家找表姐玩，与雷锋有了接触的机会。

正值青春年华的李维英被雷锋的勤快乐观和助人为乐所感染，特别是了解雷锋那些先进事迹后，更加崇敬雷锋。

7月19日晚上，雷锋冒雨来到了李维英的爷爷家，就当选抚顺市人大代表的事前来征求意见。在当时，特别流行赠照片、写赠言。于是，李维英请求雷锋写个赠言，雷锋思索片刻，提笔就写："李维英同志：请您记住这句话，伟大出于平凡。我衷心祝愿您在平凡的工作中，创造出不平凡的事迹。同志雷锋 1962年7月19日"。

雷锋也正是在不断的批评与自我批评中，一步一步走向人生令人难以企及的高度。

1962年8月8日，雷锋在日记里写道：

今天给一营二连拉粮食。上午8时从下石碑山出车，9时半左右就到达了抚顺粮站。这趟是副司机开的。因他缺乏驾驶经验，遇到紧急情况，就手忙脚乱起来，因此，轧死了老乡的一只鸭子。我立即叫他停车，向老乡道歉，并给老乡赔偿了2元钱，使老乡没意见，很受感动。

被雷锋副司机乔安山轧死的鸭子的主人是田大娘。2008年3月3日，记者在雷锋班长惠连生的帮助下采访到了田大娘的儿子田秋。田秋，是沈北新区一名退休教师。在沈阳市沈北新区田秋家中，仍珍藏着数件与雷锋相关的物件，一张二寸雷锋半身着色的照片。田秋追忆起田家与雷锋的悠悠往事："那是1962年3月的一天晚饭后，母亲坐在炕上做针线活，我正在灯下看我妹妹写作业。突然，听到有人敲门。门开了，迎面进来一位身材不高的解放军战士，胖乎乎的脸庞，一脸笑容。他进门就管我叫大哥，管我妈叫大娘，还问我们好。"

原来，22岁的雷锋正在田秋所在村黑林子附近修建战备山洞，开车执行任务路过田家门口时，汽车陷在村边的小河沟里出不来了。

雷锋跑到田家想借根木头撬车用。田秋的母亲田大娘挑了一根粗木头让他扛走了。被陷的汽车很难开出，雷锋返回还木头时，又向田大娘借一根蜡烛准备待在车里过夜，等天亮再找人帮忙把车拉出来。3月的夜晚，天气很冷，田大娘劝雷锋在田家住一宿，可雷锋说啥也不肯。

第二天，雷锋特意买了蜡烛来还。田大娘拉着雷锋唠起了家常。听完他的辛酸家史后，田大娘拉住雷锋的手含泪说："小雷子，你这么年轻就没了家，要不嫌弃大娘，往后就把这儿当成你自己的家。把大娘就当成你的妈吧！"

雷锋非常高兴，当即认下了田大娘做干妈。田秋说："虽然雷锋长我一岁，但他为了尊敬我，就一直管我叫大哥。"打那以后，雷锋每次驾车路过时，都停下来进屋看望田大娘一家。

当年的天气冷，田大娘的脚不小心被冻伤了，不敢穿鞋，整天趿拉着一双鞋。雷锋来到田家细心地发现了这一情况。第二天，雷锋又跑了过来，一进屋就要给干妈洗脚。洗完脚后，雷锋从兜里拿出一盒冻疮膏，给田大娘涂抹到脚上。

田秋说："从那以后，每隔几天，雷锋就来为我妈洗一次脚。我妈常当着我们的面夸雷锋：'小雷呀，你真比我亲儿子还强啊！'直到后来，我妈一直保存着那个药膏盒，一想起雷锋，我妈就要拿出来看看。我是我妈的亲儿子，却没有像雷锋那样孝顺过自己的母亲。"如今，这个冻疮膏盒被收藏陈列在抚顺市雷锋纪念馆里。

最让田家珍惜的，就是那张雷锋二寸半身着色的照片。这张照片是雷锋参加沈阳军区首届团代会时的留影。

1962年8月15日一大早，雷锋又来到了田家。雷锋告诉干妈说要到外地去执行任务，得好几个月才能回来。"一听这话，我妈眼圈儿就红了。拉着雷锋的手连忙说：‘孩子呀，你走了，要是妈想你咋办?’”田秋回忆道：“雷锋想了想，从上衣兜里掏出来一张二寸半身着色的照片，送到我妈手上，说：‘您啥时候想我，就看看这张照片吧。’”

雷锋连早饭都没来得及吃一口，就驾车从铁岭下石碑山区返回抚顺望花连部，不幸因公殉职。闻讯后，田家悲痛不已，田大娘泪流不止，把这张照片拿出来看了又看，一直保存珍藏着。1983年，田大娘临终时，把儿子田秋和女儿田玉青叫到床前，把这张照片交到了儿子田秋手中。“我妈告诉我要保存好，当传家宝一代代传下去。”田秋说。

田秋在同雷锋接触的日子里，深受雷锋精神感染，后来，他入了党，转入望滨中学做教师，在14年的执教工作中，他曾多次被评为优秀教师。眼下，退休的田秋仍行走在学雷锋、宣传雷锋的路上……

当天，雷锋和乔安山开车从铁岭下石碑村返回抚顺市望花营房，一方面去送一趟被服，另一方面按车管助理员李向高要求把车送到修理所进行三级保养。

因为头天刚下过雨，山路泥泞，满车都是泥点。回到营房后，雷锋找到连长虞仁昌建议，保养不送修理所了，让老兵排保养，可以学点技术，又可以快点保养好了去承担任务。看到已经10点多了，虞仁昌考虑一路劳累，又快到吃中午饭了，就让雷锋先回去休息一下，等吃完饭把车洗好再说。

雷锋不顾长途行车的疲劳，也顾不上吃口饭，一心急着把车开到九连连部伙房门前准备用自来水冲洗一下。因为通往九连伙房营房的是一条支路，乔安山驾车转了一个90度的弯后驶入一条窄窄的人行道，右边是九连连部的房子，左轮边上是一棵杨树，紧挨着杨树的是一排一米半高的柞木桩子，中间拉着铁线，是用来给战士晾衣服被子的。

乔安山犹豫了一下，没把握是不是会蹭着连部的房子。他把头探出车窗外，冲雷锋喊了一声："班长！"

雷锋闻讯跑上前去问："怎么啦？"

"班长，你看看会不会撞上房子？"

雷锋左右仔细看了一遍，然后又问："方向盘打死了没有？"

"打死了。"

雷锋走到车的左前方，向乔安山打着手势："走吧，没事，倒，进，进……"

乔安山挂二挡起步，迅速回转方向盘……

车轰地向前，左后轮将第一根晾衣木杆撞倒，铁丝的巨大张力迅速将木杆弹回，重重地砸在雷锋的左侧太阳穴上，雷锋倒在地上……

一切来得都是那么突然，以至于乔安山丝毫没有察觉，径直把车开到九连炊事班的水管前跳下，扭头这才发现班长躺在地上。

战士卑福财看见雷锋倒在地上，急忙上去把他抱了起来。乔安山赶过来抱着雷锋。雷锋口鼻都在流血，只能喘气不睁眼。乔安山大声地呼喊："班长！雷锋！"

河南籍士兵韩振马急三火四地跑到连部，报告给了虞仁昌。虞仁昌跑到现场，看到乔安山已经把雷锋扶坐起来，10分钟前还活蹦乱跳的雷锋，现在却左眼圈发紫，左鼻孔流淌着鲜血，连呼数声也不见回应。

虞仁昌立即让汽车教员王广湘把教练车开过来，亲自把雷锋抱上汽车，并和白福祖、曹玉德副连长和10多名战士一同将雷锋送到抚顺望花区西部医院抢救，乔安山等人守候在雷锋身边。

到医院后，虞仁昌从车上把雷锋背到二楼抢救室。抢救中，雷锋体温过高，虞仁昌急忙跑到楼下买来一箱冰棍帮着降温减轻颅压。体温刚降下来，雷锋呼吸又停止了。医生紧急进行人工呼吸，雷锋才缓了过来。

望花区西部医院外科主任张锦川把虞仁昌叫到一旁说："颅骨凹陷骨折，并伴有脑部出血，有生命危险。"

虞仁昌一听眼泪唰地流了下来："大夫，他是毛主席的好战士雷锋啊！请你们无论如何要千方百计地抢救他呀！"

张锦川急忙写了张条子，让部队马上联系自己的老师、沈阳军区陆军总院脑外科主任段国升教授，越快越好！

虞仁昌拿着小条一路跑连部，安排白福祖副连长驾车去沈阳接医生前来。白福祖接到便条，眼含泪水："只要能把雷锋同志治好救活，我牺牲生命也愿意。"虞仁昌忙说："不，雷锋要救，你也要注意安全。"因放心不下，虞仁昌又请求正在连部的十团司令部军务股股长陪同跟车一起去沈阳，为了增加可靠性，又派王广湘驾车随后跟去。

白福祖驾车开足马力从抚顺直奔沈阳。

与此同时，雷锋呼吸再一次停止了，乔安山哭得泣不成声，虞仁昌含泪一再央求医院要想尽一切办法抢救，医生接连做了几次人工呼吸，可效果都不太好，就征求意见把喉管切开进行呼吸处理……

护士把雷锋的喉管割开了，手却紧张得直哆嗦，无法把气管拽出来。院长推开护士，亲自上前把雷锋的气管拽了出来，插上了氧气管。这时，雷锋的腹部起伏了一下，在场的人精神一振，起伏又停止了。

经过20多分钟抢救，医生放下听诊器，转身告诉众人："人已经不行了，你们准备料理后事吧。"

此时，12时5分。刹那间，空气凝固了，时间停止了，在场所有战士都失声痛哭，悲痛欲绝！

雷锋被送进了太平间，乔安山抱着雷锋遗体，怎么也不敢相信，也不能接受这个事实，他总觉得班长会醒来。哭了一阵，发一阵呆，脑子里一片空白。看门人叫他，他也不应，只好把他锁在了屋里。

20多分钟后，二排陈排长来了，将乔安山带到连队后勤招待所一间小屋里关禁闭，并安排两名战士在门外站岗看守。乔安山在屋子里不停地抽烟，一根接着一根。"雷锋让我给撞死了，我也活不成了，起码是无期徒刑。"他认定自己完了。

当段国升教授从沈阳被接到抚顺，已是下午，无力回天了。

沈阳军区工程兵十团政委韩万金等领导闻讯赶到医院时，听说乔安山被关了禁闭，韩万金当即指示运输连指导员高士祥赶紧把乔安山给放了："不能死了一人，再死第二人，你要负责他的安全，不要让乔安山再发生意外，千万不能再死一个了。"

高士祥和副连长立即来到乔安山被关禁闭的地方，看到有两名战士持枪而立，故意大声说道："你们还在这干什么？政委让你们回去，乔安山没有事了。"

乔安山见到高士祥边哭边说："指导员，我有罪呀，这么好的班长让我给撞死了，让我跟班长一起去死吧！"高士祥劝说了大半天才让乔安山平息下来。

乔安山告诉高士祥："我当时在想，雷锋让我给撞死了，我也活不成了，最低也是无期徒刑。真没想到领导还把我放出来了，还和同志们一样对待，我只有感谢党、感谢领导，我要用我的全部力量和实际行动，弥补我的罪行，来完成雷锋没有完成的任务。”

为保护乔安山安全，高士祥无论到哪里，都叫着乔安山跟着。乔安山再三要求高士祥让他去看看雷锋遗容，高士祥带他去了。乔安山跪倒在雷锋遗体前，趴在地上一个劲儿地哭，经再三劝说才离开。

与此同时，沈阳军区工程兵政治部保卫处中尉助理员史宝光和摄影员张峻等人奉命开始着手对雷锋意外身亡事件做调查。

经现场勘察和调查，认定这起事故是因为通道进口狭窄，加之地面不平，乔安山开车驶入时造成车身倾斜，车后轮胎压到了晾衣木杆根部才使木杆折断。木杆上晾衣铁丝的牵拉反弹，致使木杆迅速击打到雷锋的头部。这个结果与主治医生所做的雷锋因头部左侧太阳穴受木杆重击，造成颅骨骨折，脑内大量出血而致死的诊断结果，基本一致。

因此，调查人员认定，这次重大事故不是乔安山故意为之，也不是他的责任，同样也并非雷锋的指挥失误，完全是一场意外。组织上给雷锋的牺牲定下结论：“因公殉职，意外事故”“乔安山没有直接责任”。

当时，组织上告知乔安山雷锋之死的对外口径是“因公牺牲”，要他保密。虽然组织上百般劝说他不要背包袱，但老班长的死一直使乔安山抬不起头。乔安山一直沉浸在悲痛中，久久无法释怀，始终觉得对不起雷锋，痛恨自己，甚至多次想到了以死谢罪。

雷锋牺牲后，连队人人都为雷锋的遇难而感到痛苦，为失去一位亲密战友而悲伤，几天几宿都没吃好睡好，全连都陷入悲痛之中。

连队决定由正副排长以上干部为雷锋遗体站双岗，全副武装给雷锋守灵，半小时一换班。

雷锋牺牲两天后，1962年8月17日下午1时，公祭雷锋同志大会在抚顺望花区委礼堂举行。团首长和连队领导、雷锋生前战友全副武装轮流守灵，乔安山参加了守灵。抚顺群众自发前来为雷锋送行的多达十万之众。

为把雷锋“留住”，韩万金征求大家意见，能否把雷锋所在的二排四班改叫“雷锋班”。四班原本就一直都是优秀班，如果申报雷锋班，一方面需要上级批准授予称号，另一方面四班就不再是普通的班，需要寻找一名优秀的骨干来接雷锋四班班长一职。运输连研究决定调三班班长张兴吉回四班任班长。张兴吉与雷锋同岁，比雷锋早一年入伍。雷锋任四班副班长时，张兴吉任四班班长。1961年8月，张兴吉调任三班班长后，雷锋升任为四班班长。

韩万金政委和连干部一起对四班的9个战士逐个进行谈话考察。战士们对于自己能够成为雷锋班的一员，感到非常光荣，谈完话后都写了申请书，唯独不见乔安山。

原来，雷锋牺牲后，乔安山看到他们一起开过的汽车、雷锋睡过的床铺，总是睹物思人，悲从中来，后来人都有点魔怔了，他想换个环境。当时团里农场需要抽一些战士去帮忙，一直有负罪感的乔安山听到这个消息后，主动向连里请求到团农场工作。组织上考虑给他换个环境，也有利于他的成长发展，便同意了。

听说四班要申报雷锋班，看到组织和领导前来征求他的意见，乔安山很感动，眼含热泪，激动万分，用雷锋班长生前送给他的钢笔，一笔一画写下申请：“党支部、连首长：我要继承班长的遗志，走班长没走完的路，做班长那样的人，为共产主义事业奋斗终生！

请批准四班为‘雷锋班’。”不久，乔安山又被调回到了四班。

十团达成共识后，向沈阳军区工程兵部队递交申请，工程兵政治部很快向沈阳军区政治部上报了《请授予雷锋生前领导的运输连四班为“雷锋班”的光荣称号》的报告。

在沈阳军区的全力争取下，1963年1月7日，国防部命名雷锋生前所在的四班为“雷锋班”。1月16日，时任国务院副总理、中央军委秘书长罗瑞卿为“雷锋班”命名大会题词：“伟大的战士——雷锋同志，永垂不朽”。

1963年1月21日，“雷锋班”命名大会在沈阳军区八一剧场举行，班长张兴吉、副班长周述明从沈阳军区司令员手中接过锦旗，上面写着金光闪闪的三个大字：雷锋班。

沈阳军区司令员与“雷锋班”的战士一一握手。当看到乔安山低头不语之时，司令员紧握乔安山的手并拍着他的肩膀说：“小伙子，抬起头来！不要背包袱。要像你的雷锋班长那样，好好开车，好好做人！”

首长的话将陷入深渊的乔安山拉了出来，他知道自己的人生还很长，不能再继续沉沦下去，他要用自己的余生来弥补自己的失误。

在解放军这所大学校里，雷锋度过了人生最后的两年零八个月，951天。这一段时间里，雷锋久经考验，在党和部队领导的培养下，很快成为道德楷模和青年榜样，处处绽放光芒，成就了一生中最闪光的时刻。

在陈广生写的那本影响了几代人的《雷锋的故事》中，乔安山被保护起来，摇身变成了“小乔”。而在叙述雷锋牺牲的文字中，陈广生更是把乔安山的姓也给隐化掉了，只被称为“助手”。

别人不说，可乔安山自己知道。雷锋的名气越大，乔安山就越发感觉到自责内疚。“他（雷锋）荣誉越高，我压力越大。”只有努力学习雷锋，让自己忙起来，多做好事，才没有时间去想那些事，才能让自己的压力、内疚有所缓解。乔安山退役选择回到妻子老家铁岭，隐居近30年，默默地做着好事，用自己的生命延续着雷锋的生命。

直到1995年3月，沈阳军区工程兵十二团宣传干事蔡原征写了一篇1万多字的通讯《理解你沉默的情怀——雷锋战友乔安山的故事》，刊发到《解放军报》等媒体，全国100多家报纸进行了转载，乔安山一下成了全国的名人。

《中国青年报》记者王伟群通过蔡原征找到乔安山，以《雷锋战友乔安山的故事》为题报道了乔安山隐居30年坚持学雷锋的事迹。

就这样，乔安山从幕后走到了前台。长春电影制片厂编剧王兴东看到报道后，做通乔安山的工作，拍摄了电影《离开雷锋的日子》，这才让乔安山挺起腰板，敢在别人面前讲过去的一切。

乔安山与雷锋相识于鞍钢弓长岭，同在一个矿，同一天报名参军，同到一个部队，同进一个连，同在一个班，同开一辆车，同住一个屋，也曾同睡一个被窝。乔安山是雷锋重点关心帮助的战友。雷锋不仅经常给他辅导文化，帮他读信写家书，给他买笔送书送练习本，还以他的名义偷着给他父母寄过钱……两个人拍的照片，乔安山和雷锋并肩坐在一起，在认真学习《毛泽东选集》。

此后的岁月里，乔安山带着一家三代人讲雷锋、做雷锋，三次突发脑出血晕倒在宣传雷锋的讲台上。乔安山儿子参军到部队，孙女乔婷娇在大一时报名参军来到沈阳军区雷锋纪念馆当讲解员，讲述雷锋的故事，退役后又带领着清华大学学生重走雷锋路，进入抚顺雷锋学院，续写雷锋日记。乔安山被评为中国“助人为乐好人”

"全国关心下一代工作先进个人"，乔安山家被评为2022年全国"最美家庭"。乔安山说："我要永远学习雷锋，时刻做雷锋，用我的一生回报雷锋老班长。"

好辅导员：雷锋在学校

原望城县荷叶坝完小少先队辅导员夏柳回忆说，雷锋极其热爱红领巾。雷锋上学或在校外参加有组织的活动必戴红领巾。在家不戴时摘下红领巾折叠整理得熨熨帖帖的，保持整洁美观。

夏柳回忆道："1954年8月，学校由上级团委批准建立中国少年先锋队，雷锋是第一个被批准入队的队员。建队后第三天，我召集队干部学习少先队的光荣历史，当我讲完红领巾的重大意义后，雷锋从我手中接过这条红领巾，高兴地系在自己脖子上，严肃地说：'这红领巾多美丽啊！它是先烈的鲜血染红的。我长大以后，一定尽自己的力量来建设祖国，保卫祖国；我也争取系上这条红领巾，做一个辅导员，培养更多红领巾。'"

雷锋在抚顺施工时，所在部队营房就在抚顺市望花区，周边有两所小学，分别是建设街小学（今雷锋小学）和本溪路小学（今雷锋中学）。雷锋被这两所小学相继聘为校外辅导员，有了实现当一名好辅导员的机会。

雷锋关爱同学，与同学们打成一片，通过言传身教，潜移默化地影响了孩子们的做人与做事，成为青少年的知心朋友和学习楷模，许多学生的人生从此改变。他们接过雷锋的枪，时刻牢记雷锋教诲，努力学习，无私奉献，长大后成为各行各业的栋梁，在各自岗位上发光发热，数十年如一日传承雷锋精神，成为"雷锋种子"，撒到了祖国大地。

1960年10月10日，雷锋在抚矿机械厂俱乐部参加望花区建设街小学聘请校外辅导员大会，被聘为校外大队辅导员，实现了小学时和夏柳老师说过的愿望。

在建设街小学授聘时，学校团支部书记宋传良将一条鲜红的红领巾系在雷锋的胸前时，雷锋激动地哭了。

雷锋说："各位校领导、老师们、同学们，四年前，我刚刚摘下了红领巾，今天，我又系上了红领巾，做你们的校外辅导员，做你们的大朋友，我从心里感到高兴！今后我们要多联系，常来往，共同学习，互相帮助……永远保持红领巾的鲜红颜色，沿着党指引的道路前进，做无产阶级革命事业的接班人……"

雷锋对这个校外辅导员身份极为重视，在受聘第二天就来到学校，找到望花区建设街小学少先队大队辅导员赵桂珍一起研究大队活动计划。

赵桂珍回忆说："他看了我在开学时做的计划后说：'赵老师最好把计划修改一下，多一些具体措施，哪项工作放在什么时间，让我具体落实。'另外，他又提出了两项活动内容：第一，想在孩子们中开展一个'三件宝'活动。这第一件宝就是'储蓄箱'。让同学们把父母给的零花钱放在里面积攒起来，半年或一年再还给本人，这样就可以把零钱凑成整钱，做一些有用的事。比如说交学费啦，买本啦，还可以照顾生活困难的同学。这样可以使同学从小养成勤俭节约、艰苦朴素的好习惯。第二件是'聚宝盆'（节约箱）。把同学们在上学的路上捡到的旧钉子、螺丝钉、铅笔头、橡皮等放到了'聚宝盆'里，桌椅坏了自己就可以修理，他们最爱惜自己的劳动果实，这样就可以培养他们爱护公共财产的好品质。第三件是'针线包'。同学们衣服破了自己可以补上，扣子掉了自己钉上，这样就能把我党艰苦奋斗的光荣传统传授给同学们，并让他们继承下来。第二，我们校外辅导员准备给小朋友们办一个小型图书馆，用我们的津贴费给同学们买一些毛主席的书和英雄人物的故事书。这样同学们从小就能读毛主席的书，向英雄人物学习，做毛主席的好孩子，长大了当英雄当模范该多好哇!”

赵桂珍说：“雷锋同志经常利用5点以后的自由活动时间或出车回来的空闲时间和中午休息时间等到学校来工作。有时他直接进教室辅导学生学习，有的同学写作业遇到不会的问题，他就给解答。有的同学不会写字，他就告诉。三年级学生学写钢笔字，他手把手地教。一年级同学刚入学不会计算加减法，他就用计算器启发同学们学习。有时还到办公室看看同学们的作业本，对同学们的学习非常关心。还有的时候和我们一起去家访，找学生个别谈话帮助进步，等等，他和同学们建立了深厚的无产阶级感情。雷锋自从做了辅导员后，全校28个班级，他班班都去辅导，就连他外出开会也关心孩子们的学习。”

1961年1月，雷锋离开抚顺前往沈阳军区各部队做报告。到军区不久，雷锋放心不下这些学生，就给小朋友寄来了一封信，信里这样写着：

亲爱的少先队员同学和全体少年朋友们：

我于本月初，离开了抚顺来到军区，因为时间紧迫没能来得及向小朋友告别，请小朋友多加原谅，我很想你们，但我的工作很忙又不能马上回去看你们，因我要先后到大连、营口、辽阳、哈尔滨等各地去做报告，等我回来的时候要拿我的工作成绩见你们，你们也要拿优秀的学习成绩向党汇报，咱们要比一比看谁的成绩最大。

小朋友们，你们要好好学习，天天向上，听党的话，做毛主席的好孩子。最后祝全体少先队员同学们，全体小朋友们学习进步！生活愉快！身体健康！

大朋友——雷锋

1961年3月下旬，雷锋因病从沈阳军区回到部队，第二天下午4点钟左右，他就来到学校看望小朋友。赵桂珍回忆："我把开学以来的情况告诉了他，同时又把这学期的主要工作安排了一下，他都一一记了下来，并交换了怎么开展工作的意见，之后他又和小朋友们谈了一会儿。临走的时候，还送给小朋友们一张照片，在后面是这样写的：'赠给建设街小学全体少年朋友，让我们革命友谊之花朵盛开，大朋友雷锋'。"

1961年5月初，建设街小学开展建校活动，要修建一个目标围墙和花池，学校号召学生们捡砖头。雷锋得知这消息时，他们部队正在支援钢厂出车拉砖，工作完成后，他动员几位同志帮着捡了5车砖头，用车拉到了学校。在雷锋模范行动的影响下，学生们每天完成学习以后，就出去捡砖头，仅用3天的时间便超额完成了任务。

在建设街小学这所学校里，何文鲁、孙桂琴、王文阁、陶颖、耿辉、韩颂东、展世荣、张雅琴等人成为雷锋重点辅导的学生。

雷锋受聘建设街小学校外辅导员时，7岁的孙桂琴是二年级学生，被选为欢迎队伍的第一人，站在机修俱乐部会场大门两旁，迎候雷锋到来。孙桂琴没有想到从这一刻起，他们一家人的人生就和雷锋紧紧地绑在了一起。

1953年2月12日，孙桂琴出生在辽宁省抚顺市一个普通的矿工家庭。全家六口人，除了小弟孙国臣是1962年12月出生没能见到雷锋，父亲孙继兴、母亲贾佳贤、孙桂琴和弟弟孙国连、妹妹孙桂兰都曾见过雷锋，并和雷锋有过交往。

弟弟孙国连是家中第一个和雷锋合影的人，比孙桂琴与雷锋合影还要早一年多。

1961年3月，时任沈阳军区工程兵十团摄影员季增来学校拍雷锋辅导学生的照片，来到孙国连所在班。孙国连学习成绩优异，是班长。季增留下了前两排的同学，让坐在三排以后的同学都到教室门外等候。

别的学生都跑出去玩了，只有孙国连不甘心，也想和大家一起拍照片。他悄悄地推开了房门把脑袋探了进去想看看。无巧不成书。季增正好摁下了快门，于是就留下这样一张照片。

季增看孙国连长得虎头虎脑很可爱，就转身把他抱到了雷锋身边，找来一个凳子，让孙国连站在板凳上，趴在雷锋左侧肩膀之上，拍下了第二张照片。后来，季增还让孙国连从板凳上下来，站到雷锋左侧，望着雷锋，又拍了一张合影。

季增拍完照片走了，照片没有冲洗给学生们。孙国连和雷锋合影照相的事，孙国连没说，孙家人也都不知道。直到雷锋牺牲后，全家人一起给雷锋扎花圈时，孙国连才哭着说和雷锋一起照过相。

孙国连一生低调，虽然是抚顺市矿务局的先进工作者，是煤炭科学院抚顺市分院劳动模范，还6次获革新能手奖励，但从不张扬，默默无闻地在学雷锋做雷锋，直到退休。单位到现在都不知道他还和雷锋照过相。孙国连一直不让说不让讲，他说家里已经出了姐姐一个先进了，全家沾尽了雷锋的光，自己做得还不够好，就做个默默无闻的无名英雄吧。

孙桂琴是孙家人中和雷锋交往最多、交往最亲密的人，也是受雷锋影响最大的人。雷锋整整影响了她的一生。

上学时，母亲用一块旧花布包皮为她缝个了书包，父亲用一块木板给她钉了一个文具盒，孙桂琴很是喜欢。当看到同学们精美的文具盒和书包后，6岁的孙桂琴梦想着父母也能给自己购买一样的书包和文具盒。由于上课时总看别人咋打开文具盒，精力不集中，影响了学习，是雷锋成为辅导员才叫醒了孙桂琴。

受聘辅导员没过几天，雷锋来学校了。孙桂琴正和同学在校门口玩耍，看到雷锋叔叔来了，一拥而上把雷锋团团围了起来。

雷锋拉着孙桂琴的小手，问她叫什么名字，孙桂琴胆怯地回答道："孙桂琴。"看到雷锋叔叔问自己，孙桂琴别提有多高兴，有多骄傲。

雷锋带着同学们一起来到大队部。雷锋问大家："小朋友说说看，你们的幸福生活哪里来的？红领巾哪儿来的？吃的饭哪儿来的？衣服哪儿来的？"

同学们七嘴八舌抢着说，饭是妈妈做的，衣服是爸爸买的，红领巾是老师发的，幸福生活都是爸爸妈妈给的。

孙桂琴留意到雷锋站起来，眼睛望着墙上贴着的毛主席画像直掉眼泪，一下子愣住了："叔叔看毛主席像，咋哭啦？"孙桂琴紧盯着雷锋叔叔，一句话也没有说。雷锋低下头来问孙桂琴："小朋友，你还没回答呢？你说说看。"

孙桂琴看了看雷锋，又望了望毛主席画像，仿佛知道了什么，大胆勇敢地说道："那是不是毛主席呀！"

雷锋听后，激动得一下子把孙桂琴抱了起来。雷锋说："对，幸福生活是共产党和毛主席带来的！"接着，雷锋伸出他那满是伤痕的左手，为孙桂琴们讲起了他七岁成为孤儿的苦难童年。

苦难童年影响了雷锋的一生，也教育了孙桂琴的一生，更影响了孙家每个人的一生。

孙桂琴哭了，和雷锋叔叔比童年自己该有多幸福哇，再也不幻想新书包和文具盒了。那个木头文具盒和花书包，孙桂琴一直用到初中，都不舍得扔。孙桂琴把精力全部用在了学习上，成绩也迎头赶了上来。

有一次，孙桂琴上学晚了，一路小跑，把红领巾跑掉了，就拿在手里进学校。正好遇到雷锋在校门口，他叫住了孙桂琴，接过她手里的红领巾，给她系上，还拍着她的肩膀告诉她："小桂琴，每天上学前要把红领巾系得紧一些，要爱护红领巾，因为它是红旗的一角，也是我们少先队员的标志呀。"

此后，雷锋曾手把手教过她写字写作业，曾手把手地教她补袜子，曾拉着她到操场上去跑步锻炼身体，也曾带着她到瓢儿屯火车站去打扫卫生……

1962年4月一天，孙桂琴到校外的"少年之家"阅览室读书，雷锋叔叔来了，孙桂琴等一帮学生高兴地围到雷锋身边，让他讲故事，领念课文。正好，摄影记者张峻前来采访，看雷锋正辅导学生们学习，就随手拿出照相机，要为雷锋和学生们照相。

孙桂琴回忆说："当时，我挎着好几个同学的书包站在门口，雷锋一下发现了我，就帮我把肩上的书包一个一个放到一边，然后亲切地把我拉到他身边，张峻叔叔说我个太矮了。雷锋就同季增叔叔到门外捡了两块砖头，雷锋叔叔亲自给我垫在了脚下，我睁着一双大眼睛，高兴地望着我的雷锋叔叔。随着闪光灯的一亮，留下了那张大家熟悉的幸福瞬间。"

在这张照片中，雷锋紧抱三年级的何文鲁在怀里，四年级的孙桂琴紧挨着雷锋，站在雷锋身体左侧。五年级的李文斌，三年级的滕月明，二年级的余虹，一年级的宋维芝、马建成，紧紧围在雷锋身边，笑着聆听着雷锋教诲。

1962年8月15日，原本是建设街小学开学的日子，孙桂琴等学生都守在校门口等着辅导员雷锋前来，迟迟没等来人，却等来了雷锋牺牲的消息。孙桂琴等学生谁都不敢相信，失声痛哭起来，全校1000多名师生都无心上课，为失去亲爱的雷锋叔叔而哭声一片。8月17日，孙桂琴作为学生代表参加了追悼大会，并自己动手扎了5个花圈，以代表全家五口人的悼念之情。

雷锋虽然离开了，却影响了孙桂琴一生。也正因为拥有那张合影照片，孙桂琴感到无比幸福。如果没有这张合影照片，自己也许会和其他许多同学一样沉寂于茫茫人海。正是这张合影照片，把自己的一生与雷锋紧紧相连，把自己与雷锋的故事传播得更广泛更久远。

1969年，孙桂琴知青下乡来到黑山县司屯公社。在一次制止顽皮学生欺负女老师过程中，孙桂琴拿出了自己和雷锋的合影，讲起了雷锋尊师重教的故事，劝导学生们要尊敬老师，让学生们掉下了悔恨的眼泪，也让黑山全县都知道了在黑山还有一名雷锋辅导过的学生。于是，黑山各单位及中小学校都争着抢着请孙桂琴去做报告，让她讲讲她与雷锋的故事，47所中小学校相继聘请孙桂琴为校外辅导员。

在讲述雷锋故事的过程中，孙桂琴找到了自己人生奋斗的目标，那就是要做像雷锋那样的人。孙桂琴处处以雷锋为榜样，向雷锋学习，因表现突出，先后被评为辽宁省学雷锋先进个人、模范知青，还出席了辽宁省学习毛主席著作积极分子代表大会。

也正是因为这张大合影，沈阳军区政治部洪建国处长认出了孙桂琴，并委托辽宁省委宣传部帮助查找。原来，雷锋牺牲后，洪建国在帮助整理雷锋遗物时，在日记本中发现了一张标注有“孙桂琴”字样的一寸照片，并保存了起来。可能是因为工作繁忙，这张一寸照片被遗忘了。直到1969年夏天，因有外国友人要来参观了解雷锋事迹，部队想要从抚顺选一位雷锋辅导过的学生参加接待，洪建国猛然想起这张一寸照片。洪建国拿着一寸照片与雷锋和学生们的合照进行逐一比对，确认了孙桂琴就是雷锋辅导过的学生，认为里面肯定会有鲜为人知的故事，否则雷锋又怎么会单独把一个小学生的一寸照珍藏夹放到日记本里。

辽宁省委宣传部同志拿到一寸照后，一看到“孙桂琴”的名字，立即想起自己负责的辽宁省学习毛主席著作积极分子代表大会中，就有一个叫“孙桂琴”的知青。这真是“踏破铁鞋无觅处，得来全不费工夫”。当看到亲手送给雷锋的一寸照再一次神奇地出现在自己面前，孙桂琴睹物思人，泪如雨下。1961年夏天，因为雷锋要到沈阳公出，孙桂琴便把自己刚拍的一寸照片送给了雷锋一张，雷锋用纸将照片包起来，写上“孙桂琴”，放到上衣兜里。雷锋牺牲后，孙桂琴以为照片丢失了，从没有想到还会在这种情况出现，这让她百感交集。

孙桂琴被直接带到了沈阳军区招待所，接受新的任务。在一个多月的接待外宾讲述雷锋故事中，孙桂琴不仅对雷锋有了更深的了解，更被身边解放军叔叔们的一言一行所感动，心里萌生了当兵的想法，想接过雷锋的枪，沿着雷锋的足迹向前走！孙桂琴把自己的想法悄悄地告诉了雷锋班第二任班长于泉洋，于泉洋鼓励说：“好！我支持你！回农村后继续好好接受贫下中农再教育，无论任何时候，再苦、再累也别辜负了雷锋叔叔对你的帮助！年底到征兵季节可向政府递交应征的申请。”洪建国也嘱咐孙桂琴要时刻牢记自己是雷锋辅导过的学生，永远不要忘记雷锋的教诲，走好人生的每一步。

回到知青点，孙桂琴更加努力，更加刻苦，积极参加生产劳动，哪里有重活，哪里有脏活，她都争着抢着去干。看到困难家庭的孩子没有衣服穿，就把自己从城里带的衣服送给她们；用自己平时攒的零钱为困难学生买书本和文具；还给孤寡老人挑水、做家务……《人民日报》《光明日报》《辽宁日报》《抚顺日报》等多家报纸相继刊登了孙桂琴学雷锋做雷锋的事迹和照片。

1969年年底，听到黑山征兵的消息后，孙桂琴连夜写了入伍申请书。1970年4月，当接到入伍通知书时，孙桂琴激动万分，高兴地流下了眼泪。孙桂琴应召入伍来到雷锋生前所在部队上级机关沈阳军区工程兵司令部，被分到特务连电话班，后到中国医科大学上学，成为沈阳军区总医院一名军医……

当了军医以后，孙桂琴把病人当亲人，用雷锋的故事鼓励一个个年轻的战士战胜病魔。一位战士被确诊为白血病后，心情沉痛，不吃不喝，对生活失去了信心，还拒绝治疗。孙桂琴就在各方面关心他，帮着擦洗鼻血洗衣服，变着花样给他做好吃可口的饭菜，还把《雷锋的故事》及《雷锋日记》送给他，劝慰他：“人的生命价值不在于生命的长度，而在于生命的厚度。雷锋在人世间仅仅22年，但他对社会对人民所做的贡献和他那种伟大的奉献精神，是不能用短短的22年来衡量的。”经过劝慰，这名战士逐渐振奋起精神，积极配合治疗，还自觉地做好事。出院时，战士眼含热泪，庄重地给孙桂琴敬了个军礼说：“孙医生，你教我学雷锋，教我如何做人，今后我活一天，就要活得有意义。”回到部队后，这名战士在自己生命的有限时间里拼命工作，继续做好事，后被评为学雷锋标兵，入了党，还荣立了三等功。团政治处还特意邀请孙桂琴参加这个战士的庆功会，让孙桂琴为他戴上军功章。几个月后，这名战士病危临终时，给孙桂琴写了一封信："敬爱的孙军医，我可能就要离开您了，一年多来，是您使我懂得了什么是人生，什么是人生的价值，死而无憾。"

雷锋影响了孙桂琴一生。孙桂琴和丈夫张继福能走到一起，雷锋也是间接的"媒人"。1978年，正在中国医科大学上学的孙桂琴和郅顺义、高玉宝等一同参加共青团中央组织的全国优秀辅导员夏令营。孙桂琴到沈阳军区政治部报到时，遇到了负责接待工作的张继福。张继福在部队里也负责雷锋精神宣传工作。看到这两个单身青年都有共同的理想，热心的战友帮着保媒牵线。孙桂琴与张继福因此相识，并在共同宣传雷锋的道路上一步步相知、相恋，两年后最终走进了婚礼殿堂，开启了夫妻二人共同宣传雷锋的新篇章。

在46年的军旅生涯中，孙桂琴时刻不忘雷锋教诲，处处以雷锋为榜样，宣传雷锋精神，向雷锋学习，14次被军以上单位评为标兵及先进个人；被原沈阳军区评为学雷锋标兵，荣获学雷锋金质奖章；荣立2次二等功、3次三等功；3次被辽宁省评为学雷锋先进个人；被全军评为"好军嫂"、辽宁省"好母亲"；荣获辽宁省"热爱儿童奖"，所在家庭被评为全国"五好文明家庭"。孙女张芷萌也深受影响，品学兼优，多才多艺，能写会画，是学校少先队副大队长，热爱公益，关爱他人，被评为辽宁省三好学生、沈阳五好学生。

1961年4月15日，雷锋被望花区本溪路小学（今雷锋中学）聘为少先队大队辅导员兼五年四中队辅导员。

说起雷锋与本溪路小学的故事，其实要比这一时间还要早。

1960年夏天一个星期天，雷锋原本到卫生连看完病回来，走到半路，看到十团团部前面空地上正在修建本溪路小学校舍。

雷锋心想：“领导上经常讲要发扬拥政爱民的光荣传统，反正今天我休息，何不和工人同志一起参加劳动呢！”

于是，雷锋跑到工地找了一辆手推车，帮助工人同志推起砖来。一气推了八九车。工人们开始休息了，雷锋还是一个劲儿地推。

工人们感到很奇怪：“从哪里来了这么一位解放军战士帮助推砖?”一位穿蓝制服的同志走到雷锋面前，紧紧握住他的手，问雷锋是哪个部队的，叫什么名字。

雷锋本不想告诉他，可身边一个工人同志说：“他是我们建筑公司第二工区党总支李书记。”这下把雷锋难住了：不说不好，说吧，你们准又是一通表扬。

雷锋只说今天没事，参加劳动是应该的。可是不行，他们一定要知道雷锋的名字，雷锋没有办法只好如实地说了。雷锋在工地一气干到快吃晚饭了，才回连队。

傍晚，工人们敲锣打鼓地来到运输连，送来了一张用大红纸写的感谢信。这时，连里才知道雷锋带病参加了一天义务劳动。

雷锋说：“说来也怪，参加点劳动，我的肚子反而不痛了，所以我开玩笑说：参加义务劳动能治病……”

本溪路小学紧邻雷锋所在营房。本溪路小学学生经常到部队找雷锋叔叔，雷锋也经常到五年四班与学生互动，并和邹静坤、刘静、王宗慧、陈雅娟等人结下了深厚的友谊。

在聘任大会上，12岁学生邹静坤代表全体少先队员向雷锋敬献了红领巾。现场留下了邹静坤给雷锋敬献红领巾的照片，还有同学们一起围在节约箱前听雷锋叔叔讲节约故事的照片。

刘静小时候爱画画，是班上的文娱委员。一次上美术课，她用铅笔画了一幅老师的肖像。下课铃声刚响，有个淘气的男生就把画抢过去，贴在黑板上，同学们全都围了上来，激烈地讨论刘静画得像不像。雷锋这时候正巧走进教室，把画揭下来还给刘静。雷锋知道了刘静喜欢画画。

一天，刘静和同学们到雷锋的营房去，雷锋从墙上把挎包拿下来，里边有个日记本，夹着几张画片，雷锋在画片背面写上“送给刘静小朋友，你的大朋友雷锋”，送给爱画画的刘静。

雷锋送的画片不贵，却大大鼓励了刘静在绘画的道路上继续走下去。

20世纪70年代，刘静参加辽宁省高考，考上了抚顺教育学院，在艺术系学了三年，巩固了绘画的技能。后来参加工作，因为忙，没有大块的时间用来绘画。多年来，刘静始终用雷锋激励自己努力学习、勤奋工作，连年被评为先进工作者、三八红旗手、优秀共产党员等。退休后，她继续发挥余热，投入全部精力执笔画雷锋，每两小时休息一会儿，一幅雷锋做好事的画像十天左右就画出来了，和照片一对比，几乎别无二致。除了创作雷锋故事画作，刘静还投身社区工作，2018年被评为抚顺市学雷锋先进个人、辽宁省“最美五老”等。

这些年，刘静共画了70多幅雷锋事迹作品，还为雷锋杂志社出版的《雷锋精神解读》一书画了10幅插图。山东美术出版社出版了《学习雷锋好榜样》，书中梳理出30个雷锋事迹精彩片段，刘静为其创作了30幅生动形象的彩绘作品。2021年，刘静把画作集结成册《静绘锋采》。

1962年4月，雷锋来到本溪路小学，张峻拍摄了刘静给雷锋戴红领巾的合影用于宣传。雷锋笑着俯下身，等待刘静为他系好红领巾。为满足拍摄角度和位置的要求，张峻还让刘静把本该戴在左衣袖上的少先队“二道杠”换到了右边，但因为阳光太强烈，刘静的面部曝光过度，没能被杂志选用。这成了刘静挥不去的遗憾，那张没有被选用的照片，被刘静挂在家里客厅的墙上。看到照片，就想起了那段和雷锋辅导员在一起的日子。

王宗慧是五年四班中队长，因制止不良行为而遭老师误解批评，被停止了一周中队长工作。王宗慧向雷锋哭诉后，雷锋劝解安慰她，并帮助她和老师说明真相，老师当面向她道歉，并恢复了她中队长工作。

还有陈雅娟，因为单独和雷锋合过影而成为“名人”。

1961年2月，当时沈阳军区各个部队掀起了学习雷锋的热潮。《解放军画报》为了更好地宣扬雷锋精神，想到要拍一张雷锋和一个孩子一起看报纸的照片。经过几次筛选，最后选定了陈雅娟。

因为陈雅娟喜欢听雷锋讲战斗英雄的故事，还在辅导课后向雷锋表达过要当兵的想法。在拍给陈雅娟讲《解放军画报》照片时，雷锋突然想起来陈雅娟要当兵的这件事，就指着正在拍照的军区宣传干事张峻告诉陈雅娟：“你将来想当兵，就去找这个张叔叔。”

1968年，陈雅娟果然找到了张峻，目的只有一个——像雷锋那样当一名战士。最终，在张峻的帮助下，陈雅娟成为解放军女兵，参军20年多次被军区评为学雷锋标兵。50多年来，陈雅娟担任过100多所大中小学的校外辅导员，做报告2000多场，还出版了《雷锋辅导我一生》。

此外，雷锋除了到建设街小学、本溪路小学辅导学生外，还到抚顺许多中小学去做报告。

1960年11月，雷锋到抚顺一所中学做报告时，对同学们提出了几点希望："一、希望你们树立以下四个志气：1. 立下发奋图强，建设社会主义强国的志气。2. 立下全心全意为人民服务，把一生献给共产主义事业的志气。3. 立下艰苦奋斗、勤俭建国的志气。4. 立下刻苦学习，攻克现代科学文化堡垒的志气。

"二、做一个有礼貌又文明的好同学。1. 认真听老师讲课。2. 积极参加各项活动。3. 保证完成作业。4. 学好样，做好事。5. 搞好团结，尊师爱校。"

雷锋还应邀到沈阳的辽宁省实验中学、沈阳师范学院等大中小学做报告。因为表现突出，雷锋被共青团抚顺市委评为少先队优秀辅导员。1962年6月29日，雷锋出席参加了共青团抚顺市委表彰少先队优秀辅导员大会，做了题为《做个优秀的辅导员》讲话："5月28日，我接到共青团抚顺市委的通知，叫我参加本市召开的表扬奖励少先队辅导员大会。通知上说，把我也评上了抚顺市的优秀大队辅导员。看完通知，我的心好久没有平静。

"回想近两年以来，我被聘请为本市建设街小学和本溪路小学的校外辅导员后，在党的培养教育和支持下，尽自己的力量，利用业余时间和节假日的休息时间，帮助少先队开展了一些有益的活动，给少年朋友们讲毛主席小时候的故事、战斗英雄故事，讲新旧社会对比等，启发他们的上进心和阶级觉悟。比如，本溪路小学有个叫刘静的同学，她在福中生，也在福中长，可是不知道旧社会的苦，所以也不懂今天的甜。因此，在当前国家处在困难时期，她的思想有些波动，学习不够安心，工作不主动，成绩也不好。自从我和她谈了新旧社会回忆对比，加上老师的耐心教育和同学们的帮助，她有了转变，变成了一个好同学，加入了光荣的少先队，还担任了中队的文娱委员，学习成绩也取得了5分。

“建设街小学有些小朋友爱花零钱。我给他们讲了解放军艰苦朴素、勤俭节约的故事后，对他们有了很大启发。为了进一步使他们了解点滴节约、积少成多的意义，我把他们带到部队，搬出自己的节约箱给他们看。有个同学看到我捡的大半箱牙膏皮，便惊奇地说：‘哎呀！怎么捡这么多？’我对他说，这是我平时在水沟里、垃圾堆里一个个捡起来的。站在旁边的一位同学说，‘真是滴水成河、积少成多呀！’当场有很多同学向我表示决心，一定做到勤俭节约，不乱花一分钱。过后，他们真的也做了药箱，捡了不少碎铜烂铁、牙膏皮、螺丝钉等。他们的实际行动，真使我感到十分高兴，同时也使我受到了很大的启发。我想：孩子们处处向我们学习，那我们更应该好好地听党的话，积极工作，努力学习，提高自己，处处以身作则，以我们的模范行为去影响和教育他们。从此，我便时刻严格要求自己，老老实实地工作，更刻苦地学习，丰富自己的知识。和小朋友接触时，带他们做一些有益的游戏，教他们唱歌、跳舞、赛跑、做操，讲故事等。因此，小朋友非常愿意和我在一起，真是无话不说，非常团结；过去爱打架、吵嘴的小同学也都变了样。以前有几个不守纪律的同学，听我讲了邱少云的故事后，也都变得很文明、有礼貌了。这样一来，我和孩子们交上了知心朋友，建立了深厚的感情。有时我要上哪去开会或学习，他们知道后，总是把我围成一团，手拉手地把我送到车站，分别时总是恋恋不舍，有的同学还掉眼泪哩。

“小朋友们对我这样好，使我更加热爱和关心他们，更感到自己责任的重大。我看到他们有什么困难，心里就过意不去。有个小朋友（张玄）丢了一支钢笔，没笔做作业，我立即把自己的钢笔送给她，并鼓励她好好学习。她有了钢笔真是高兴万分，学习更加努力。有一次，她把考试成绩单送给我看，看她得了5分，我内心格外快乐。

“两年来，在党的领导下，在同志们和老师们的帮助下，我协助少先队做了一点点本身应做的工作，党和共青团却给了我很大的荣誉。这荣誉应归功于党，没有党我一事也做不成。我衷心感谢党和共青团对我的鼓励和关怀。我决心听党的话，努力学习毛主席著作，用毛泽东思想武装自己的头脑，在任何艰苦和困难的情况下，毫不动摇，坚定不移地为伟大的共产主义事业奋斗到底。我决心更好地和小朋友们打成一片，帮助他们开展一些有益的活动。教育他们不忘过去，发奋读书，好好学习，天天向上。我要为培养共产主义的优秀接班人贡献自己的一点力量。”

不仅自己做得好，雷锋还带动其他辅导员一起做好少年的辅导工作。1961年8月入伍、与雷锋同在运输连的陈生禄，刚到部队少言寡语，雷锋知道他生活紧张、训练辛苦，还想家了，鼓励他：“我们都是在红旗下长大的，是军人，在部队这所大学校里没有克服不了的困难，没有解决不了的问题。首先要思想开朗，胸怀开阔，努力学习。我们这个大家庭里有这么多的兄弟，都是来自五湖四海，有什么困难和想不开的事找他们、找我谈都行。你来的时间短，还没真正体会到大家庭的温暖，慢慢你就会知道了。”

随后，雷锋找到陈生禄：“我想培养你做个校外辅导员。”陈生禄不自信：“我能行吗？”

雷锋肯定地回答说：“行，做校外辅导员并不难，只要你细心，耐心帮助小朋友学习，提高他们的思想觉悟，培养他们热爱集体、热爱祖国、热爱社会主义、热爱劳动、助人为乐，要多给他们讲这方面的故事。”

雷锋说：“因为我经常出去执行任务，怕耽误校外辅导工作，等我不在时请你替我办这件事。”

第二天，雷锋就带着陈生禄到本溪路小学给小朋友们讲故事。从那天起，雷锋不在家时，陈生禄就去给小朋友们讲故事，有时还讲雷锋小时候的故事和雷锋助人为乐的故事。

1963年2月23日，共青团中央做出《关于追认雷锋同志为全国优秀少先队辅导员的决定》，追认雷锋为全国优秀少先队辅导员。3月6日，在沈阳八一剧场召开的“响应毛主席号召，进一步开展学习雷锋同志活动动员大会”上，共青团中央代表宣读决定，并颁发了奖状。

第三章

雷锋做过的事：人生需要榜样

我一定要向董存瑞、黄继光、安业民等英雄学习……我一定要在部队争取立功当英雄，我一定要做一个毛泽东时代的好战士，我要把我可爱的青春献给祖国最壮丽的事业。

——《雷锋日记》1960年1月8日

人生如棋，若无三步棋，指定走不出活棋来。

棋艺可以自我参透醒悟，但若想有长足进步，必须向身边的艺高者学，向名家高手学，学其谋篇布局，学其下棋思路，否则只能故步自封，无法超越，无法实现先画棋盘后落子的久久为功、处处赢棋的远大目标。

人生亦如此。人生的发展，也离不开学习学习再学习，进步进步再进步。

追寻雷锋成长的足迹，我们发现雷锋之所以能从一名孤儿成长为民族脊梁、时代楷模，之所以能成为万众瞩目的榜样，除了自身足够努力外，也离不开他人的帮助。帮助他的正是一个又一个优秀共产党员、一个又一个英雄模范。

在留下的日记里和留言中，雷锋明确提到、有迹可循要学习的英模多达三四十位。这些英模，遍及全国各地，遍布各行各业，既有安庆乡乡长彭德茂，又有望城县委书记张兴玉，也有农业战线全国劳模冯健，还有工业战线劳模张秀云，还有部队战斗英雄董存瑞、黄继光、邱少云等。

在雷锋9岁时，共产党解放了长沙，把雷锋从水深火热中解救出来。雷锋迎来了新生，对共产党员产生了无比崇拜和无限感激。雷锋10岁时，又是共产党员、安庆乡乡长彭德茂把他送进学校学习文化知识，让他有了努力的方向。

在学校里，雷锋努力学习，积极要求进步，让自己变得更加优秀，更加强大，成为众多学生学习的榜样，拥有了与更优秀的人交流沟通的机会。

16岁时，雷锋高小毕业，面对是继续升学还是投身于农业大会战，全国劳动模范冯健给了他明确指引，只要本领强，哪怕养猪也能创造辉煌。榜样的力量是无穷的。因为年龄相仿，冯健取得的成就，特别是两次受到毛主席亲切接见，让一直视毛主席为救命恩人的雷锋羡慕不已。

根正苗红，出身清白，学习工作又努力，这都给了雷锋一身勇往直前的盔甲，让他可以自由自在地发展。

参加工作后，又是彭德茂将雷锋送到了县委书记张兴玉跟前，让雷锋拥有了一个同龄人不曾有的高起点、大平台。

张兴玉是优秀的共产党员，他的温暖关怀悉心教诲，让雷锋迅速成长；张兴玉身上处处闪光，无论是为人处世还是捡拾螺丝钉，无论是学习毛主席著作还是助人为乐，都时刻潜移默化地影响着雷锋，成为雷锋一生努力、真心学习模仿的榜样。

这些优秀的共产党员和英雄模范，雷锋时刻与之同行，成为他不断学习、反复学习的榜样。在这些英模的身上，雷锋看到了优秀共产党员的样子。他们或是面对面言传身教，或是精神思想引领，在雷锋成长的每个关键节点都能适时提供帮助，时刻引领着雷锋成长，引领其不断走向一个又一个胜利，完成一个又一个目标，实现一个又一个理想，引领着雷锋成为“全心全意为人民服务、愿为共产主义献身”的优秀共产党员和杰出的共产主义战士。

雷锋英年早逝，精神永恒。雷锋又是别人学习模仿的榜样，千万个雷锋在成长。雷锋精神激励着一代又一代人，他们因为学习雷锋而成为各行各业的典型，成为时代的创造者、引领者，又成为别人学习的榜样，引领着时代滚滚向前。

古语云："骐骥一跃，不能十步；驽马十驾，功在不舍。"伟大的事业绝非一朝一夕之功，需要坚持不断努力才能完成，需要一代又一代人的艰辛付出和接续奋斗才能造就。

时代需要模范，国家需要英雄。学习道德模范，有利于弘扬中华民族传统美德，有利于弘扬社会发展进步的时代精神。

传承就是最好的学习。

向历史英雄致敬，向时代楷模学习，不忘初心、砥砺前行，要像雷锋一样，坚定共产党员的理想信念，始终把人民利益放在首位，把初心使命镌刻在为人民服务的路上，在平凡的岗位上书写不平凡的人生篇章。

第一节　雷锋的"伯乐"

雷锋的人生启蒙老师：彭德茂

雷锋是一个苦命的孩子。祖父雷新庭、父亲雷明亮、母亲张元满、哥哥雷正德相继悲惨死去，弟弟饿死在家中。雷锋7岁就成为孤儿，生活极其悲惨艰难，靠六叔公和六叔奶奶的拉扯，才艰难地活下来。

在日记中，雷锋形容这段经历为"万恶的旧社会害得我上天无路，入地无门"。

1958年，雷锋写的《党救了我》一文这样描述了悲惨的生活：

剩下了七岁的我，只好到处流浪。今天流落到东家，要上一碗洗锅汤；明天站在西家大门口，他放出一群恶狗，咬得我手脚稀烂，撕破了我的衣裳，屁股胳膊露在外边。捡了破麻袋，还算好衣身上穿。夜里找不到住的，就睡在人家屋角的阶台上。冬天在梦中冻醒，那结了冰的破衣刺骨钻心；夏天躺着，两手双脚不能停，那长脚的毒蚊子，咬得痛心，满身发肿通红；秋天一到，痢疾拉得真不像人；春天不冷也不热，那暴雨飘上台阶淋湿我浑身。这悲惨的生活，使我真不想活在人间……

1949年初夏的一天，雷锋上山去砍柴，被地主婆发现，左手被砍伤。雷锋回忆说："露出了骨头，鲜血直往外流，疼得我喊娘，娘不应；喊爹，爹不答。"伤口感染流脓，吃饭拿筷子都困难，用草药医治了近一个月，伤口才愈合，并留下了永远的刀痕。

雷锋在部队忆苦思甜中讲道："我母亲死时，我还只有7岁，旧社会使我无法活下去。在那吃人的社会里，三大敌人压得我简直没法活命，那些仇恨我一定不能忘记，我要报仇。

"一个农民介绍我到地主家看猪，每天看十头猪，要给猪洗澡，晚上没有地方睡，有时还要同猪睡。有一天扫猪栏打得不干净，地主卡着我的脖子打。过年地主吃鱼吃肉，把肉喂狗，我也想吃点，我捡了喂狗的肉吃，被狗腿子揪着耳朵，揪出了血，我哭了，地主把我往外面拖，不给我饭吃。我一个同伴很同情我，但也没有办法，就装了点猪食给我吃。

"有一天是八月十五，天已经黑了，地主要我到六里外去打酒。

到酒店，店主已经睡觉了，喊门叫不开，我就哭起来，他们才开门。我一天没吃饭，在回来的路上走不动了，跌了跤，把酒也洒了些。回来时地主还坐在床上等酒吃呢，一进门就说我回来晚了，打了我几个耳光。又说酒不够，问哪里去了，我说洒了点，他怪我把钱买糖吃了，一拳就打在我的鼻子上，出血了，一脚又把我踢在地上。当晚不给我饭吃，我没有办法，就到屋后挖了两个地瓜吃，又被地主婆打了一顿耳光。1947年，在地主家看猪，一天我用小罐子煮了点野菜，煮好了正准备吃，被地主家的一只猫刮倒了，狗又跑来吃了我的菜，我就打了狗，狗也咬了我，被地主婆看到了，她说打狗欺主，要打死我，还骂道：'这样的穷鬼打死十个少五双，死一个少一个！'多亏毛奶奶说情，才没有打死我。第二天地主把我赶出来，我没有办法，在破庙里住了几天，只得吃野果山枣。解放后，我看了《白毛女》电影以后，心里非常痛，在吃人的旧社会里像我这样的人很多，都被搞得妻离子散、家破人亡。"

雷锋在《做毛主席的好战士》中写道："从此，我过上了流浪的生活，凄苦难言。"为减轻叔祖母的负担，雷锋离开家外出讨饭。流浪中，雷锋得了背花疮，瘦得不成人样，艰难爬回家，治疗了一个多月才好。

雷锋又是幸运儿。1949年8月，长沙解放了，9岁的雷锋迎来了新生。在老家，雷锋遇到人生中第一个共产党员：彭德茂。

彭德茂，出生于1916年11月，1949年秘密加入共产党，长沙解放初期担任农会主席，曾带着雷锋到荣湾镇一带散发过传单。长沙解放后，彭德茂任望城安庆乡乡长，给孤儿雷锋许多无微不至的关怀。

雷锋回忆说："1949年我的家乡解放了，地下党员彭乡长找到了我，我那时真不像样子了，头发长得很长，身上披了一个旧麻袋。他给我洗了澡，给我换了衣服，过年还把我接到他家里做好了菜给我吃。我好像做梦一样，心里非常感激彭乡长，就跪在他面前。他说：'孩子，不要感谢我，是伟大的党和毛主席救了你，要感谢党和毛主席。'"

雷锋在《做毛主席的好战士》中还写道："乡长彭德茂把我送到人民医院，治好了全身的疮疖。过年的时候，还给我换上了新衣服，还给我一块压岁钱。我感动得流下了热泪。"

家乡解放，雷锋当选为儿童团团长，带领着少年儿童，手持红缨枪，站岗放哨，监视地主和土匪行动，日夜守卫家园。1950年，安庆乡开始土地改革重新分田地，彭德茂分给雷锋一间茅草房，还给雷锋多分了一份田，3.6亩耕地，还有床、蚊帐、锅、箱子等生活用品。

1950年夏，彭德茂又亲自把雷锋送到刘家祠堂小学去免费读书。雷锋启蒙老师、班主任李扬益回忆说："彭乡长抚摸着雷锋的头，说：'庚伢子呀，过去，穷人家的孩子要进学堂是不可能的，你家几辈子都没有识字的。现在，你可要发愤读书，学好本领，将来为建设好我们伟大的祖国出力。'"

彭德茂的关怀，让孤儿雷锋倍感温暖；彭德茂的教诲，让雷锋对党心生热爱，终生难忘。雷锋在上学第一天，就找到班主任李杨益让他教写"毛主席万岁"！

雷锋上学时特别爱看英雄类图书。综合同学和老师回忆，这些图书有《刘胡兰小传》《黄继光》《赵一曼》《董存瑞》《钢铁是怎样炼成的》等。通过读书，雷锋了解到了在国内革命战争、抗日战争、抗美援朝中，我党我军涌现了许多抛头颅洒热血的英雄志士。

原望城县荷叶坝完小少先队辅导员夏柳曾回忆道：雷锋最喜欢读书，无论是什么时候，他的口袋里总装着书。他特别爱看英雄和战斗故事，《真正的战士》他读了好几遍，还在书上写着："董存瑞真勇敢，我要学习他为祖国为人民献身的精神。"看完了《把一切献给党》后，他写了一篇心得，上面有这样一段："吴运铎同志是我学习的最好榜样，他鼓舞我前进，教育我全心全意为人民服务。我一定像他一样，长大后努力工作，把一切献给党。"有一次，我把一本《绞索套着脖子时的报告》借给他，还书时，他对我说，伏契克在敌人的牢狱里受了那样多的折磨，还是那么坚强，将来，我也要做这样坚强的共产党员。

在英雄的影响下，雷锋迅速成长，表现优异，脱颖而出。

1955年下半年到1956年年底，正是农业社会主义改造最关键的时期，也是农业合作化运动迅猛发展的时期，仅3个月左右的时间就在全国基本实现了农业合作化。到1956年年底，基本上实现了完全的社会主义改造。这期间，雷锋把土改分得的3.6亩耕地全部捐入荷叶坝小学。

1956年，雷锋高小毕业后，来到安庆乡。彭德茂安排雷锋工作，先是到简家塘当秋征助理员，后又推荐他到望城县委给县委书记张兴玉担任通信员、公务员，并教育雷锋要时刻听党话，跟党走，永远不忘本。

可以说，彭德茂是雷锋人生成长道路的第一位引路人。

雷锋的人生导师：望城县委书记张兴玉

雷锋到望城县委当公务员，正值理想、信念和人生观价值观形成的关键时期，他幸运地遇到了优秀共产党员张兴玉。

出生于1922年6月的张兴玉，是山西五台县人，曾参加过抗日战争、解放战争，历任望城县委书记、岳阳地委书记和湖南省农业厅副厅长，被评为全国农业劳动模范。

1958年10月31日，在雷锋前往辽宁鞍钢前夕，张兴玉调到湖南省岳阳地委任书记。

张兴玉与雷锋共同生活工作了近两年，对雷锋影响极其深远。

雷锋在忆苦思甜时回忆说："1956年11月，我调到望城县委会工作。县委张书记经常教育我，给我讲革命故事，买书给我看，对我帮助很大。"

当年望城县，除了长沙至宁乡有一条砂石公路外，其他地方没有什么像样的路，区、乡之间都是羊肠小道，交通工具除了县公安局等单位有屈指可数的两辆自行车外，出行全靠两条腿。

望城县、区、乡（镇）之间的上传下达，文函往来，主要靠县委交通班里的五六位同志步行传递。

1956年秋天，因为县委通信员陈厚明参军离开，急需一个年轻人前来顶替。张兴玉书记安排县委组织部干事黄菊芳和望城县望岳乡党委书记祖竹林商量物色人选。

1956年8月上旬，黄菊芳来到安庆乡一边了解干部情况，一边物色交通员人选。彭德茂乡长下联组去了，乡政府只有雷锋等8名青年正在做秋征花名册。

雷锋笑容可掬，举止中显出几分机灵，言谈里不时带有一点幽默。黄菊芳心头一亮，这不正是交通员的好人选吗？

于是，黄菊芳有意识问起了雷锋。当问起家里有几口人时，雷锋脸上的笑容一下子消失了，泪流满面，几乎是抽泣。

雷锋说："老黄，我在旧社会虽然不足九个春秋，但是家庭苦难却非同一般，我已经写好了一本小册子，我回去拿给你看好吗？”

在雷锋去取小册子之时，其他青年早已经把雷锋的情况简短地告诉给了黄菊芳。正好，彭德茂从外面回来，黄菊芳把此行目的和看中雷锋的情况一并说出与彭德茂交换意见。

彭德茂简单介绍了一下雷锋的情况，说：“你这次来我们乡上了解，想把他选到县里去工作。第一，你是看准了，他确实是个好苗子，靠得住、又勤奋；第二，你做了件好事，因为他家里只剩下他一个人，生活不方便。”

这时，雷锋上气不接下气地跑了进来，把小册子递给了黄菊芳，上面写着“苦难的家史”和“我的理想”。

“苦难的家史”详细记述了旧社会如何夺去了他家四位亲人的生命，以及他成为孤儿以后所受的苦难；“我的理想”则充满了喜悦和感激，记载着自己在新社会得到了毛主席、共产党的关怀，不但过上了好日子，还免费上了学。所以，他立志要向黄继光、董存瑞、刘胡兰、赵一曼等英雄人物学习，愿意到最艰苦的地方去锻炼、去工作，报答毛主席和共产党的恩情。

看过小册子，黄菊芳被深深地感动了。回到县委机关，黄菊芳专门向县委书记张兴玉进行了汇报，重点介绍了雷锋的情况。

张兴玉说：“你对阶级兄弟有着浓厚的感情，这是好的，但是小雷既然个子矮小，交通班的工作又艰巨，他能吃得消吗？”

黄菊芳不想轻易放弃，继续积极为雷锋争取：“张书记，是否可调整一下，把小陈换到交通班，把小雷放到你身边做公务员？”

张兴玉点了点头：“那就先试试看吧！”

黄菊芳继续请示：“万一试用不适合，就介绍他到县印刷厂当工人，行不行哩？”

别看张兴玉是县委书记，但一点架子也没有，对部下的建议从来都很重视，所以对黄菊芳的建议全盘接受了，同意录用雷锋。

1956年11月17日，雷锋来到望城县委报到上班，就这样成了张兴玉的通信员，人生出现了重大转折。

张兴玉回忆说："一天下午，我正在县委办公室处理文件，突然有人急急地敲门，'张书记，张书记！'我拉开门一看：'嗬，是彭乡长来了，快请里边坐。'彭乡长笑着对我说：'张书记，我给你把小雷送来了。'这下我才注意到他身后还跟着一个十五六岁的少年，个头不高，穿着草蓝衣青裤，有几个补丁，但却洗得干干净净，手里拎着一个包袱。少年见到我显得有点紧张，怯怯地叫了一声'张书记'，那窘相活像一个很少出门的农家闺女。

"因为雷锋是一个孤儿，年纪又不大，所以到县委工作以后，无论是在生活方面，还是在学习、工作方面，我都是极力给予关心、爱护和指导，使他感到生活中有爱有温暖。懂事早的雷锋也就把我和我的家人当成自己的亲人。在雷锋的眼里，我既是党的代表又是他的父辈。所以我们相互之间的感情也就越来越深厚，雷锋在我这个县委书记面前也就不像初来时那么拘谨了。我外出开会或下乡总是将他带在身边，经常给他讲些革命斗争故事，雷锋也经常向我提一些问题。"

1960年11月5日，雷锋到沈阳师范学院讲话的提纲中提到："调县委后，冬天，张书记给我买了一件皮衣和一双手套。有一次和他下到望岳乡，我生了病，张书记给我打洗脸水、给我做面条，安慰我，我非常激动。在旧社会，曾看到有人挨过乡官的打，今天，县委书记还对我这样好，就像父亲一样！我能够在县委机关工作，真是做梦也想不到。党无微不至地关怀我，还送我到干部文化学校学习，张书记还给我买了一本《怎样做一个有共产主义道德的人》的书。首长这样关怀，我下定了决心好好工作……”

在朝夕相处中，张兴玉用英雄事迹激励鼓励雷锋向英雄学习，引导雷锋阅读《为人民服务》《把一切献给党》等文章。

张兴玉说：“在雷锋同我接触的两年多时间里，他突出地表现了忠实于党，忠实于人民；听党的话，听毛主席的话。雷锋的童年是很苦的。由于国民党反动派和地主阶级的迫害，他在7岁的时候就成了家破人亡、无依无靠的孤儿，给地主家干活，后来因打了地主家的狗，被砍伤赶出门来。他只好带着愤恨和复仇的心，回到六叔奶奶家。这样，他从小就在心灵的深处种下了深刻的阶级仇恨。解放后，党和人民政府给他治病，免费送他读书，并在土地改革斗争中，为他、为所有受苦受难的贫苦农民报了仇。因此，他常常怀着无限感激的心情对人说：‘党从九死一生中救了我，党给我报了仇，这是我永世也不会忘记的。’他那时还不完全懂得这是整个阶级的仇恨，还把仇恨局限在压迫他家的那户地主身上，认为镇压了欺压他家的地主，他的仇也就报了。还处于感性认识阶段，没有上升到理性认识；而雷锋此时正值理想、信念和人生价值观形成的关键时期。

“从此，我便经常有意识地引导他接受马克思主义理论教育，让他对社会主义革命和建设有更深刻的认识。

“于是，我针对他的思想，经常对他说：‘小雷！你过去的苦，和所有劳动人民是一样的，世界上比你苦的人还多得很哪！地主压迫劳动人民是‘天下乌鸦一般黑’，不仅是你受了地主的苦，而是整个民族、整个阶级都受过你这样的苦。’雷锋问：‘怎样才能结束这个苦呢？’‘只有全世界无产阶级联合起来进行革命，消灭阶级压迫和阶级剥削，才能报阶级的仇恨，使所有的劳动人民跳出苦难的

深渊。’

“我和县委领导同志还诱导雷锋要经常学习革命道理，常常想想过去的苦，不要忘记过去的苦，它能帮助自己理解怎样革命，推动自己更好地革命。

“经过这些教育，雷锋不仅懂得了自己的苦和整个阶级、民族的苦的联系，而且明白了在幸福的今天，绝不能忘掉痛苦的过去，不能因为自己已经翻身，过着幸福的生活，而忘记劳苦大众。他逐渐地把自己的前途和整个革命的前途真正连接到了一起了。”

张兴玉经常用“知识就是力量”激励雷锋。张兴玉对雷锋的学习极为关心，要求雷锋一边工作一边学文化，掌握更多的知识，不断提高为人民服务的本领，做到工作、学习两不误。

县机关开办干部业余文化补习学校时，张兴玉特意安排雷锋参加学习，提高其文化素质。

在当时《毛泽东选集》只发行到县委书记一级的情形下，一书难求，张兴玉主动把书借给雷锋学习，并一起交流心得，对雷锋日后良好的“三观”形成产生了重要影响。

张兴玉回忆和雷锋交流长谈的情形时说：“我又进一步引导他认识幸福的由来，告诉他应该怎样去保住这个幸福。我对他说：‘小雷呀！你的解放，就是因为无产阶级革命的胜利。这个胜利是来之不易的。它是无数革命先烈和无数革命英雄经过流血斗争才换来的。”

张兴玉鼓励雷锋热爱党、热爱毛主席，向革命英雄学习，创造条件，实现一个人一生的三件光荣事：在已经是少先队员的基础上，争取早日入团、入党。

雷锋听从教导，积极努力学习，表现踊跃而优异。张兴玉说：“他先后买了许多有关思想修养的书刊，如饥似渴地读了《钢铁是怎样炼成的》《把一切献给党》和关于黄继光、董存瑞、刘胡兰等许多英雄的书。只要有空，他就埋头学习。

“他除了自己向书本学习之外，还经常要求领导同志给他讲革命故事，如八一南昌起义、井冈山斗争、红军二万五千里长征、抗日战争、解放战争等。他常常被先烈们的英雄业绩感动得流泪。

“他认为，‘这些英雄人物原来也是普普通通的人，只是因为他们坚定不移地跟着党走，不折不扣地听党的话，把党的利益看得高于一切，才逐渐成为真正的英雄。自己的解放原来就有这无数的革命英雄的功绩啊！’

“因此，他经常感慨地说：‘我比起他们来，真是连百分之一都不如。’他便下定决心，要坚定不移地跟党走，要坚持不懈地向英雄学习。

“他还经常表示：不论什么狂风暴雨，山高水险，都要冲破困难，永远听党的话，听毛主席的话，沿着党指引的方向前进。”

1957年2月，雷锋被吸收为青年团员，被评为望城县委机关工作模范。

谈到此，张兴玉说：“他的阶级觉悟逐渐地在提高，他懂得了要建设好社会主义和共产主义，还有许许多多的革命工作要做。凡是祖国需要的工作，都是光荣的、伟大的，没有什么贵贱高低之分，都要努力去干好。

“在望城县委会当公务员的一年多时间里，他不仅苦干实干，而且从来不讲价钱，处处表现得很好。他管理公共财产有条不紊，很少亏损；房间地面，经常打扫得干干净净；招待殷勤，服务周到，很有礼貌，没有哪个不喜欢他、不赞扬他的。有些不是他的事情，只要有利于别人，他也积极主动去做。

“有一次，我家属郑桂先拿5元托他给小孩买帽子。他后来点钱时发现有两张5元的票子，回来就问：‘老郑，你是给我5元钱，还是给了我10元钱呢？’郑桂先说：‘我只给了你一张5元的！’他说：‘不是吧！我袋子里没有别的钱，别人也没有给我钱，一定是你数错了！’经过清查，果真是郑桂先弄错了。从这件事就可以看出，雷锋从小就是忠诚老实的。”

除了在思想和学习方面加强对雷锋的引导教育，张兴玉还在身体力行上处处做表率做示范，是雷锋助人为乐的导师。

因经常跟着张兴玉下乡调查，雷锋常常看到张兴玉下乡鞋一脱就下田，一边扶犁，一边和老乡搭话，分不清谁是民谁是官。

有一次，张兴玉发现一位农民家里穷得揭不开锅，就掏出仅有的20元钱递给老人，让他买几头猪崽饲养，尽快过上好日子。

因有张书记做表率，雷锋便把自己的蚊帐送给了一位生病的老大娘。老大娘要谢他，他说，要谢就谢共产党，是党教导我这样做的。

正是因为从这个“模仿”开始，雷锋学张书记帮助弱者，资助同事、战友，最终形成了“活着，就是为了使别人过得更美好”的人生哲学。

张兴玉还是雷锋“螺丝钉精神”的启蒙老师。

有一次，雷锋和张兴玉外出，在路上看到了一颗生锈的螺丝钉，雷锋一脚将它踢到了路边。

张兴玉一声不响地捡起那颗螺丝钉，用手帕擦干净后装进了上衣口袋。

雷锋觉得有些奇怪：张书记捡一颗螺丝钉干什么？

几天后，雷锋要去一个农机厂送信，张兴玉将那颗螺丝钉交给雷锋，对他说：“咱们国家底子薄，要搞建设就得艰苦奋斗哇！一颗螺丝钉，别看他小得不起眼，但缺了它机器就不能正常运转；就像你这个公务员，别看职务不高，我们的工作缺了你也不行，我们每个人都要自觉发挥螺丝钉的作用！”

张兴玉的这一席话，让雷锋深受启发。1958年6月7日，雷锋在日记写道：

如果你是一滴水，你是否滋润了一寸土地？如果你是一线阳光，你是否照亮了一分黑暗？如果你是一颗粮食，你是否哺育了有用的生命？如果你是一颗最小的螺丝钉，你是否永远坚守在你生活的岗位上……

1960年1月12日，雷锋入伍不久在日记又一次提到了螺丝钉：

今天，我看了一篇文章，那上面讲了许多向困难做斗争的道理……“虽然是细小的螺丝钉，是个微细的小齿轮，然而如果缺了它，那整个的机器就无法运转了，漫说是缺了它，即使是一枚小螺丝钉没拧紧，一个小齿轮略有破损，也要使机器的运转发生故障的。尽管如此，但是再好的螺丝钉，再精密的齿轮，它若离开了机器这个整体，也不免要当作废料扔到废铁料仓库里去的。”

1961年10月19日，雷锋在日记中把螺丝钉精神提炼出来：

有些人说工作忙，没时间学习，我认为问题不在工作忙，而在于你愿意不愿意学习，会不会挤时间。要学习的时间是有的，问题是我们善不善于挤，愿不愿意钻。一块好好的木板，上面一个眼也没有，但钉子为什么能钉进去呢？这就是靠压力硬挤进去的，硬钻进去的。由此看来，钉子有两个长处：一个是挤劲，一个是钻劲。我们在学习上也要提倡这种“钉子”精神，善于挤和善于钻。

1962年4月17日，雷锋又在日记中把螺丝钉精神上升到了国家革命事业的高度：

一个人的作用，对于革命事业来说，就如一架机器上的一颗螺丝钉。机器由于有许许多多的螺丝钉的连接和固定，才成了一个坚实的整体，才能够运转自如，发挥它巨大的工作能力。螺丝钉虽小，其作用是不可估量的。我愿永远做一个螺丝钉。

正是张兴玉当年的一个小小随手之举，影响了雷锋一生。螺丝钉的作用也被雷锋反复思索，最终形成了“干一行、爱一行，钻一行、精一行”的“螺丝钉精神”。

雷锋和张兴玉有多张合影照片。1957年秋，雷锋与张兴玉等望城县委领导一同站在望城县委办公楼前拍摄了一张照片，这也是唯一被雷锋镶嵌在一个精致的相框里，用红领巾包裹着，从湖南带到辽宁的照片。

事后，曾有人拿着照片问张兴玉：“既然是领导同志合影，雷正兴（雷锋原名）怎么参加啦？”

张兴玉回答：“他既是我们的公务员，又是个很懂事的孩子，大家都很喜欢他。”

有人又问：“怎么偏偏站在你身边？”

张书记幽默作答："你是想问雷正兴和我有什么特殊关系吧？没有。我是县委书记，他是公务员；他为我服务，我也为他服务。"

正是张兴玉这种平易近人的工作作风感染了雷锋。雷锋以张兴玉为学习对象，一而再，再而三地表示，"要永远做群众的小学生，做人民的勤务员"。

雷锋的人生导师：望城县委副书记赵阳城

在望城县委，雷锋还遇到了县委副书记赵阳城。

赵阳城，出生于1928年4月，是河北省井陉县人。1945年1月参加工作，参加太原战役立过功，历任望城县立师范学校党支部书记，县委组织部副部长、部长，县委副书记、书记，地委副书记、书记，县人武部、军分区第一政委，湖南省人大常委会委员等职。

1956年至1958年，赵阳城任望城县委副书记，与雷锋共同生活近两年。

1956年11月17日，雷锋跟着彭德茂来到县委报到，刚进办公室，放下行囊，雷锋就提起热水瓶给赵阳城和彭德茂泡了两杯茶。这给赵阳城留下了极深的印象，并对这个机灵、爱笑的小个子刮目相看。

1957年10月25日，为根治沩水河水患，望城成立治沩工程指挥部，张兴玉任政委，赵阳城任治沩总指挥。

11月20日，这项造福人民的巨大工程正式开工。治沩工地吃住十分艰苦，很多人望而生畏，可雷锋却明知工地苦、偏向苦中钻，一连几次递交申请书坚决要求参加治沩工程。

开始时，赵阳城考虑到17岁的雷锋是孤儿，年龄太小，不同意去。但经不住雷锋的积极争取："治沩工程这么重要，我不去，会后悔一辈子的。”

赵阳城因患疟疾在休养之时，县委同意了雷锋的申请。赵阳城还清楚地记得，雷锋背着简单的行装来到工地，一到指挥部，把背包往墙根一放，顾不得擦去额头上的汗水，直奔自己的办公室，兴奋地进门就问：“赵书记，我来报到了，您说吧，我到哪个大队去?”

“噢，小雷呀！欢迎你来工作，先别急，休息一下。”

“还不急？我已经来迟了!”

“不迟，你来得正是时候，”赵阳城故意装作神秘，“给你一个艰巨的任务。”

雷锋一听，劲头更足，连忙追问：“艰巨任务，好哇，我是来锻炼自己的，任务越艰巨越好，到底给我什么工作?”

赵阳城看到雷锋紧追不放，就走到雷锋身边，拍了拍雷锋的肩膀，“你呀，哪个大队也不去。”

“哪个大队也不去，那干什么呀?”

“还是干你的老本行，在指挥部当通信员。”

顿时，雷锋脸上的笑容不见了，满脸的兴奋高兴劲也没了。

赵阳城当然知道雷锋的想法，他是想到工地和同志们一起挖土挑担，冲锋陷阵，争取多做贡献，可指挥部通信员也确实不可缺少。

赵阳城笑着对雷锋说：“你不愿意？小雷呀，别小看这通信员，虽然不如挑三五方土那样痛快，他的作用可重要啰，每天要发通知、送文件、记电话……指挥部要指挥千军万马，可少不了这个其名不扬的通信员哟!”

雷锋一听“其名不扬”，心里明白了这是指无名英雄，当即表态：“赵书记，您放心，让我干什么都行，当个通信员也能起个螺丝钉的作用。”

“螺丝钉？这个比方打得好！先去找个住的地方，明天开始上班。”

雷锋爽快地答应了，高高兴兴地离开了办公室。就这样，雷锋成了赵阳城身边的通信员，包揽了通信员、公务员、保卫员等工作。

赵阳城说，雷锋所担任的通信员是一份苦差事，虽有一台手摇电话，但经常打不通，为了不耽误事，所有通知、文件、报纸都得靠通信员送。

指挥部下设11个大队，从与宁乡接壤的照江大队到新康镇，两万多人马摆起了长蛇阵。南北两端大队与指挥部相距十余公里远。

工地不通公路，全是田间小道，单车都不能骑，只能步行。当时，正值深冬季节，雨雪天多，天寒地冻。

无论是冰天雪地，还是刮风下雨，也不管是白天还是黑夜，只要有任务，雷锋总是乐意接受，千方百计地坚决完成。泥泞中摔倒了爬起来又走；风雨中衣服湿透了，靠自身热量将它烘干；手脚冻肿了，他忍着。有时到各大队送完通知回来，开饭时间早过了，他就把冷饭用开水泡一泡吃，从没讲过一个苦字。

雷锋在日记里写下了“以革命的名义，想想过去；以革命的精神，对待现在；以革命的志气，创造未来”的话语。

一天晚上，暴雨袭来，一连下了几个小时还不停，沩水河水位猛涨，狂风卷着汹涌的山洪，如脱缰的野马横冲直闯，堆放在河边的水泥、木材、粮食和干菜，眼看着全被山洪卷走吞没了，指挥部当即决定紧急动员干部民工奋力抢险。

指挥部安排雷锋留守值班，照顾几名女同志。看到同事们出发后，雷锋再也坐不住了，趁女同事们不注意，写了一条小字条压在值班桌上，迎风冒雨直奔抢险工地加入战斗。

当全部物资器材转移到安全地带，雷锋从头到脚全湿透了。大家一起夸奖雷锋，他笑着说：“我年轻，需要在艰苦的环境中锻炼自己!”

雷锋热情，看到谁有困难都尽力帮忙。

因在抗日战争中吃多了发霉的米饭，赵阳城落下了一个病根，经常感冒，吃药打针，久治不愈。有一回，赵阳城又患上重感冒，雷锋听说有个土方子“路边姜煮绿壳子鸭蛋”专门用来治感冒，就急得到处去寻找。

路边姜是民间常用的中药，具有祛风、散热的作用，长在空旷的大路边，一般夏天或秋天才有，但当时正值冬天，很难找。这根本难不住雷锋，雷锋找了许久，最终把药材找来，煮熬过后端给赵阳城，慢慢感冒就好了，再也没有复发过。赵阳城视雷锋为恩人。

雷锋热情似火，不论是分内还是分外的事，他都抢着干。当时县委经常有很多往来的客人，冬天特别冷，条件也很简陋，客人晚上上厕所不方便，雷锋就把尿桶都刷干净了，放到客人的房间里。

看到谁有困难，雷锋也尽力帮忙。看到西塘农业社社员刘少先家有7个小孩儿，生活极端困难，雷锋捐出了自己的工资给他买小猪……自己却吃的是几分钱的菜，穿的是粗布衣，衣服是补丁叠补丁，洗脸盆穿了洞，也舍不得买，烧个烂牙刷把漏眼堵住继续用。

雷锋盖的棉絮是政府几年前发的救济被，硬邦邦的，盖在身上像一床棕垫，实在无法抵御寒冷。赵阳城劝雷锋买床新被子，他说正在攒钱，准备1958年买。后来，雷锋又把好不容易积攒的20元买被钱全部捐出去给团县委买拖拉机，自己一分不留，被子也没有换。

工程竣工时，雷锋与赵阳城在前排左侧并排而坐，和其他指挥部领导成员一起合影留念。赵阳城返回县委工作，雷锋则到团山湖农场去学开拖拉机。

张兴玉调到岳阳地委工作，赵阳城接任县委书记。1958年10月31日，张兴玉准备离开县委到岳阳去报到，赵阳城组织县委工作人员一起拍照留念。赵阳城特意把雷锋从团山湖农场叫了回来，和大家一起拍了张大合影。

张兴玉调任的同时，雷锋也准备动身前往辽宁鞍钢报到。

1958年11月12日，雷锋乘坐火车前往辽宁鞍山。途经北京做短暂停留，雷锋趁换车之际来到天安门广场，拍下了骑摩托车、手拎花竹篮照片。

雷锋第一时间写信给赵阳城，并邮过去一张自己站在天安门广场的照片，告诉赵阳城他已经到达了伟大的首都北京，让他放心。

雷锋到辽宁鞍钢工作后，仍给赵阳城写信汇报工作和思想情况。鞍钢是一家大企业，每周都有舞会，工友经常邀雷锋去参加。看到雷锋一身油渍斑斑、打满补丁的工装与舞会氛围格格不入，易秀珍、杨必华、张月棋等人纷纷劝说。雷锋就买了一件二手皮夹克和皮鞋，还特意穿着去照相馆拍了一张照片。

和雷锋一同报名到鞍钢的张建文回忆，雷锋买的这件皮夹克，是他从寄卖商店买的旧货，雷锋还帮他也买了一件，“当时东北的工人，大部分都穿皮夹克，我们湖南工人当时没有。到了寄卖商店，确实有件旧皮夹克，刷得溜光的，跟新的差不多，但是价钱却便宜很多。雷锋叫我也买一件，我说，我只有18块钱一个月，你是熟练工有30多块一个月。他说，你别管咯，就帮我买了一件，他自己买一件……”

雷锋把穿着皮夹克、皮鞋的这张照片，邮寄给了赵阳城。赵阳城回信提醒告诫他：

希望你在伟大的工人阶级队伍中，更加自觉地接受党的培养教育，认真学习，努力工作，艰苦奋斗，永不忘本，把自己锻炼成一个具有共产主义觉悟的真正共产主义战士。

接到赵阳城的来信后，雷锋惭愧难当，当天就把皮夹克和皮鞋收进了箱子里，直到在部队参加文艺演出，才拿出来作为演出服给别人穿过一次，此后直到去世再也没有穿过。雷锋从赵阳城身上学习到一名共产党员应该有的艰苦朴素、勤俭节约的优良品质，处处以身作则，勤俭节约，艰苦奋斗。

雷锋日记启蒙人：彭正元、周绍铭

在望城县委，彭正元、周绍铭两个人，绝对值得说一说，如果没有他们的引导，雷锋的思想和所作所为很难留存下来。

正是因为他们引导教会了雷锋如何写日记，才给我们留下了9大本日记，让我们可以通过日记来洞察体会雷锋成长的思想历程。

彭正元，出生于1936年2月，比雷锋大了4岁。1951年3月参加工作，1955年7月入党。周绍铭，出生于1933年，比雷锋大7岁。1951年2月参加工作。

1957年秋，雷锋来到望城县委工作时，彭正元正在县委组织部做干事，与雷锋为同事。

一天下午，在望城县委机关门口，彭正元与雷锋不期而遇。雷锋面带笑容，对彭正元说："老彭，请你告诉我，日记怎么写才好？"老彭反问："你在写日记？"雷锋回答说："嗯，我在学着写日记。"

"学习写日记，这是好事，我也在写日记。"彭正元接着告诉雷锋："写日记既可以提高自己的文化与写作水平，也可以锻炼提高分析事物的能力。"

雷锋迫不及待地说："写日记的好处确实很多，那日记怎么个写法呢?"

"从写日记的形式看，有无标题的，开始就写某年某月星期几，还有一种有标题的，我喜欢后一种形式。因为日记有标题，就体现了这天日记的中心内容，看了一目了然。也便于今后归类整理。"老彭把自己写日记的体会和盘托出。

雷锋饶有兴趣地说："哦，还这么讲究哇！如何才能写好日记呢?"

老彭思考了一下说："我觉得有几点注意的：一是不要记流水账式的，如记起床、睡觉、吃饭、上班、下班等，这个就没意思了；二是记一天中有突出意义的事。选择一两件把它记全、记深、记好，不要面面俱到；三是记事时，可写自己的感受和见解，或者练习写景物，逐步提高自己的写作水平。"

原望城县委财贸部干事周绍铭在雷锋到县委工作第三天，就和雷锋在张兴玉家中相识了。周绍铭回忆说："雷锋到机关的第三天，张兴玉书记便把他叫到家里谈话，交代工作任务，还语重心长地教他做人的道理。这时，我正推门进屋送材料给张书记，我找了张椅子坐上，静静地听着。'小雷呀！你根正苗红，年纪轻，是长知识的时候，要一边工作一边学文化，有了知识就有革命的本钱，将来才好为人民服务。'张书记见我在场，又对雷锋说：'小雷呀！今后多向小周同志学习，比如写字、认字、写文章，文化上不懂的，求他帮助你。'我谦和地回绝：'张书记，小雷的文化和我相差不远，他不懂得只怕我也不懂……'张书记急忙打断我的话：'你不是读了中学吗？又先参加工作几年，不要推辞，这也是党交给你的任务。’听说是党的任务，我只好点头应承。雷锋拉着我的手，一同走出张书记家。我们两人边走边谈，雷锋说：‘不要问，你是我的哥哥，见识比我多，我初到机关一切都不懂，你不仅要在文化上帮助我，还要在政治上帮助我。’我说：‘小雷呀，我们都是革命同志，都莫讲客气，还是互相学习，互相帮助，共同进步吧！’”

雷锋在机关领了个记录本，用自己带来的一支钢笔做学习笔记，跟着周绍铭学习写字，也曾向周绍铭请教过如何写日记。周绍铭回忆道：“记得有一次，我们下乡到了大湖乡西塘猪场，晚上睡在门板搭起的铺上，小雷对我说：‘老是写呀，练哪，真有点枯燥无味。’我说：‘你还可以到办公室去看《人民日报》《湖南日报》《建设报》《望城报》，我是搞财经工作的，除了看上述报纸外，还要看《大公报》，每天还不间断地写日记。’他听了对写日记很感兴趣，便问我天天写日记该记些什么，要看我写的日记，我对他说：‘日记一般是不给别人看的，日记写什么，我可以告诉你。’于是，我把写日记的体会告诉了他。从此以后，我发现他书不离手，写字不间断，进步很快。他的床头、桌上都是书，有从张书记那里借来的毛主席著作，有《钢铁是怎样炼成的》，还有连环画和报纸。”

雷锋听了很受启发，获益匪浅。原望城县委农村工作部干部李炳生回忆时说：“雷锋同志别无嗜好，工作之暇，唯一的兴趣和爱好便是看书学习、写学习笔记。我翻阅过他三四本笔记，都是名人格言、书中警句、学习心得。虽说三言两语，却言简意明、意义深远。可以说每篇笔记都反映了他对事物、对世界的深刻认识。”

原望城县委机关干部彭固善在全县业余文化补习学校任专职教员时，曾教过雷锋语文、数学。彭固善回忆说：“那是1956年秋收过后的一天中午，雷锋来补习学校找我。他看我那模样，知道是教师，便自我介绍一番。我听后，明白他是新调来县委机关工作的，因为文化基础差，想中途插到干部业余文化补习班学习。我考虑到这期书已教了一半多了，怕他跟不上班，劝他下期再入学，没料到他不同意，说：'早学一点知识就早掌握一点为人民服务的本领嘛！'接着雷锋感叹中带着恳求：'我现在太需要提高文化水平了！前面教过的内容，请你课外给我补一补，好吗？我自己再加点油，争取赶上来！'我很钦佩这个好学的小伙子，当即答应了他的要求……"

彭固善说："雷锋学习语文很认真，课余总是要坚持写日记。有一次，他把《党是我的亲爹娘》一文送给我修改，文章感情真挚，我很受感动。记得有一篇题为《我的童年》的作文，曾在班上做范文宣读过，有的同志听后流下了眼泪。"

在雷锋留存下来的日记里，最早写的文章能够查询到的是在1958年3月，题目是《我学会开拖拉机了》，并刊登在《望城报》上。

原望城治沩工程指挥部《治伪工地报》编采人员熊春祜回忆道："3月10日，雷锋试车成功，别提多高兴了。小雷伢子会开拖拉机了！这一消息像春风吹遍了团山湖农场，正在干活的职工停下了锄头，羡慕地望着他，彼此之间用微笑来示意，因为机器响声太大了。我们望城县有了自己的第一位拖拉机手，农场里的同志更是高兴，场长李庆发同志叫伙房加了两个菜，祝贺小雷试车成功。吃饭时，雷锋还在回味试车的事。同志们给他夹菜，他一时还没有反应过来，连身子也没动一下。大伙见他那副专心致志的样子，差点笑出声来。当天夜里，他不顾一天的劳累，在灯下写了一篇《我学会开拖拉机了》的短文。可能由于是第一次写，不知该怎么动笔，便向我讨教：'老熊，你是农民作家，有经验，请告诉我应该怎么写？'我便向他谈了新闻稿的几点要素，并说：‘内容要具体，要有真情实感。你今天吃晚饭时，还在想着开车的事，这点就可以写进去……’他点点头，便跑回去，精心构思去了。深夜12点，他跑来叫醒我，要我帮他看一遍，好像等不及似的。

“我一口气读完，高兴地说：‘内容具体，文笔生动，想象力很丰富，写得很好，你将来写文艺作品，是大有前途的。这篇稿子，我帮你投到《望城报》去发表。

“第二天，我到县里办事，特意把稿子送到了《望城报》社，交给刘国维编辑，请他审订。老刘是个有文化的人，新中国成立初期在靖港文化馆工作，我们已是老熟人了。他也认识雷锋，听说是雷锋的稿子，立刻认真地看起来。看完后，微笑着点点头，说：‘小雷也拿起笔杆子来了。老熊，小雷的文章，很有灵气，初次写稿，就出手不凡，后生可畏啊！这篇稿子立刻送审，发表出去应该不成问题。’事后不几天，在3月16日，《我学会开拖拉机了》果真登出来了。这篇文章发表后，对雷锋鼓舞很大，他又受到高玉宝写书的启发，很想写一份自己的家史。已进行了初步构思，计划分10章，约10多万字，并断断续续地写出了两章，约2万字。他也拿来给我看，征求意见。我读着读着，怦然心动，潸然泪下，那童年的苦难，我不知雷锋是怎样承受过来的。”

稿件发表后，雷锋写日记就更勤快了。雷锋还曾和彭正元明确地表达过要当作家的想法。在团山湖农场，雷锋写了诗歌、散文、小说等许多稿件。

1958年4月的一天，团山湖农场办公室干部方湘林看到了雷锋正在看日记，以为里面写的是爱情日记，雷锋主动把日记本递给他看。方湘林回忆说：“（我）希望真有爱情日记。可仔细一看，写的全是政治与技术方面的内容，如下放干部总结评比大会记录，自己在大会上的发言提纲，拖拉机性能、拖拉机驾驶规则，等等。”

从那时开始，雷锋一直保持着写日记的良好习惯，无论是在湖南望城还是到辽宁，无论是当公务员还是当工人、战士，他都没有放弃写日记。虽然不能天天都写日记，但雷锋一直都坚持写日记，直到他牺牲前5天，1962年8月10日，他还写下了人生最后的一篇日记。

据《雷锋志》统计，雷锋生前留下了177篇日记、37篇诗文、13封书信。

后来，雷锋日记成为宣传雷锋事迹的重要见证，是偶然，也是必然。

1960年8月，雷锋因带病参加上寺水库抢险救灾，被十团党委荣记三等功一次。8月20日、28日，雷锋把平时节省下来的200元钱分别捐给了抚顺望花区和平人民公社和辽阳灾区，得到了部队领导的高度关注。与此同时，雷锋被十团党委树立为“节约标兵”，成为全团学习的榜样。

1960年10月底，沈阳军区工程兵政治部把雷锋暂时借调到沈阳，到军区工程兵所属各单位做忆苦思甜报告。

为进一步了解雷锋的成长过程，军区政治部副主任王寄语打电话给工程兵十团政委韩万金，让他转告雷锋把自己的日记带上。

雷锋带了五本日记来到沈阳军区第一招待所，把日记交到王寄语手中。王寄语被日记的一些内容所打动，安排摘抄分发给党委常委阅读。

不久，《前进报》总编辑嵇炳前协同新华社军事记者佟希文和李健羽前往军区机关了解雷锋的事迹。

在雷锋做报告临时住的办公室里，他们偶然从雷锋的床上发现了雷锋写的日记。三人仅仅翻看了几篇几段觉得很好，就请示王寄语能否借去看看，王寄语当即表示赞成。

1960年12月1日，雷锋日记首次公开面世。沈阳军区机关报《前进报》以《听党的话，把青春献给祖国——雷锋同志日记摘抄》为题，拿出一个整版的篇幅，摘录刊发雷锋从1959年8月30日至1960年11月15日的15篇日记，作为辅助学习雷锋的材料，在部队里流传。

紧随其后，雷锋的署名文章《解放后我有了家，我的母亲就是党》也在《前进报》上刊发了。

1963年1月18日，雷锋去世5个月，沈阳军区政治部要求前进报社编选《雷锋日记》，由党政组组长董祖修负责。

董祖修从军区文工团借来十人，将雷锋遗留的九本日记、笔记，全部抄录下来，准备仔细核对后进行选编。

经过核对精选，董祖修从中选取摘录出32篇雷锋日记，其中包括1960年发表过的15篇。1月20日，《前进报》以一个半版的篇幅，摘录发表《雷锋日记》。

当时，为了宣传报道的需要，为了让《雷锋日记》早日问世，董祖修曾经把雷锋的日记本拆开过。

自1963年3月5日毛泽东“向雷锋同志学习”题词发表后，全国各地记者纷至沓来，到《前进报》要雷锋日记摘抄，有的执意要阅读雷锋日记原稿。

为防止珍贵的雷锋遗物丢失，又能解决新闻宣传的需要，董祖修把雷锋的日记本拆开，然后组织人手前来抄写，抄完之后再装订上。

日记抄完之后，董祖修请报社与军区印刷厂同志把拆开的本子亲手送到印刷厂装订。军区印刷厂特意请一位老师傅，按照精装的办法，把几册日记本一针一线地装订起来，然后把封面粘好。

不久，雷锋的这9个日记本、笔记本，连同雷锋其他遗物一起，被送到中国人民革命军事博物馆，作为宝贵的精神财富，长期珍藏。

为满足全国学习雷锋的需要，部队组成工作组，对雷锋日记进行审核整理，并交由解放军文艺出版社统一出版。

工作组按照雷锋日记里的时间顺序，一天一天地核实、鉴别。其中，有关雷锋记录生活、工作、学习的日记，很容易认定；但很多日记记录了一些富有深刻寓意的精辟论断、名言警句等，就必须仔细分析，因为里面有的是雷锋写的，有些似乎不是。

工作组对照雷锋的笔记本，发现雷锋平时看了很多书，做了不少摘记，有的注明了出处，有的却并未注明。其中，雷锋日记里引用最多的是毛主席语录。

例如，日记里有一段话这样写道：

一个人出生在世界上以后，除了早夭的以外，总要活上几十年。每个人从成年一直到停止呼吸的几十年的生活，就构成个人自己的历史。每个人每时每刻都在写自己的历史。每个共产党员和每个共青团员都应该想一想，怎样来写自己的历史——我要永远保持自己历史鲜红的颜色。

当时工作组以为是雷锋自己的话，收录进最早版本的《雷锋日记选》中，列为第一篇。等过了几年，才发现这段话原来摘自中央党校杨献珍的一篇文章。于是在《雷锋日记》再版时便删去了这段摘记。这段话当时还曾被误认为雷锋的话成了《人民日报》组织的第一次报道雷锋文章的引语。

工作组对雷锋日记中有关事实过程、人名、职务、单位、番号、地名、时间、数字等，都一一核对过，但在发表时还是做了一些技术处理。

为保密起见，将雷锋日记中的部队番号一律改成××部队，将不便透露姓名的人名，改成×××。经过反复研究，还将部分语义重复，过时的话语、用词等，都做了适当的删减。

最后，工作组选辑出其中的121篇，约4.5万字编辑成书。1963年4月，《雷锋日记》由解放军文艺出版社出版，在全国发行，这也是第一本内容丰富、文字准确、正式出版的《雷锋日记》。

这本日记的出版，满足了全国人民学习雷锋的迫切需要，也成为对雷锋的“永久纪念”。

实际上，雷锋在日记里，记录的并不光有自己的生活工作经历，更多的则是他通过摘录、记录进行学习的一片“自留地”，只不过是因为出版《雷锋日记》时有选择性地摘录了他的一些好人好事和精彩作品，在一定程度上，给人造成雷锋写日记光记好事的错觉。

如今，《雷锋日记》已成为全社会了解雷锋所思所想、所作所为的最重要的物证，也成为青少年学习雷锋、传承雷锋精神的动力之源，许多人因为雷锋日记而找到了人生奋斗的目标，也有人因为学习雷锋而成为英模，用实际行动续写着雷锋日记，把雷锋精神发扬光大，代代传承下去。

雷锋入伍的“伯乐”：余新元、戴明章

回首雷锋人生，无论在地方表现如何优秀，都不及在部队闪光。

鞍钢是大熔炉，淬炼出来的是钢铁；而部队也是大熔炉，进去是铁，出来是钢。

18岁的雷锋来到部队，凭借在地方工作时的优异表现，在同龄者中脱颖而出。

部队成为雷锋成长的摇篮，特别是政治生命的摇篮。部队是学雷锋的起点。雷锋从部队出发，最终成为时代楷模，成为人人学习的榜样。

雷锋先前在望城、鞍钢的优异表现，都给大家留下了极深的印象，为自己加分增色不少，但在决定能否成功的关键时刻，特别是在没有政审手续、体检又不过关的情况下，这不是一般人能解决的，还需要名师贵人相助。

雷锋，身高只有1.54米，体重不足94斤，完全不符合参军的标准，按理说是很难通过体检关的。可雷锋在对的时间、对的地点，遇到了对的人，幸运地遇到了人生的“两位伯乐”：余新元、戴明章。

根据国家征兵相关规定，征兵工作是当地征兵办公室负责，人民武装部是本级人民政府的兵役机关，也就是说征兵工作是由武装部负责的。

武装部将预征名单提交给接兵部队，经体检、政审等一系列程序，最终确定入伍名单及人选。可以说，前期工作是当地武装部说了算，后期工作武装部和接兵部队一起协商着办。

余新元和戴明章，一个是辽阳市兵役局（武装部）政委，统领征兵工作；一个是沈阳军区工程兵十团接兵总负责人，都是征兵的关键人物，决定着每个应征青年的命运。

1923年11月18日，余新元出生于甘肃省静宁县达界石铺继红村农民家中。因听了毛主席在界石铺红楼宣讲，1936年9月28日，不忍再受地主欺压，13岁的余新元索性把地主家的200多只羊送给红军吃肉，报名参加了红军。放羊娃从此变成了红军娃，开始坚定地踏上了漫长的革命征程。

在平型关大捷中，余新元担任八路军第一一五师杨成武独立团作战参谋肖应棠的警卫员，一次次冒着枪林弹雨传达命令，布鞋都跑得露了脚板，左臂也被一块弹片划出约3厘米的口子。此战，八路军成功伏击了日本号称“钢军”的板垣师团，这是八路军出师以来打的第一个大胜仗。

1937年11月7日，余新元参加了炮轰击毙日军号称“名将之花”的山地战专家阿部规秀的战役。此战，余新元的左腿被日军机枪打成了“马蜂窝”，战场救护队医生要给他截肢，幸亏遇上白求恩巡诊经过，亲自主刀为他做手术。因没有消毒药和麻醉药，白求恩就用捣碎的蒜末为其伤口消毒。没想到，这招真灵，半年后，余新元伤口基本愈合，保住了左腿。

没想到，五天后，11月12日，白求恩在凌晨因给伤者做手术时，原本受伤的手被细菌感染转为败血症，医治无效在河北省唐县黄石口村逝世。

1940年8月至12月，在百团大战中，余新元后腰被敌人的炮弹穿了7个窟窿，负伤不下火线，被记功一次。

1941年9月25日，日伪军约3500余人对晋察冀抗日根据地河北易县狼牙山地区进行连续“扫荡”。

为给围困在狼牙山附近的老君堂山峰上的团主力部队和1万多名群众争取转移时间，八路军晋察冀分区一团七连组织了多个班分兵阻敌。

副排长余新元带着张连弟、袁庚臣、冯正祥、张祥4名战友，上常友沟的沙岭阻敌；六班班长马宝玉率领胡德林、胡福才、葛振林、宋学义等“狼牙山五壮士”担负后卫阻击。

打光了子弹，余新元等就搬起石头向下砸，用石头打退了敌人19次冲锋。战友全牺牲了，一颗子弹从左前胸贯穿而过，把肺打个洞，余新元滚落山下，不省人事……后来，“狼牙山五壮士”也在弹尽粮绝后，纵身跳下了悬崖。

五班班长葛力带人增援赶到，这才把已经昏迷的余新元救了回来。余新元一直不省人事，战友们都以为他牺牲了，是王义珍老人发现他还有口气，抬到自家炕上照料。由于缺医少药，伤口腐烂、流脓，甚至生了蛆，余新元200多天神志不清，硬是从死亡线上奇迹般地活了过来，一醒来，他就拄着拐杖追上队伍，投入新的战斗。杨成武司令员授予他抗日“战斗模范”称号。

在抗日战争和解放战争中，余新元参加大小战斗500余次，7次身负重伤，4次昏死在战场，九死一生，战功显赫，荣立2次大功、2次二等功、3次小功，曾荣获“东北解放纪念章”“全国解放纪念章”“‘八一’二等功勋荣誉章”“八一奖章”“独立自由奖章”“三级解放勋章”“二级红星功勋荣誉章”等，是名副其实的“百战老红军”。

后来，余新元在辽沈战役攻打锦州的战役中，右脚掌被机枪打掉一半，戴上了假肢，留在了东北，来到辽阳市兵役局（武装部）任政委，负责征兵工作。

余新元是一个原则性极强的人，从来不轻易开口求人，哪怕是自己的儿女也不行。“路要自己走，不要指望老子”，这是余新元教育子女的话，也是他的家训。余新元先后把自己的5个儿女都送到了部队，却没为儿女提干说过一句话。5个儿女退伍后，大权在握的余新元，依然没为儿女工作求过一次情。所有子女，在部队都是普通一兵，到地方都是平民百姓。

1959年12月8日，雷锋因身高、体重不达标，在体检上被卡住了。他鼓足勇气敲开了余新元办公室的门，激动地哭诉着自己悲惨的童年和立志要当兵的决心。

雷锋说："我参军不是为了出名，不是为了个人利益，而是为了保卫我们的国家和人民的利益。"

余新元劝说雷锋："保家卫国，前方、后方不都一样吗？不都是为人民服务吗?"

雷锋一听着了急："如果前方、后方都一样，那为什么还有前方和后方呢？现在前方需要我，所以我要求到前方去，用我实际行动捍卫祖国的大好河山。"

雷锋的一言一行，深深地打动了余新元。

第二天，雷锋在弓长岭《矿报》发表了《我决心应召》的申请书，表达了强烈要求参军的决心。

一心想参军的雷锋，白天坚持在辽阳市兵役局帮着打杂，晚上更是直接住进了余新元的家里，和余新元形影不离。

虽然雷锋身体条件差了点，但政治条件完全符合，特别是余新元了解到雷锋有着和自己相似的苦难经历后，更是打心眼里佩服这个思想纯正、好学上进的青年。他下定决心，一定帮助雷锋圆梦。

余新元是个认准了事情九头牛都拽不回来的人。短短半个多月，他专门为雷锋入伍的事召开了26次会议，统一思想，商讨对策，3次找到辽阳市兵役局第一政委、市委书记曹奇，声情并茂地介绍雷锋的情况，拍着胸脯打保票，争取市里破格送这个优秀青年入伍。

曹书记也被雷锋的经历和志向打动了，当场拍板："政治上的合格比身体上的合格更宝贵，可以考虑破格送他去当兵!"

有了曹书记的"尚方宝剑"，余新元立即赶往辽阳市第二人民医院，找到负责体检工作的院长吴春泽。面对"出了差错谁担责"的诘问，余新元斩钉截铁地回答："我是红军。我以22年的党龄做担保，出了事我担全责，我可以在体检单上签字。"吴院长感到深深的震惊和崇敬，他同意把雷锋体检表上的"丁"改成了基本合格的"丙"。

1960年1月2日，新兵换装集中待发，雷锋因无政审表，难以批准入伍，只能作为预备兵员。余新元亲自把雷锋送到辽阳南林子工农干校新兵大队，反复向接新兵的沈阳军区工程兵司令部军务参谋、接兵负责人戴明章介绍雷锋的情况，并向部队庄重承诺：这个立志献身军营的小伙子，一定能在军营里"淬炼成一块好钢"。

戴明章、李恒基、荆悟先等接兵领导了解了雷锋的情况后，心中暗暗喜欢这个小个子青年，但雷锋身高差得太多，即使踮起脚也过不了"关"，这让接兵的干部左右为难。

余新元灵机一动，拉着雷锋就去找戴明章："戴参谋，我给你送来一个小便衣通信员，这个小雷锋老是跟着我不放，非要闹着当兵不可，你看怎么办？我看你先收下，完了再说。"

余政委将雷锋交给正在忙于核对新兵名册、清理新兵入伍的各种手续及档案的戴明章，转身便离去了。

当晚，雷锋与新兵营营长荆悟先、教导员李恒基、参谋戴明章一起走时，急转话题："营长、教导员、戴参谋，你们不知道吧？我为了要当兵，连什么东西都不要了。厂里的李书记不愿让我走，我就找辽阳市兵役局。讲给你们听吧，余政委的家我都去找过，反正我就是一心要当兵。连老政委的家属都很同情我当兵，可是她说了不算。”说完这些话后，他就嘿嘿地笑了。

经过六七天的接触，雷锋用热情周到的服务和坚决参军的决心，还有先前在望城和鞍钢的优异表现，赢得几位接兵领导的好感，敲开了通往军营的大门。

1960年1月7日晚，戴明章通过长途电话向十团团长吴海山请示，雷锋虽无政审表，可是个优秀青年，征求意见是否能先带到部队。吴海山全权交给戴明章处理。就这样，在新兵登车出发前8小时，雷锋占用新兵机动名额，被批准参军入伍。

1960年1月8日，是新兵入伍的日子。余新元和爱人把20个鸡蛋和背心、毛巾、香皂等日常用品塞到了雷锋的挎包里。握着余新元的双手，从小失去双亲的雷锋声泪俱下地说：“首长，让我叫您一声爸爸吧!”

就这样，雷锋走进了军营，才有机会成长为军中典型，才有机会最终成为一名伟大的解放军战士。

1977年1月11日，调任鞍山军分区任副政委的余新元将视雷锋为学习榜样的郭明义亲手送进了军营。郭明义逐步成长为“当代雷锋”“民族脊梁”，成为雷锋式的英模。身为“伯乐”，余新元厥功至伟，但他谦虚地说：“我过去送过雷锋当兵，他喊我首长；后来，我又送郭明义当兵，如今，他成了‘当代雷锋’。不过，现在我是雷锋的学生，而且永远是雷锋的学生!”

2006年2月26日8时许，戴明章坐在桌前突发疾病去世，倒在了宣传雷锋的路上，正在为抚顺市第五十中学所写的雷锋报告讲稿还没有写完……

2022年12月28日晚8时55分，余新元因病去世，享年99岁。

雷锋来到部队后，运输连指导员高士祥，十团团长吴海山、政委韩万金，沈阳军区工程兵主任王良太等人慧眼识珠，对雷锋予以重点关注，重点培养，重点持续宣传推广，对雷锋的成长、成才、成功给予了无私的帮助，都是雷锋前进道路的“伯乐”。

第二节　雷锋的“偶像”

雷锋人生第一个学习的榜样：冯健

1956年7月15日，雷锋从荷叶坝完小高小毕业。农业合作社刚成立，急需人才，国家号召具有高等小学知识文化的学生直接下到农村去，支援社会主义新农村建设。雷锋所在的安庆乡政府5个生产队，只有1个人能读报，就连找记工员和记账会计都很难。

原望城县荷叶坝完小老师易华钦回忆，雷锋在第一届第一班，班里面一共有47人，都面临继续升学还是参加农业生产两条出路。当时，《新湖南报》头版头条刊发了《向冯健同志学习》的文章。

1937年出生的冯健，高小毕业后放弃升学直接回乡参加农业生产，开办农业社，带头科学养猪，被评为湖南省劳动模范、全国青年社会主义建设积极分子。18岁，冯健加入中国共产党。1955年9月，冯健参加全国青年社会主义建设积极分子大会，受到了毛主席接见。

老师在班上宣读了这篇文章。雷锋斩钉截铁地说，毕业后参加农业生产，向冯健姐姐学习，建设新农村。第二天，雷锋还把一篇长文写在了少先队举办的黑板报上，再次表达了要向冯健姐姐学习的决心，当一个有出息的新式农民。就这样，雷锋在冯健的感召影响下，回到了安庆乡当了生产队记工员，又在彭德茂乡长的推荐下来到望城县委当通信员，后又成为县委书记张兴玉身边的公务员，经常陪张兴玉下乡走访调查。

1956年初冬，雷锋在望城县委书记张兴玉家见到自己人生的第一个要学习的榜样冯健。

因冯健比雷锋年长3岁，冯健知道雷锋是个孤儿，所以就和雷锋说："我比你大几岁，今后我们就像姐姐和弟弟一样，你有什么需要我帮忙的事情，就找我。"雷锋听了，马上称冯健为"健姐"。

由于工作的需要，雷锋经常和冯健见面。1957年5月，冯健出席中国新民主主义青年团第三次全国代表大会，又一次受到毛主席接见。

一生视毛主席为救命恩人的雷锋羡慕不已，不仅称冯健是"最幸福的人"，还经常让冯健姐姐给他讲见毛主席时的情景，比如问毛主席身体好吗、毛主席和你握手了吗、毛主席和你讲了什么话。

雷锋告诉冯健，自己做梦都想见毛主席。冯健经常鼓励雷锋，"只要你好好工作、好好学习，做出成绩，你一定能见到毛主席！"雷锋听后马上表态要学习先进，努力做出成绩，争取同冯健一道上北京去见毛主席。

正是受冯健的影响，雷锋从此立下了强烈的"想见毛主席"的想法。日有所思夜有所梦，雷锋先后在日记中五六次写到梦见了毛主席。

1959年10月，雷锋在鞍钢上班时听到从北京开积极分子代表大会回来的同志报告，说毛主席接见了他们，雷锋在日记中写道：

我的心高兴得要蹦出来。我想，有一天我能和他一样，见到我日夜想念的毛主席该有多好，多幸福啊！可巧，我在昨天晚上做梦就梦见了毛主席。他老人家像慈父般抚摸着我的头，微笑地对我说："好好学习，永远忠于党，忠于人民！"我高兴得说不出话来了，只是流着感激的热泪。早上醒来，我真像见到了毛主席一样，浑身是劲，总觉得这股劲，用也用不完。

我决心听党的话，听毛主席的话，永远忠于党，忠于毛主席，好好地学习，顽强地工作，为党和人民的事业贡献自己的一切，做一个毫无利己之心的人，我一定争取实现自己最美好的愿望，真正见到我们最伟大的领袖毛主席。

雷锋听了冯健的话，就把想见毛主席的想法付诸行动，无论做什么都极为敬业，干一行、爱一行，钻一行、精一行，行行奋勇争先，行行争当先锋，行行是模范。

在小学，是毛泽东时代的好学生；在望城县委当公务员，被评为先进模范、模范共青团员；在鞍钢做工人，3次被评为先进生产者，5次被评为红旗手，18次被评为标兵。在部队当战士，荣立二等功1次、三等功2次、营团嘉奖多次，成为学习毛主席著作积极分子、毛主席的好战士、模范共青团员等，表现十分优异，其动力就是见毛主席。

原本部队已经将雷锋列为10月1日前往北京天安门观礼人选，有机会受到毛主席的接见，可雷锋牺牲未能如愿。

1958年秋天，冯健被保送到湖南农学院上大学，雷锋羡慕不已，也曾想去上学，但因为种种原因未果。11月，雷锋报名来到辽宁鞍钢当工人，两人断了联系。

直到1961年，冯健在报纸上看到雷锋先进事迹后，给雷锋写了一封信表示祝贺，雷锋回信并寄上一张照片，并在照片后面题字："冯健姐姐，我永远向你学习，为共产主义奋斗终生——雷锋1961年6月4日。"

冯健回忆说，在1962年她还曾给雷锋写过一封信，可没有收到回信。直到1963年2月，冯健读到《中国青年报》刊登的长篇通讯《永生的战士》才知道，雷锋已在1962年8月15日因公殉职。噩耗被证实后，冯健像失去亲人一样悲痛不已。

近年来，冯健一直在学雷锋、做雷锋、宣传雷锋，足迹遍布全国，先后出版了《雷锋在湖南》《雷锋，从这里起步》《望城起步》等3本著作。

雷锋日记第一个学习的劳模：张秀云

1958年11月，为了响应党的号召，支援国家工业建设，雷锋告别家乡，来到了辽宁鞍山鞍钢化工总厂洗煤车间，成为一名推土机手。

雷锋在鞍钢参加工作后，服从组织安排，刻苦学习钻研，工作积极主动，从不怕苦叫累，始终爱岗敬业，真正成为一颗永不生锈的螺丝钉；在生活中，他尊敬师傅、关心工友、帮助群众，始终助人为乐，真正做到对待同志像春天般的温暖，展现了非同一般的思想境界。雷锋到鞍山钢铁厂不久，就出席鞍山市青年社会主义建设积极分子代表大会。

辽阳雷锋纪念馆馆藏雷锋原声录音显示，1961年春，雷锋在部队的一次报告中讲道："在单位开推土机，我每天除了工作8小时以外，下了班我还不回去睡，我把这个褥子和被子都搬到车间，晚上就睡在车间，干了8个小时我还想多干，一连干上十三四个小时。我想到为祖国大炼钢铁，想到将来建造更多的拖拉机改变农村的面貌，我一想到党和毛主席，我的干劲越来越大。”

1959年8月20日，雷锋主动报名到鞍钢弓长岭矿参加新建焦化厂工作。动员时，领导说那里是大山沟，白手起家条件差，去了是要吃苦的。雷锋说：“苦点怕什么。迎着困难前进，这也是我们革命青年成长的必由之路，我愿到最艰苦的地方去锻炼自己。”

1959年8月26日，雷锋在日记中写道：

自从由鞍山转到弓长岭以来，自己就抱定决心：一定要很好地工作、学习，争取加入中国共产党。

1959年11月2日，正在辽阳弓长岭焦化厂工作的雷锋在日记中写道：

向市劳动模范张秀云学习。首先学习她高度的主人翁责任感，对党对社会主义建设事业的赤胆忠心；学习张秀云同志积极主动、帮助别人、大公无私、舍己为人的共产主义思想和团结群众的优良作风；学习她坚持向群众学习、不断充实自己、谦逊好学的精神。

张秀云是雷锋在日记中有迹可查的第一个要学习的榜样。20世纪五六十年代，正值新中国成立后处于社会主义革命和建设的平稳时期，在党中央的领导下，全党全国各族人民意气风发、斗志昂扬地在建设强大繁荣的国家道路上迈进。在这期间，各行各业也产生了诸多先进模范。长沙市劳动模范张秀云就是其中一个。

这是雷锋在日记中第一篇明确表示要向英模学习的文字，也是雷锋给自己树立的学习榜样之一。

在日记里，雷锋以“三个学习”，既概括了张秀云的先进事迹，也表明了自己向她学习的具体着眼点；既有对党对社会主义事业赤胆忠心的政治方面，也有大公无私、舍己为人的共产主义思想；既有团结群众的优良作风，也有不断充实自己、谦逊好学的精神。这对于年仅19岁的雷锋来说，能有如此清晰和坚定的表达，可以说比较准确又很全面，是难能可贵的。

雷锋思想觉悟提高，是因为他善于从革命书籍中汲取正能量。雷锋在工作之余，常常反省自己，总感到自己的思想和行动与党的要求有差距。为缩小差距，他开始如饥似渴地阅读毛主席著作和《钢铁是怎样炼成的》等革命书籍。

开始学习毛主席著作时，雷锋感到很吃力，但他一遍看不懂看两遍，再不懂就请教别人……学习使雷锋懂得了不少革命道理。

雷锋不仅自己积极要求进步，而且鼓励同志们一起进步。1959年9月4日，雷锋在写给老乡、工友邹本国的信中说：

咱俩在不同的岗位上来一个叫号赛，看谁先争取加入中国共产党。希望你经常靠近组织，在同志间搞好团结，把自己的青春献给祖国。

一个人该怎样追求进步，雷锋是这样看待的。他说：“外因是条件，内因做决定，要想求进步，主观多努力。”他自觉接受党的培养教育，时时刻刻听党话，跟党走，在他的日记和文章中记载得十分清楚。

1959年8月30日，雷锋在日记中写道：

我深深地认识到，做每一件工作，完成每一项任务，哪怕是进行每一次学习，都十分需要听党的话，听领导的话，争取领导的帮助和支持。

党和领导叫怎样去做，就不折不扣地按党的指示去做。这样，就是有再大的困难。也有办法克服；再艰巨的任务，也能完成。相反，如果脱离了领导，不听党的话，光凭个人的心愿去做事情，是很难做好的，甚至要犯错误。有些同志思想进步慢，工作成绩差，是什么原因呢？我认为原因只有一个，就是自以为正确，不听党的话，不听群众的话，明明自己的看法不对，也不改正；明明领导和同志们的意见是正确的，也不诚恳地接受。这样，就会落后。

1959年9月的一天，雷锋在日记中多次写道："听党的话，服从组织调配""处处听党的话""我决心听党的话，听毛主席的话，永远忠于党"。

1959年12月4日，雷锋在文章《做一个真正的共产主义战士》中写道：

伟大的党啊！你是我最大的恩人，今天我要服从你的需要，听你的话，为了建设强大的现代化的国防军，为了保卫社会主义建设，我一定要挺身而出……

雷锋是这样说的，更是这样去做的。雷锋在焦化厂工作期间，

18次被工段以上评为标兵，5次被评为红旗手，3次被评为先进生产者，1次被评为优秀宣传员，还获得“辽阳市除四害讲卫生先进工作者”称号。作为主席团成员，雷锋还出席了弓长岭矿召开的先进生产者、红旗手以及工段长以上干部大会。

面对荣誉，雷锋谦虚地说：“我的一切都是党给我的。光荣应该归于培养教育我成长的党，应该归于热情帮助我进步的同志们。”雷锋在多篇日记和讲话中，都这样告诫自己，让他更加坚定了加入中国共产党的信念和决心。

1959年10月的一天，雷锋在日记中写道：

1958年入厂的时候，我只是一个抱着感恩的思想埋头苦干的工人，在生产上只能做到完成自己的任务和达到每天的定额。后来，在党的教育下，特别是受到党的社会主义建设总路线和全国人民冲天干劲的鼓舞，我的思想和眼界变得更加开朗和远大，我的干劲越来越高涨。

1959年12月7日，雷锋在日记中写道：

早上六七点钟，我和朱主席和其他几位代表坐火车到弓矿开先进生产者、红旗手以及工段长以上干部大会……当我走上主席台时，我那颗火热的心是多么的激动啊！像我这样一个放猪流浪出身的穷孩子，今天能参加这样的大会，同时还把我选为主席团的成员。我是党的，光荣应该归功于党，归功于热情帮助我进步的同志们。

也正是因为学习张秀云，雷锋才时刻提到自己要向群众学习，做人民的勤务员。

雷锋第一个学习的英烈：黄继光

在抗美援朝上甘岭战役中，用胸膛堵住敌人地堡机枪射孔的黄继光是雷锋提及最多的英雄。他在日记中6次提及黄继光，时刻提醒自己向黄继光学习。

在雷锋留存于世的书籍中，就有一本《黄继光》，雷锋反复多次观看。

雷锋看过《黄继光》电影，在做事迹报告时也多次提及黄继光，坚定地表达向黄继光学习的决心。

1960年1月8日，雷锋穿上了军装，光荣参加了中国人民解放军。当天，他就在日记中写道：

我要坚决做到头可断，血可流，在敌人面前决不屈服、投降。我一定要向董存瑞、黄继光、安业民等英雄学习……我一定要在部队争取立功当英雄，我一定要做一个毛泽东时代的好战士，我要把我可爱的青春献给祖国最壮丽的事业。

1960年1月9日，在营口新兵受训的第一天，雷锋听了吴海山团长讲战争年代涌现了黄继光等许多英勇顽强、不怕牺牲的英雄事迹。

雷锋在日记中写道：

课后回来，找到一本《解放军画报》翻着看，看到了战斗英雄黄继光的遗像，我把他剪下来贴在自己的日记本上，每天写日记，我要先看看他，想想他。

雷锋把黄继光的照片，整整齐齐地贴在了日记的扉页上。黄继光满眼怒光，横眉冷对，仇视着前方，流露着决不让任何敌人侵犯半步的壮志雄心。雷锋在黄继光照片两旁空白处，写下了“英雄的战士黄继光，我永远向您学习”，还郑重地盖上自己姓名印章。红色的印泥鲜艳醒目，无时无刻不在提醒着雷锋。

在黄继光照片的左侧空白处，雷锋又写下了：“我是党的儿子，人民的勤务员，为了全人类的自由幸福解放，哪怕高山、大海、巨川！为了党和人民的事业，就是入火海上刀山，我甘心情愿！断头骨粉，身红心赤，永远不变。”

雷锋还郑重地在留言后面签下了自己的名字，表达了自己强烈向英雄学习的决心。

1960年3月10日，雷锋看了电影《黄继光》，感慨万千。雷锋在日记中写道：

在今天的电影里，我看到英勇的革命战士黄继光。他为了党和人民的事业，为了人类的解放而献出了自己最宝贵的生命。……他这种为了党和人民的事业而牺牲了自己的崇高精神是值得我永远学习的。

1961年11月26日，雷锋在日记中写道：

我学习了《毛泽东选集》一、二、三、四卷以后，感受最深的是，懂得了怎样做人，为谁活着……我觉得自己活着，就是为了使别人过得更美好。我要以黄继光、董存瑞、方志敏等同志为榜样，做一个热爱祖国、热爱人民，永远忠于党、忠于人民革命事业的人。

1962年1月14日，雷锋在日记中写道：

在最困难、最艰苦的工作中，我就想到了黄继光，浑身就有了力量，信心百倍，意志更坚强……

我每次外出执行任务或在最复杂的环境中，就想起了邱少云，就能严格地要求自己，很好地遵守纪律。

每当我得到福利和享受的时候，就想起了白求恩，就先人后己，把享受让给别人。

当个人利益与国家、党和人民的利益发生矛盾的时候，我就想起了过去家破人亡、受苦受难的苦日子，就感到党的恩情永远报答不完。

1962年4月14日，雷锋在日记里又一次提到黄继光：

我失去黄继光这样一个好的阶级兄弟，心情是万分悲痛的，我的眼泪忍不住地直流。我是人民的战士，我不能再哭了，我要控制住自己的眼泪，我要化悲痛为力量，我要更加坚强勇敢起来，我要刻苦练好本领，我要更高地举起毛泽东思想红旗，坚决革命到底，不消灭帝国主义和一切反对派决不罢休，一定要讨还敌人的血债，坚决为黄继光报仇，为人类的解放事业——共产主义贡献自己的一切。

第二天，雷锋又重温了一遍《黄继光》，并在日记里满怀激情地写道：

《黄继光》这本书，我不只看过一遍，而且是含着激动的眼泪，一字字一句句地读了无数遍，甚至我能把这本书背下来。我每当看完一遍，就增加一份强大的力量，受到的教育也一次比一次深刻。它对我的启发和鼓舞极大。英雄黄继光之所以能为人类的解放事业做出伟大的贡献，是因为他有高度的阶级觉悟，对敌人恨之入骨，对党对人民、对革命事业无限忠诚。

我要学习黄继光那种坚定的无产阶级立场；学习他勇敢坚强的革命意志；学习他的高贵品质；学习他关心别人比关心自己为重；学习他兢兢业业为党工作的精神；学习他勤劳朴实的性格；学习他谦虚好学渴求进步的精神；学习他为祖国人民英勇战斗的精神。

现在我是普通一兵，对党和人民没做出什么贡献，但是我有决心，永远听党和毛主席的话，紧紧跟着党和毛主席走，永远忠于党，忠于人民，兢兢业业为党工作一辈子，老老实实为人民服务，坚决完成黄继光未完成的事业。我随时准备献身祖国，必要时，我一定像黄继光那样，贡献自己的生命，做祖国人民的好儿子。

字里行间，处处流露透射着雷锋的真情实感，以及对黄继光的崇拜之情和对党和人民的挚爱和赤诚。

黄继光，就犹如一座浪涛中闪烁的灯塔，激励指引着雷锋为党和人民的事业而努力前进。雷锋向黄继光学习，最终也成长为英雄。

2009年9月10日，在中共中央宣传部、中共中央组织部、解放军总政治部等11个部门联合组织的“100位为新中国成立作出突出贡献的英雄模范人物和100位新中国成立以来感动中国人物”评选活动中，雷锋和自己的榜样黄继光、董存瑞、邱少云一道被评为“100位新中国成立以来感动中国人物”。

2018年9月，中央军委政治工作部统一印制10位挂像英模画像，并下发至全军连级以上单位。其中，就有雷锋和他要学习的四位榜样董存瑞、黄继光、邱少云、张思德以及苏宁、李向群、杨业功、林俊德、张超等人。

雷锋学习的英烈：董存瑞

1948年5月25日，董存瑞在解放河北省承德市隆化县的战斗中英勇牺牲，当时未满19岁，后被追认为战斗英雄。

电影《董存瑞》中，董存瑞挺立在桥底下，手擎炸药包，高声呐喊“为了新中国，前进！”这一画面已成为时代的经典。

董存瑞，是雷锋从小就一直崇拜的偶像和学习榜样。在望城时，许多与雷锋共同生活学习的人回忆雷锋喜欢听英雄事迹，并表示要向英雄学习。

1960年1月8日，在入伍第一天，雷锋在日记中表达了向董存瑞学习的愿望：

这天是我永远不能忘记的日子，这天是我最大的荣幸和光荣的日子……我一定要向董存瑞、黄继光、安业民等英雄学习……我一定要在部队争取立功当英雄，我一定要做一个毛泽东时代的好战士，我要把我可爱的青春献给祖国最壮丽的事业……我一定不辜负党对我的教育和期望……全心全意保卫国防，成为一个优秀的国防军战士。

1月9日，雷锋又观看了电影《董存瑞》。雷锋在日记中写道：

当我看到战斗英雄董存瑞英勇炸碉堡的时候，我感动得流下了热泪，决心向他学习。

当年，沈阳军区机关号称“六大部”，即司令部、政治部、后勤部和炮兵、装甲兵、工程兵。雷锋所在的工程兵下属不仅有师，还有3种执行不同任务的团，其中有工兵团、建筑团和在江河湖海上执行任务的舟桥团，雷锋所在团是工兵十团，同时还有工兵六团、十二团，建筑一三〇团、一三一团，舟桥八十一团、八十二团，等等。军区3个特种兵部队，各有一个突出的典型，那时在全军都叫得响的，那就是炮兵有战斗英雄董存瑞，装甲兵有学习毛主席著作标兵廖初江，工程兵有毛主席的好战士雷锋。

1961年2月3日，21岁的雷锋到海城炮兵第十一师司令部做报告。这里就是战斗英雄董存瑞所在的老部队，雷锋见到了43岁的董存瑞的亲密战友郅顺义。

郅顺义，出生于1918年4月，河北省丰宁县人。1947年10月参军。1948年2月加入中国共产党。5月25日，郅顺义和董存瑞一同参加了隆化战斗。郅顺义担任突击组组长，配合董存瑞爆破组为部队扫清了冲锋道路，荣立一大功，获奖章一枚。9月，在参加第二次昌黎战斗中，郅顺义在3名战士掩护下，单枪匹马闯入敌群，俘敌140多人，荣立一大功，获得“特等战斗英雄”称号及奖章。10月，在上庄坨战斗中，郅顺义带领突击组机智勇敢地攻打敌人炮楼，完成突击任务，俘敌20余人，缴获步枪17支，轻机枪2挺，荣立一大功，获奖章一枚。此后，郅顺义多次立功。1950年9月，郅顺义出席全国战斗英雄、劳动模范代表大会，被授予“全国战斗英雄”荣誉称号。

郅顺义回忆说：“几个月以前，我从报刊上阅读过雷锋先进事迹，受到了极大的教育，心里早就盼望着会见雷锋，好好叙谈叙谈，直接学习他的好思想、好经验。可是事不凑巧，雷锋来部队做报告，我外出了，没有赶上这个时机。中午，从车站步行回营区，听说雷锋来了，我真是喜出望外，赶紧放下提兜，擦了一把脸，三步并作两步，大步流星径直奔向招待所。

“推开房门，我一眼看到，一位年轻战士坐在桌前，捧着一本《毛泽东选集》，正在聚精会神地阅读着。看到这情景，我不愿打扰他的学习，想退回去，改天再来，正在踌躇之际，招待员高志说道：‘雷锋同志，老英雄来看你了！’

“雷锋听说老英雄来了，赶紧放下了书本，迎了过来，紧紧地握住了我的手，异常激动地说：‘老英雄，可见着您了！’

“‘我刚刚到家，要不，早就来看望你了，来向你学习了！’我望着雷锋，热情地说道。

“我们肩靠肩挨在一起刚刚坐下，我一边拉着雷锋的手，一边抚摸他的头，亲切地问道：‘你多大年纪啦？’

“‘21岁啦！’雷锋以对长辈恭敬的口气回答着。

“‘哪年入伍的？’

“‘1960年1月’。”

…………

“我在杯子里放上茶叶，掀开热水瓶盖，给雷锋倒了开水，深情地说：‘请喝茶！’

“由于我这样亲切地对待他，使雷锋那种拘谨的心情，一下子就抛到九霄云外了，我们谈得越来越热乎。

“我请雷锋介绍学习经验，雷锋谦虚地讲自己的体会，并让我给他提提意见。

“‘你读了那么多的书，时间哪来呀？’我苦于过去学习时间少，恳切地问道。

“‘学习时间是有的，我就像钉子那样，一是挤，二是钻，抓紧点滴时间。’”

…………

“雷锋同志非常敬佩与羡慕董存瑞的英雄事迹，他知道我是董存瑞的战友，非要求我给讲讲战斗故事不可。

“我没有推辞，向他回忆、叙述着董存瑞舍身炸碉堡的英雄事迹……

“当雷锋听到董存瑞壮烈牺牲的时候，他红润的脸庞上，眼泪簌簌地滚了下来。

“就这样，我们俩亲切地交谈了好久好久。

“最后，我掏出笔记本，请雷锋留下临别赠言。雷锋掏出钢笔，在我的本子上唰唰地写了起来：‘赠给敬爱的老英雄，您是我永远学习的榜样，我请您多多教育，并使我不断前进。战士雷锋 61.2.3’。

“写罢，雷锋从皮夹里取出一张自己的照片，送给了我留作纪念。”

同一天，雷锋在日记中写道：

今天我到达海城××部队后，上午做了一场报告，下午我和郅顺义老英雄见了面。……老英雄抚摸着我的头，紧紧地握着我的手，亲切地问我多大年纪，什么时候入伍的，同时还倒给我一杯茶。当时，我的心像抱着一只小兔子一样，怦怦直跳，有一肚子话可不知咋样说好。我听说老英雄是董存瑞的亲密战友，我的心像压不住似的要往外蹦，万分敬佩和羡慕地叫他给我讲董存瑞的英雄事迹。

我听他说："董存瑞是六班的班长，我是七班的班长。在1948年5月25日打隆化县的时候，董存瑞在爆破组，我在突击组，我们的任务是要去炸掉敌人的四个碉堡和五个地堡。我们两个组牺牲了六个人，每组只剩下两个人了，董存瑞对我说：'就是剩一个人也要坚持战斗，不完成任务不回队！'在炸最后一个碉堡的时候，董存瑞用手举着炸药包，炸掉了敌人的碉堡，完成了战斗任务，我敬爱的革命战友董存瑞就这样英勇地为党的事业而光荣地牺牲了。"

我听到老英雄讲完董存瑞的英雄事迹后，我的心像大海的浪涛一样，久久不能平静，我感动得满眼热泪直掉。

董存瑞英雄对敌人万分的愤恨，对党和人民无限的忠诚，在战争当中，英勇顽强，丝毫不畏缩，为人民的解放牺牲自己。董存瑞英雄是我永远学习的好榜样，我一定要为党和阶级的崇高事业，随时准备牺牲自己的一切，直至生命。

郅顺义老英雄是我永远学习的榜样，他在战斗当中，勇敢坚定，机动灵活。他俘虏敌人一百四十多人，缴获机枪四十多挺。他勇敢地消灭了敌人，保存了自己。

董存瑞和郅顺义两英雄的事迹，深深地教育了我，给了我莫大的鼓舞和无穷的力量，我一定要时刻用这些英雄的事迹来鞭策自己，永远忠于党，忠于人民。

通过与郅顺义近距离交流，雷锋受到了一次爱国英雄主义的教育。老英雄讲述的董存瑞战斗故事，让原本就在心中早已把董存瑞作为学习榜样的雷锋，对英雄及英雄战友有了更清楚的了解，对英雄的壮举和精神有了更加深刻的理解，也坚定了雷锋向董存瑞学习、向郅顺义学习的决心。

郅顺义也通过这次交流对雷锋有了深刻的认识。在雷锋牺牲半年多后，郅顺义在雷锋日记上看到了两人相见时的情景，陷入了回忆，并时刻提醒激励自己，谦虚谨慎，革命到底。

1963年5月20日，郅顺义怀着崇敬的心情参观了雷锋事迹图片展览，并写下了敬仰、学习的肺腑之言："今天我参观了雷锋事迹图片展览，又受到一次深刻的教育。雷锋同志不愧为党的好儿子，不愧是毛主席的好战士，不愧为人民的好勤务员，也不愧为革命同志的好战友。今后，我要很好的向毛主席的好战士——雷锋同志学习。"

英雄敬英雄，英雄识英雄，英雄惜英雄。

随着不断学习和不断实践，雷锋对董存瑞的认识又有了新飞跃。

1961年11月26日，雷锋在日记中写道：

我学习了《毛泽东选集》一、二、三、四卷以后，感受最深的是，懂得了怎样做人，为谁活着……我觉得要使自己活着，就是为了使别人过得更美好。我要以黄继光、董存瑞、方志敏等同志为榜样，做一个热爱祖国、热爱人民，永远忠于党、忠于人民革命事业的人。

雷锋学习的英烈：邱少云

在烈火中永生的一级英雄邱少云，是雷锋一直表示要努力学习的英烈之一。

1952年10月12日，因美军一发燃烧弹落在邱少云潜伏点附近，火势蔓延全身。为避免暴露目标，他放弃自救，咬紧牙关，任凭烈火烧焦头发和皮肉，双手深深地插进泥土里，身体紧紧地贴着地面，坚持30多分钟后壮烈牺牲，年仅26岁。

邱少云严守纪律舍身为国的故事，被雷锋时刻铭记在心里。1962年1月14日，雷锋在日记中写道：

我每次外出执行任务或在最复杂的环境中，就想起了邱少云，就能严格地要求自己，很好地遵守纪律。

话语字数不多，但含义极深。在部队，必须纪律严明，其意义不言而喻。雷锋对此有着深刻认识，1961年6月15日，他在日记中写道：

军队，它是战斗的集体，要有严格的组织纪律，一切要适应于战斗的需要……“严”字是从多次流血的经验中总结而来的。

在执行任务或在最复杂的环境中，雷锋处处要以邱少云为榜样，严格要求自己，遵守纪律。越是复杂的环境，雷锋越是告诫和要求自己坚持以邱少云为榜样遵守纪律。

这一点，还可以从1961年6月雷锋应邀到建设街小学和本溪路小学去讲故事时写的提纲中得到佐证。

雷锋在提纲里提到，在他刚入伍时一个星期日没请假上街，回来后，指导员高士祥找他谈话：“邱少云同志就是我们学习的榜样，他在战场上，敌人的燃烧弹烧着了他的衣服，可是，他为了不暴露目标，一直坚持到最后牺牲。”雷锋听到这里，心里难过极了，哭了。打那以后，再没有违反组织纪律和各种制度。

从此以后，雷锋坚持以邱少云为榜样，无论单独外出还是带领全班执行任务，无论是节假日还是正常时间，都能自觉遵守我军条令条例和各项规章制度，严格规范自己的言行。

雷锋第一位学习的外国英雄：白求恩

白求恩，出生于1890年3月3日，是加拿大共产党员，国际主义战士，著名胸外科医师。

1938年年初，为了帮助中国人民的抗日斗争，白求恩不远万里，突破重重阻挠，来到延安。4月，白求恩东渡黄河，前往晋察冀边区，带着战地医疗队转战多个战场，冒着枪林弹雨，在极端艰难的环境中抢救了成千上万的伤病员，培养了大批的革命医疗战士，为中国人民的解放事业做出了重大贡献。

1939年11月，白求恩亲自医治了帮助雷锋入伍的余新元，帮他保住了腿没被截肢。11月12日，白求恩因感染引发败血症逝世。

1940年，在八路军政治部、卫生部出版的《诺尔曼·白求恩纪念册》中，毛泽东撰写了《学习白求恩》，高度赞扬了白求恩的共产主义、国际主义精神，并号召每一个共产党员向他学习。

文中说："一个外国人，毫无利己的动机，把中国人民的解放事业当作他自己的事业，这是什么精神？这是国际主义的精神，这是共产主义的精神，每个中国共产党员都要学习这种精神。"

文中说："白求恩同志毫不利己专门利人的精神，表现在他对工作的极端的负责任，对同志对人民的极端的热忱。每个共产党员都要学习他。"

文中还说："我们大家要学习他毫无自私自利的精神。从这点出发，就可以变为大有利于人民的人。一个人能力有大小，但只要有这点精神，就是一个高尚的人，一个纯粹的人，一个有道德的人，一个脱离了低级趣味的人，一个有益于人民的人。”

1960年2月15日，雷锋看到毛主席写的《纪念白求恩》，深受教育，被感动得流下了热泪。

雷锋在日记中给毛主席写信讲述了自己思想的转变：

过去有人讽刺我说，“你积极有什么用，那么点的小个子，给你150斤重的担子，你就担不起来。”我听了这话，还埋怨自己为啥长这么点小个子呢！

可是，您老人家说：“一个人能力有大小，但只要有这点精神，就是一个高尚的人，一个纯粹的人，一个有道德的人，一个脱离了低级趣味的人，一个有益于人民的人。”这话给我很大鼓舞。个子小我也要尽我自己最大的力量，做到毫不利己，专门利人，向伟大的国际主义战士白求恩学习。

从此，“毫不利己，专门利人”成为雷锋努力学习的方向。1959年10月的一天，雷锋写道：

我决心听党的话，听毛主席的话，永远忠于党，忠于毛主席，好好地学习，顽强地工作，为党和人民的事业贡献自己的一切，做一个毫无利己之心的人。

1961年4月29日，雷锋在日记中说：“学习了《纪念白求恩》的文章后，支援灾区。”

1961年9月22日，雷锋再次重读了《纪念白求恩》这篇文章，感触良多。他在日记中写道：

毛主席写的《纪念白求恩》这篇文章，我早已读过，并为白求恩的国际主义精神和共产主义精神感动得流出了热泪，对我的教育和启发特别之大。白求恩那种毫不利己、专门利人的精神，鼓舞和鞭策了我的进步，使我所取得的收获不小。

今天副指导员又给我们上了这一课，我又反复地看了数遍，所受教育更为深刻。白求恩同志对待自己本行业务是那样刻苦地钻研，精益求精，为人类的解放事业献出了毕生精力和整个生命。可是我呢，为党、为人民又做了一些什么呢？对照起来，我感到万分惭愧和渺小。拿自己的技术学习不说，还不是那么刻苦钻研的，学得也不够深透。但是我相信，只要再加一把油，勤学苦练，虚心学习，是一定能把汽车开好的……

通过这篇文章的学习，使我深刻认识到：一个人活着，就应该像白求恩同志那样，把自己的毕生精力和整个生命为人类的解放事业——共产主义全部献出。我要永远站在无产阶级的立场上，永远忠于党、忠于人民、忠于保卫祖国和世界和平的伟大事业，做一个真正的共产主义革命战士。

1961年10月12日，雷锋在日记中再次提到了毫不利己：

我要牢记这样的话：永远愉快地多给别人，少从别人那里拿取。这种共产主义精神，我要在一切实际行动中贯彻。

在1961年11月底至12月初的一天，雷锋在日记中再一次提到了要向白求恩学习：

学习《纪念白求恩》

一个人能力有大小，但只要有这点精神，就是一个高尚的人，一个纯粹的人，一个有道德的人，一个脱离了低级趣味的人，一个有益于人民的人。

我决心听毛主席的话……事事大公无私，处处从党和人民的利益出发，全心全意为人民服务……向白求恩学习，做一个毫不利己、专门利人的人，为共产主义奋斗终生。

一个人，只要大公无私，处处从党和人民的利益出发，兢兢业业为党工作，老老实实为人民服务，就是一个有益于人民的人。

一个人只要他不存私心，时时刻刻考虑人民的利益，全心全意为人民服务，他就能成为一个道德高尚的人。

加强工作责任心，对同志对人民要忠诚，要热情，要关心，要互相帮助。

一个革命战士必须具有把一切献身于无产阶级革命事业的崇高理想。

不但要有好的思想，而且还要有高超的技术，才能更好地为人民服务。

文章的结尾告诉了我们要做一个什么样的人。

我活着就要做一个对人民有用的人。

雷锋入伍1年9个月，已经立过功、获得诸多荣誉，他没有骄傲满足，仍然在认真阅读《纪念白求恩》，并且对照白求恩，认真剖析了自己存在的不足和问题，表示了今后的决心。

时隔1个多月后，即1962年1月14日，雷锋在日记中写道：

每当我得到福利和享受的时候，就想起了白求恩，就先人后己，把享受让给别人。

2月12日，雷锋写道：

一个共产党员是人民的勤务员，应当把别人的困难当成自己的困难，把同志的愉快看成是自己的幸福。

3月7日，雷锋在日记中写道：

我要永远愉快地多给别人，毫不计较个人得失……

雷锋的“英模‘朋友圈’”

翻看雷锋的日记和赠言，不仅有方志敏、王若飞、安业民等英模，还有韩英这样的电影中的人物；不仅有前辈先烈，也有同辈中人，多达30余人，均是雷锋明确表示要学习的榜样。特别是在雷锋参加沈阳军区首次团代会上，英模群英荟萃，共聚一堂，雷锋给别人纷纷题写赠言，表达了向英模学习的态度和想法。

1958年6月一天，雷锋看了《沉浮》这本书后在日记中写道：

我认为简素华的那种坚强不屈的意志，那种高尚的共产主义风格，那种克服困难的决心和信心，那种艰苦朴素的工作作风，对群众那样的关怀，这位女同志是值得我学习的。沈浩如同志是一个有严重资产阶级意识的人，处处只为个人打算，怕吃苦，他那些可耻的行为，我坚决反对。

简素华成为雷锋日记里第一个要学习的文学作品中的对象。

据雷锋望城亲朋好友回忆，在望城老家时，郭亮、刘胡兰、黄继光、董存瑞等人都是雷锋学习的榜样。在来辽宁的列车上，雷锋还把郭亮被害前写给妻子的遗嘱一字不差地背出来，让同行的杨必华吃惊不已。

1960年11月14日晚7时，雷锋到安东兄弟部队做报告后看了一场电影。雷锋说："影片中的主角聂耳给我印象最深。他是一个坚强的无产阶级革命战士，是党的好儿女。他那种勇敢、坚强、机智、虚心、敢于斗争的精神，是值得我永远学习的。"

1960年11月27日，雷锋被沈阳军区工程兵党委评为"模范共青团员"。他在授奖大会上发言表态说："工作上处处带头，保证搞好团结，帮助好同志，做到见先进就学，见困难就上，见方便就让。"

1960年12月27日，雷锋在日记中写道：

"……不怕饥饿，不怕寒冷，不怕危险，不怕困难。屈辱，痛苦，一切难于忍受的生活，我都能忍受下去！这些都不能丝毫动摇我的决心，相反的，是更加磨炼我的意志！我能舍弃一切，但是不能舍弃党，舍弃阶级，舍弃革命事业。"

永垂不朽的革命烈士——方志敏同志是我永远学习的榜样。我出生在一个很贫穷的农民家庭，在旧社会受尽了折磨和痛苦，在慈祥的母亲中国共产党的不断哺育和教导下，居然成为一个国防军战士、光荣的共产党员，我要时刻准备着为党和阶级的最高利益，牺牲个人的一切，直至生命。

1961年5月1日，雷锋学习了《王若飞在狱中》这篇文章，在日记中写道：

我读了一遍又一遍，越看越爱看，越读越感动……我要永远听党的话，永不忘记过去，为了共产主义事业，要像王若飞同志那样，永生战斗！

1961年5月2日，雷锋在《前进报》上看到共产党员郑春满舍己救人，为救两个孩子的生命而献出自己生命，为失去一个这样好的阶级兄弟而感到十分沉痛。雷锋在日记上写道：

我要学习他那舍己救人的精神，为共产主义奋斗终生。

1961年10月8日，雷锋在报纸上看了一篇文章，其中鲁迅的两句话对他教育很深。他在日记中写道：

我坚决要按照鲁迅的那两句诗去做："横眉冷对千夫指，俯首甘为孺子牛。"

1961年10月17日，雷锋看到厕所粪池满了，就自己动手把厕所淘了。人家都笑话他说他是一个大粪夫。雷锋写道：

我觉得当一个大粪夫是非常光荣的。1959年参加北京群英会的时传祥同志，不就是一个淘大粪的工人吗？我要是能够当一个这样的大粪夫，那该多荣幸啊！

1962年1月13日，雷锋看了电影《洪湖赤卫队》，感受到浑身全是力量，心情久久不能平静。他在日记中写道：

共产党员——韩英同志那种坚强勇敢、不怕牺牲的精神给了我莫大的鼓舞和无穷的力量。她在敌人监狱里宁死不屈，并歌唱："为革命，砍头只当风吹帽；为了党，洒尽鲜血心欢畅。"她这崇高的豪言壮语，深深地刻在我的脑海里。我决心永远向韩英同志学习，为了党，我不怕上刀山入火海；为了党，哪怕粉身碎骨，永不变心。

1962年1月下半月一天，雷锋在日记中写道：

学习愚公不怕困难，敢于斗争，敢于胜利的精神。愚公能挖掉两座大山，我有恒心克服各种困难，学习好毛主席著作和军事技术，把自己锻炼成一个又红又专的共产主义革命战士，更好地为人民服务，为人类的解放事业——共产主义而贡献自己的一切。

2月3日，雷锋一口气看完了《中国青年》杂志上徐老（徐特立）写给晚辈的几封家信，越看越感到浑身是劲，越看越觉得亲切，越看越想看。雷锋在日记中写道：

特别是徐老说的："一个共产党员应当什么都知，什么都能，什么都学，什么都干，什么人都交，什么生活都过得下去。"这些话对我来说，是有很大启发和教育的，也是我应当知道的，必须要做的。我要永远记住徐老这些有益的话，并且要贯串于一切言论和行动之中，决心把自己锻炼成为一个名副其实的共产党员，为人类做出贡献。

2月8日，雷锋看到文书同志从团里回来拿了几本新书回来，就借了《向秀丽》，用4个多小时一字一句读完了这本书。他在日记中写道：

我决心永远学习向秀丽同志坚定的阶级立场，敢于斗争的精神；学习她耐心帮助同志、处处为集体谋利益的精神；学习她对工作极端负责任；学习她对党对人民无限忠诚；学习她爱护国家财产胜过爱护自己生命的精神；学习她在紧急关头，挺身而出、英勇牺牲的精神……我时时刻刻都要以她为榜样，经常对照自己和鞭策自己，把自己锻炼成为一个坚强的无产阶级革命战士。

2月19日，雷锋作为特邀代表，参加了沈阳军区首届中国共产主义青年团代表会议，并被选为主席团成员，还在大会上发言。

2月21日，雷锋给杨德志赠言写道："你是优秀的共青团员，是党的好儿女，是我学习的好榜样！愿你的青春像鲜花一样，在祖国的土地上发散着芬芳，在保卫祖国的战线上多立功勋。"

2月22日，雷锋给刘成德的赠言写道："你是优秀的共青团员，是我永远学习的榜样，为了共同完成党的事业，我给你留下几句话：我觉得一个革命者，就应该把革命利益放在第一位，为党的事业贡献自己的一切，这才是最幸福的。"

雷锋给周恒卿的赠言写道："你是优秀的共青团员，是我学习的好榜样。请你多多帮助我，让我们共同前进。"

雷锋给崔娴维的赠言写道："你是优秀的共青团员，是我学习的好榜样。愿你的青春像鲜花一样，永远在祖国的土地上发散着芬芳。"

2月26日，雷锋给我国第一位远洋捕鱼船女船长文淑珍赠言："你是党的优秀儿女，是毛泽东时代的英雄，是我永远学习的好榜样。让我们更高地举起毛泽东思想红旗，为人类的解放事业——共产主义而共同奋斗吧！"

在出席沈阳军区首届共青团代表会议后，雷锋还和沈阳各界青年联欢，并发言说："辽宁省和沈阳市的青年同志无论在农村、在工厂、在商店、在机关、在学校、在祖国社会主义建设的各个岗位上，在党的领导下，在各方面都做出了出色的成绩。你们一向是我学习的好榜样。过去，我们经常从广播里，从报纸上，从首长的讲话中，从地方的青年的来信中，从参加祖国社会主义建设的劳动中听到或看到你们在英勇地劳动，积极地工作，刻苦地学习。这对我们是个很大的鼓舞。今天，又有机会跟你们在一起联欢，直接跟你们见面，向你们学习，真感到非常荣幸。"

1962年4月12日，雷锋在给郑树信的信中写道：

自上次会议咱俩见面，直到现在，我无时不在相信您。咱俩在一起的时间虽短，但是您的一举一动，一言一语，都给我留下了深刻的印象。您对同志无限热忱，对党无比忠诚的精神，值得我永远学习。

1962年4月16日，雷锋读了《党的好儿子龙均爵》这本书。他在日记中写道：

我处处要以龙均爵为榜样，永远学习他不畏艰难困苦、敢于斗争的精神；学习他关心爱护同南的高贵品质；学习他大公无私、舍己为人的精神；学习他刻苦学习钻研技术的毅力；学习他爱护国家财产如爱护自己生命的精神；学习他处处把国家的利益和人民的利益放在个人利益之上的思想。坚决学习他，并贯彻于实际行动中，一定要在保卫祖国和建设祖国的事业中，贡献自己的力量。

4月19日，雷锋看了《在前进的道路上》这部电影。他在日记里写道：

影片中罗副局长这个人物很好，表现在他政治立场坚定，原则性强，敢于批评斗争，虚心好学，能密切联系群众，对革命事业高度负责。我要永远向他学习，多为党做些工作，为祖国做贡献。

1962年5月9日，雷锋给沈阳军区首届团代会代表王元朝信中写道：

您的话对我的工作、学习等各方面都有很大的启发和帮助，同时给了我莫大的鼓舞和力量，为此我表示衷心的感谢……我为了更好地向您学习，以求得您的帮助，现将本人情况向您汇报……

雷锋的“朋友圈”中，全是英模，他时刻把英模们的言行当作自己学习的目标和方向，见贤思齐，努力奋进，积极向上，向着自己的目标坚定地前行，并最终成为别人学习的榜样。

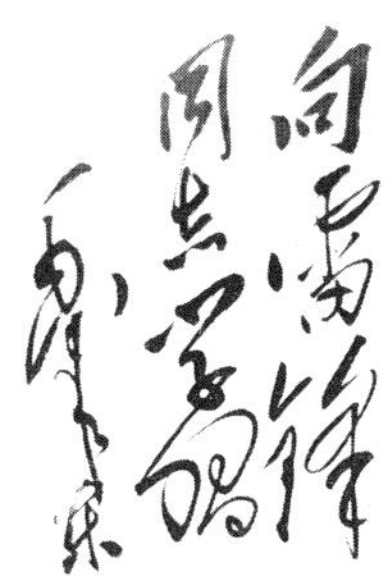

第四章

向雷锋同志学习

雷锋不幸牺牲，令人痛心不已。回顾整理雷锋的过往事迹，越发觉得其品德高尚、精神宝贵，是引领时代风向、激励人们前行的榜样。

学习雷锋是历史的呼唤、社会的需要、人民的心声。

雷锋从家乡望城走出，到辽宁扎根。他虽然在地方工作期间表现优异，但学习雷锋并没有形成规模，也没有特定地有针对性地开展学习，学习仅局限于单位、班组。

真正系统学习雷锋始于部队。部队是雷锋成长、成才、成功的摇篮，部队培养了雷锋，并把他选树成为毛主席的好战士，成为全军区学习的榜样。

发现雷锋，了解雷锋，关心、培养雷锋，需要一个过程。

当兵入伍时，久经磨炼的雷锋，人生观、价值观、世界观已经初步形成。雷锋来到部队，就把自己如铁般的坚定意志，似火般的积极进取精神，如水般的尚善态度，如阳光般无私奉献精神，都淋漓尽致地表现出来，成了排头兵。

雷锋是一个好学上进的战士。入伍时，雷锋带了《方志敏》《董存瑞》《安业民》等许多革命书籍和毛主席著作单行本。

雷锋是诲人不倦的战士。他在刚入伍时，就在新兵连担任读报员。他不仅自己经常找报纸来看，还耐心帮助其他新战友一起学习，读心得体会。

雷锋是一个严于律己的战士。他在学习毛主席著作时，能认真按毛主席的指示办事，并勇于开展批评与自我批评。

雷锋是个艰苦朴素的战士。他到部队后对发给他的服装、鞋、袜等生活必需品等十分爱惜，换下来的旧衣袜缝缝补补、精心保存，从不乱花钱。

雷锋是一个一心为公的战士。他在平常工作中，处处注意节约，事事为公家着想。尤其爱护车辆，爱护公物，受到战友们的赞扬。

雷锋很快便从新兵中脱颖而出，吸引了部队各级领导的关注。

1960年6月，工程兵十团党委就考虑吸收雷锋入党了。7月，运输连党支部委员会第二次讨论后，通过将雷锋列为发展对象的议题，上报到团政治处。十团政治处两次派出人员到湖南望城雷锋的家乡，调查他的家庭历史和社会关系，并责成政治处组织股股长赵玉瑞协助运输连党支部抓紧对雷锋的培养。团党委正式将雷锋列入1960年第四季度发展对象。

因运输连驾驶员分散执勤，单独行动时间多，出现了一些作风不正的问题，团党委决定派十团政治处主任刘家乐和政治处宣传股干事庞士元到运输连蹲点，和雷锋生活工作了约3个月。3个月时间里，庞士元目睹了雷锋许多先进事迹，在结束蹲点任务后写工作总结时，提到了雷锋的相关事迹。韩万金政委看了很是赞赏，并亲手对雷锋事迹材料进行具体修改，稿件投给了《解放军报》《人民工兵》杂志，全被采用并刊发。

1960年夏，雷锋所在的十团正在抚顺执行抚钢基建“751工程”任务。沈阳军区工程兵司令部副参谋长朱玉山和政治部宣传处副处长赵琪带工作组来到十团蹲点。

遵照中央军委和总政治部关于机关干部下基层的制度安排，沈阳军区工程兵派出团职以上干部深入基层蹲点，帮助基层和连队总结经验，改进工作。由于工程兵部队驻地分散，多数部队担负繁重的国防施工任务，党委明确指示，下基层的主要任务是发现、培养典型，指导和推动面上的工作，贯彻毛主席实现一般号召与个别指导相结合的工作方法。

朱玉山和赵琪蹲点时，了解到雷锋的先进思想和模范事迹等一些情况。二人向沈阳军区工程兵政治部副主任王寄语做了汇报，王寄语听后感到这是件好事，应该认真对待雷锋这个典型，特向工程兵主任王良太和政委吕清做了口头汇报。王良太听了也很高兴，决定让王寄语专程去工程兵十团详细调查了解一下雷锋的全面情况。

1960年7月，王寄语第一次见到雷锋。当时，工程兵部队正在丹东召开体育运动大会，雷锋也参加了。王寄语单独找到了雷锋进行交谈。经过详细了解，王寄语觉得雷锋确实是一个很不平凡的兵。

王寄语说，雷锋对党、对社会主义，特别是对毛主席的深厚感情，从他的每句话中都能听得出来。他的思想觉悟高，对问题认识敏锐，心怀国家、关心集体，都给我留下了极为深刻难忘的印象。

1960年8月，雷锋入伍八个月，先是在上寺水库带病抢险救灾被记三等功一次，又紧接着把自己积攒的200元“巨款”捐给了抚顺望花区和平人民公社和辽阳灾区。

这事再次引起了团党委的高度重视。十团政委韩万金指示十团政治处宣传股股长吴广信和庞士元把雷锋先进事迹整理出来，于是就有了《解放后我有了家，我的母亲就是党》这份材料。

十团团长吴海山说，如果说，早在五六月份，党委就把考查雷锋、教育雷锋、提高雷锋的政治觉悟摆在议事日程，那时还只是限于作为一般的好人好事进行宣传，可以说是我们对雷锋认识的第一阶段。

雷锋捐款是我们对雷锋认识的第二个阶段。我们深深地感到雷锋作为一个普通的战士，积极地自觉地响应党的号召，用自己的实际行动热爱集体，坚决地走社会主义道路，这种崇高的共产主义革命精神，真不愧为毛主席的好战士。

1959年至1961年，我国正经历着三年困难时期，经济出现极度困难。1960年8月，《人民日报》刊发文章，“广泛深入地发动群众，开展全面增产节约运动”。

在这一特殊时期，雷锋处处勤俭节约，显得极其难能可贵。十团党委研究决定，在全团树雷锋为艰苦奋斗“节约标兵”。

8月，王寄语来到十团，约政委韩万金、政治处主任刘家乐等人一起参加座谈会听取汇报，看了团政治处整理的雷锋先进事迹材料，还调阅了雷锋日记。

王寄语带着调查搜集到的这些材料返回工程兵机关，首先向党委书记、主任王良太做了一次简要的汇报。听取汇报后，王良太当即提出召开党委会专门研究宣传和推广雷锋同志先进思想和优秀事迹的工作。

王良太说：“这些年来，我们的部队，初春上山施工，干部战士夜以继日在坑道里作业，入冬后下山整训，抓思想、作风建设，抢第二年的施工技术、物资准备，每年都要结合部队任务的特点进行热爱工程兵、热爱山区、热爱劳动，过好劳累关、生死关教育。雷锋的出现，使我们获得了一种新的教育自己、说服群众的推动力。”

党委会上，众人就雷锋的身世、入伍前的表现、政治思想基础等进行讨论研究。在此前后，工程兵政治部的组织、宣传、青年部门一些同志，在党委统一安排下，同十团的同志一起深入连队，进一步了解雷锋，开始积累雷锋怎样学政治、怎样学技术、怎样勤俭节约等一些素材。

经反复调查之后，党委会一致认为雷锋阶级觉悟高，对党的感情特别深，“根子正”，是“好苗子”，并具体研究怎样看待、怎样培养雷锋这一典型相关工作。

1960年9月14日，韩万金以团政治处的名义加按语：“最近，党中央发出了增产节约的指示，1960年入伍的新战士雷锋同志坚决响应中央号召，处处省吃俭用，从不乱花一分钱，以积少成多、点滴成河的节约精神，把入伍前后积存的200元钱，分别支援了人民公社和灾区人民，受到了抚顺、辽阳人民和政府的赞扬。雷锋同志这种为了人民勤俭节约的精神，积极支援社会主义的高贵品德，理应成为我们每个同志学习的榜样。”

此外，韩万金还批示：“立即打印30份，发各连党支部和司、政、后机关组织学习，同时上报军区工程兵政治部。”

这是第一次在部队大规模地宣传雷锋先进事迹，并第一次提出向雷锋同志学习的号召。

1960年10月，全军部署开展“忆阶级苦、忆民族苦，查立场、查斗志、查工作”的“两忆三查”教育运动，旨在使官兵端正对当时国内外形势的认识，克服国民经济生活暂时困难，增强取得社会主义事业新胜利的信心。

为教育全体指战员，十团还特意召开了全团军人大会，安排雷锋在会上做忆苦报告。十团政治处宣传股股长吴广信回忆，当雷锋讲到一家人在旧社会的悲惨遭遇和他苦难童年的生活时，许多干部战士都难过地流下了眼泪，大家上了一堂生动的教育课。从来没有领大家喊过口号的副团长杨凤岐，含着眼泪高呼道：“不忘阶级苦，牢记血泪仇，向雷锋同志学习，向雷锋同志看齐!”

为培养和树立雷锋这一先进典型，团党委除了书记（政委）、副书记（团长）负责全面掌握情况外，还责成团政治处主任刘家乐专门分管。

韩万金指示刘家乐："忆苦思甜可先分散在各连队搞些小型的活动，团集中困难，如果各连队有请雷锋做报告的，也可以进行安排。你们政治处对树立雷锋为典型多做一些工作，很好加以培养，要有专人负责，咱们党委就由你负责任，宣传部门可以做些具体工作。"

十团政治处副主任王寄语说："经我们政治部研究并经党委同意，便把雷锋调来沈阳，从11月2日开始到军区工程兵所属各单位做忆苦报告。"

与此同时，沈阳军区首届共青团代表会议正在紧张筹备中。工程兵报请上级批准雷锋作为特邀代表出席会议。在审查代表资格时，王良太主任和其他几位常委都认为像雷锋这样的好同志，以党员身份出席会议更为适宜，便催请工程兵十团党委审核批准雷锋加入中国共产党。

1960年11月初，沈阳军区工程兵党委开了一次常委会扩大会议，决定召开工程兵部队连队政治工作会议，通知所属部队团、营、连三级政治工作人员都来参加，除贯彻上级会议精神外，学习宣传雷锋事迹也是会议一项重要内容。同时，通知雷锋本人到会做忆苦报告，以典型引路，把连队的政治工作扎扎实实地开展起来。

11月8日，正在参会的十团运输连指导员高士祥接到韩万金政委关于加快雷锋入党的指示后，连夜从沈阳返回抚顺连部，召开运输连支部党员大会，正式通过雷锋入党申请。雷锋入伍十个月，"破格"成为一名中国共产党预备党员。

在工程兵部队连队政治工作会议期间，军区工程兵政治部主任裘永芳建议领导与雷锋谈一次话。报纸上连续介绍雷锋的事迹，雷锋到处做报告，要让他注意谦虚谨慎，别骄傲，这对他成长是有益的。响鼓也要重槌敲。雷锋的确是一个好典型，但对好的典型尤其要爱护，要关心，也要给他指出需要注意的地方，让他成长得更顺利、更健康。

原来，雷锋成为典型后，经常外出做报告，说话做事就要格外注意，稍微不注意，就容易出现不好的影响或给他人不好的引导。

雷锋说话会有欠斟酌的地方，有讲过头的地方。比如说到军衔，雷锋是中士，与他同年兵个别的有晋升上士了。他与人家见面时会说："你们都进步了！"有人觉得这是不是表达对自己目前的待遇不满呢？

还有，他在做报告时，曾表示自己愿做"黄继光第二"。我们普通的战士，都应该向黄继光学习，学习他不怕苦、不怕死的精神。当下没有战争，怎么去堵枪眼，怎么去做黄继光第二？也许雷锋是在表达向英雄黄继光学习的意愿，说得不够妥当，不够圆满。

这样的反映，一直反映到部队领导这里，所以引起了领导的重视，也就有了领导与雷锋谈话的提议。

与此同时，工程兵政治部副主任王寄语也提议，党委成员集体接见一次雷锋，一来可以对他进行一次面对面的教育，二来让他感受到党组织时刻都在关心他的思想进步、健康成长，从而激发他力戒骄傲，谦虚谨慎，进一步加强学习，真正做一个经得起任何考验的毛主席的好战士。

因为会议日程太紧，难以安排。直到11月21日下午1时30分，工程兵党委成员才集体接见了雷锋。军区工程兵党委书记王良太送给雷锋四卷本《毛泽东选集》并题写了赠言，鼓励他继续前进。照片中，雷锋笑着坐在王良太旁边看首长题字。工程兵政委吕清、副主任朱玉山也为雷锋题写了赠言。

首长的亲切接见，对雷锋触动很大。雷锋对领导的叮嘱铭记在心，并在当晚的日记里写道：

今天是我永远不能忘记的日子。下午一点半钟，我在沈阳工程兵部见到了上级首长。首长们像慈父般的（地）关怀我，在这最幸福的时刻，我高兴得连话也说不出来，只是流出了激动的热泪。政委对我说："受了阶级的压迫，受了民族的压迫，你没有忘本，很好啊！在旧社会受阶级压迫，剥削……穷人没出路，你听了毛主席的话，做了很多工作，做得很对。今天我们革命，不能忘本，忘本就很糟糕。你以前做得很好，今后要继续这样做。要读毛主席的书，听毛主席的话，忠实于党，忠实于人民，忠实于毛主席。做出成绩，什么时候都是应该的，我们当革命者不能满足。要更加虚心，对领导要尊敬，对同志要团结，要努力做毛泽东时代的好战士，要做一个好的共产党员。"首长的教导，我深深地印在脑海里。我一定要好好学习和工作，永远听党的话，听毛主席的话，跟党走，做毛主席的好战士。

就在这几个会议紧锣密鼓进行期间，雷锋被邀请到部队领导机关、分队和地方一些单位做忆苦和事迹报告，他的名字和先进事迹也随之在工程兵部队和兄弟部队以及当地群众中传播开来。

1960年11月23日，沈阳军区工程兵党委做出授予雷锋"模范共青团员"荣誉称号的决定。同时，十团党委向全团发出了《学雷锋、赶雷锋、做雷锋式好战士》的号召，要求全体同志，特别是共产党员、共青团员，要以雷锋同志的先进思想作为学习榜样，不断提高政治思想觉悟，树立牢固的无产阶级世界观，做毛主席的好战士，为更好地完成部队思想建设和训练、施工各项任务而奋斗。

这是部队第一次以文件的形式正式发起向雷锋同志学习的活动。

不久，时任沈阳军区党委副书记、副政委兼军区政治部主任杜平，来到雷锋所在的工程兵十团，部队领导向杜平汇报时特别讲到了雷锋，说雷锋在入伍前就是先进分子，入伍后工作学习也一直表现优异，被评为了节约标兵、模范共青团员，还荣立了二等功。当部队同志说到雷锋做了很多好事从不留名时，杜平更感兴趣了。

因此，杜平认定了雷锋这个典型，并要求有关部门收集整理雷锋的事迹材料进行宣传。随即，沈阳军区《前进报》和新华社、解放军报驻站记者开始采写宣传雷锋精神的报道。《前进报》总编辑将采写的有关雷锋事迹的长篇通讯送给杜平审阅，杜平看了之后，提笔把文章标题改为“毛主席的好战士”。

1960年11月26日，《前进报》以两个整版的篇幅，套红宣传雷锋的事迹。其中在第一版发表了《毛主席的好战士》长篇通讯，在报眼的位置刊登了杜平的重要批示手迹，其中写道：“雷锋同志这种精神显得十分重要，值得学习。”

时任沈阳军区工程兵政治部副主任王寄语说，杜平发表在《前进报》上的重要批示揭开了学习雷锋活动的序幕。之后，一场大规模宣传、学习雷锋的活动，在沈阳军区逐步展开。

雷锋的事迹在军区广泛宣传，给部队带来了极大变化，各部队相继培养宣传自己的学雷锋、赶雷锋先进典型，让部队首长振奋，也平添了不少压力。

十团党委考虑下一步的工作怎么办。以往有些先进模范人物在宣扬出去后，变得无声无息，有的还走了下坡路，因此，各级领导应采取什么样的态度对待雷锋，怎样帮助雷锋继续提高，成为领导们考虑的问题。

十团党委研究提出了要紧紧把握培养、宣传雷锋的正确方向，对雷锋要坚持“支持、爱护、教育、提高”的原则。

工程兵主任王良太说，雷锋是全心全意为人民服务的好战士，我们一定要有坚定的立场支持他、爱护他，但爱护绝不是袒护，有缺点、错误必须及时指出，帮他改正。在对他没有大力宣传前，我们这样做了，今后更要坚持这样做。雷锋还是年轻的战士，正处于重要的发展时期，我们必须帮他百尺竿头更进一步。但提高绝不是“拔高”，已形成的雷锋先进事迹材料都是实实在在的，今后更要坚持这一条。

十团党委根据这个精神，具体做出了规定：抓典型的人不换，班子不散；宣传上有一说一，有二说二，不讲过头话，不讲无准确根据的话，严格把关。

运输连党支部也提出，对雷锋事迹宣传一要广，二要真，要在自己连队真正把雷锋这面旗帜举起来；对雷锋遇到的实际问题、实际困难一定要实事求是地解决，帮他出主意，总结经验；连队要保持一定数量的学雷锋骨干，保证连队各项工作不断线。

同时，部队还对雷锋提出了在新的年度里要解决两个问题：第一，必须时刻防止骄傲情绪。雷锋每次外出做报告回部队经过沈阳时都到王良太主任家中做客，王良太总是提醒他要虚心向人家学习，外出时要处处有礼貌。王良太还在赠送给雷锋的照片上题写：“赠给雷锋同志：虚心使人进步，骄傲使人落后。祝愿我们共同进步，建设美好的未来。”

领导的叮嘱和关心，让雷锋能正确对待荣誉，保持清醒的头脑。雷锋在日记里明确写道："我要永远戒骄戒躁，不断前进。"

团政治处组织股股长赵玉瑞回忆，雷锋被授予"模范共青团员"后，组织股和相关部门全力以赴筹备召开"全团年终总结立功授奖大会"，全团40多人立功，立二等功的只有两个人，一个是雷锋，另一个是一连老战士刘喜合。

团党委批准雷锋荣立二等功，并在1960年11月27日授奖，准备安排雷锋代表功臣讲话。25日，赵玉瑞找到雷锋透露了要给他荣记二等功，问道："你对立功是怎么认识的?"

雷锋思索片刻说："我对功的认识粗浅，不一定正确，请你批评指正。功，功劳、功绩、劳苦为功，是光荣的标志，而光荣是为人民革命事业做出贡献的表现，受到祖国和人民的赞扬和给予荣誉就是立功。对功要有正确的态度和正确的对待。如果处理不好，可能躺在功劳簿上，以功臣自居。一旦骄傲自满，就是落后的开始。如果处理好，认识又正确，就能促使自己更加努力再上一层楼……我入伍不到一年，工作并不突出，只是做了应该做的事，和英雄模范人物相比差得很远。今后，我努力向英模人物学习。党委给我记二等功是对我的鼓励，更是对我的鞭策，今后要不断学习毛主席的书，不断改造思想，勤奋工作，真正做到大公无私，不为利、不图名、不怕苦、不怕累，为人民献出自己的一切，决不辜负党和人民的期望。"

第二个问题，就是由于一段时间里，雷锋外出活动太多、太累，政治学习、军事技术学习时间没有保证，渐渐地有落在其他战士后的趋势，这样，对他本人成长不利，也势必影响他的威信。十团党委决定减少雷锋外出报告的次数，必须外出时要经团领导同意，并派专人陪同，严格控制部队内部对雷锋的访问，并决定组成专门的“小班子”帮助雷锋，由政治处宣传股股长吴广信、干事庞士元同高士祥一起负责帮助雷锋学习毛主席著作和学习政治；由教员王广湘和副连长虞仁昌负责帮助雷锋提高驾驶技术；为使雷锋熟悉车况，还确定了对13号车不轮流换人驾驶，把车固定下来由雷锋驾驶。

就这样，在各级党委和领导的关怀下，雷锋一步一步走向成熟，走向成功，成为毛主席好战士。

1961年年底，吴海山调离十团，十团换了新的行政领导。由于在思想方法上存在片面性，对雷锋缺乏全面认识，有人片面反映雷锋驾驶技术不好，耗油多，还损坏了汽车零件，曾几次三番要将雷锋调离运输连。韩万金政委专门派人调查了解，据理批驳他们对雷锋的不正确指责。这对雷锋的成长、发展，带来了一定影响。7个月后，吴海山调回十团任团长，再次与韩万金政委联手把雷锋的旗帜高高举起。可惜的是，吴海山即将到任，雷锋就不幸牺牲了。

有人认为雷锋是因车祸死的，属于事故，不宜宣扬。而沈阳军区政委赖传珠、副政委杜平等以辩证的观点看待这一问题，形成了一致意见：事故是一回事，事迹又是另一回事，不能把这两者混为一个问题，必须分开。在他们的提议下，沈阳军区党委大力宣扬了这一具有时代意义的先进典型，杜平还专门题写了“学习雷锋同志”的条幅。从此，雷锋的光辉形象高高地树立起来。

雷锋突然牺牲，让雷锋辅导过的望花区建设街小学、本溪路小学的学生一时无法接受，万分悲痛，经常来到部队营房，强烈要求亲眼看看雷锋叔叔生前所用的物品，寄托哀思。

看到孩子们和雷锋结下了深厚的友谊，部队认真研究决定，应该满足孩子们的要求，也可以通过观看给抚顺地方青年、少先队员上一堂生动教育课。另外，雷锋是全军区的典型，生前多次立功受奖，还是地方的人民代表，在他身上处处都有值得人们学习的地方，应该加以宣传。

沈阳军区工程兵十团决定办一个小型展室，展出雷锋生前所用的衣服、日记本、生活用具、照片等遗物。

这一消息，传到了时任抚顺市委书记沈越耳中。

雷锋牺牲后，沈越曾第一时间把原本预备给自己老母亲送终的棺椁献了出来，用于安葬雷锋。1962年8月17日，抚顺召开了公祭雷锋大会，主动前来送葬的人竟有10万之多。

民心所向，感天动地。听说要办展览室，一天晚上，沈越带着市委宣传部部长，直接找到了举办展览的地方，与团政治处主任刘家乐商量："能不能在一个月内布置好展览？"

沈越指了指身边的宣传部部长说："要钱、要物找他，要人也找他。我一个月后作为第一个观众来参观。"

吴海山团长和韩万金政委得知此事后，立即召开了常委会会议，会上研究决定：钱、物、人都不向市委伸手，但展览任务要照市委的时间要求完成。团党委指派政治处副主任赵玉瑞与陈广生、季增等人负责。

展室就设于雷锋生前所在连营房一侧，即原钢厂招待所大墙外。因为没有经验，赵玉瑞和陈广生绞尽脑汁，反复琢磨如何把雷锋的遗物一件件展出来，把雷锋的精神风貌展现出来。

几个人起早贪黑，殚精竭虑，自己动手找木板、刮木条、钉相框装放雷锋照片；自己设计小支架把雷锋生前日记展现出来；把雷锋千层底袜子和百补丁衣服也一件件放到了架子上，还绘制了一幅幅插图画面把雷锋的苦难家史展现出来，并逐件逐物加上说明、归类排列……经过紧张筹备，最终提前五天完成了任务。

1962年10月22日，雷锋烈士事迹展览室正式展览。沈越书记准时率市党政机关、工、青、妇各界领导前来参观。

参观过后，部队及地方党政领导召开了一个座谈会。共青团抚顺市委书记宋廷章说："雷锋展室在较短的时间内办出来，看完后非常受教育，雷锋精神从这里充分反映出来。雷锋牺牲在抚顺，宣传雷锋，我们抚顺要发挥这个优势，这个展览是向青少年进行阶级教育的一个最佳典型，是一个好的活教材，我的意见是把部队这个小型展览能不能搬到市里搞，因为部队这个地方小。如果全市人民都来参观那影响更大了，我们尽快选好地点，进行重新设计，把雷锋展览办好……"

宋廷章的建议当即得到了沈阳军区工程兵主任王良太的慷慨应允。

10月23日，共青团抚顺市委印发了《关于组织全市广大青年参观雷锋烈士展览室、开展好阶级教育的重要通知》(抚青委字〔62〕第56号)，这是全国第一份号召学习雷锋的地方文件。

至此，学雷锋从部队走向了社会，率先在抚顺共青团组织开始扎根开花，进入了有组织、有计划、有步骤、有目标的发展时期。

全市青少年积极响应团市委号召，踊跃参观雷锋烈士展览室。仅在一个月的时间里，展览室就接待了省内外部队、工人、干部、学生等达12万多人。

一个多月后，部队展览室拟转至军事博物馆和其他部队展出。这时，由团市委书记宋廷章向抚顺市委提议，由市委书记沈越出面安排市总工会支援800元，把雷锋展览室的物品复制两套，一套留于市工人文化宫，供该市党员、干部和各界人民群众继续参观，另一套拿到市辖清原、新宾、抚顺县巡回展出。

雷锋事迹展览搬到抚顺市工人文化宫。1962年11月20日，中共抚顺市委书记沈越和书记处书记王怀义、陈建新、吕鸿安等领导参观瞻仰了雷锋烈士事迹，并共同题词："全市共产党员、共青团员都要向雷锋同志学习。"

一个月时间，全市观展青少年达12.8万人。全市102个基层单位还办起了104个小型雷锋事迹展览室。与此同时，团市委在一个月时间内组织了42场学雷锋报告会，9.7万青少年听了报告。

抚顺扎实而富有成效的学雷锋活动得到了团省委的肯定。1962年11月，共青团辽宁省委在抚顺301厂（抚顺铝厂）召开各市、地团委宣传部长座谈会，总结推广抚顺在青少年中开展学雷锋活动的经验。

雷锋牺牲后，沈阳军区就"开展学雷锋"有一个长远的规划：一是排演一台有关雷锋的话剧，二是命名"雷锋班"，三是请毛主席题词。

韩万金政委带着团政治处秘书冷宽来到运输连蹲点，在对人员全面考核的基础上组建了"雷锋班"。雷锋所在的二排四班，历来都是先进班。四班率先向运输连提出申请：

党支部：

雷锋生前是我们的亲密战友。他虽然牺牲了，但是他那种先进的思想和光荣的事迹，永远留在我们心里。我们决心以雷锋烈士为榜样，学习他对阶级敌人的刻苦仇恨，对党和毛主席的无限热爱；学习他坚强的革命意志；学习他艰苦朴素，不乱花一分钱，处处注意节约，热情支援人民公社和灾区人民生活的高尚品德；学习他学习毛主席著作的苦钻精神；学习他对工作积极负责，坚决完成任务的模范行为。他的许多优秀品德和高尚风格都是我们永远学习的榜样。我们四班为纪念和发扬雷锋烈士的光荣事迹，经过热烈的讨论，大家一致表示，决心继承雷锋烈士的革命精神，把雷锋烈士的革命精神一代一代地传下去。为此，全班同志特请求上级党委和首长批准我们为“雷锋班”的光荣称号。

我们全班都有决心，一定要练好过硬本领，发扬硬骨头作风，无论什么时候都拉得出去完成一切任务，处处给全连树立榜样，保持光荣称号，珍惜雷锋班的荣誉，决心做毛主席的好战士。

四班全体战士：张兴吉、王继学、陈庆林、田生绵、韩玉臣、乔安山、庞春学、蔡永海、于泉洋。

1962年10月12日于抚顺

为了通过实物来反映雷锋思想，使雷锋精神在真情实感中得到体现，并代代相传下去，冷宽按团党委的要求对雷锋遗物进行了逐一整理，最后从雷锋生前工作和生活中使用过的物品里，选出了最有代表性的十件遗物作为雷锋的“传家宝”。

这“十件宝”是：雷锋生前学习过的《毛泽东选集》一至四卷，驾驶过的13号汽车，手中武器冲锋枪，训练用过的手榴弹，雨夜送大嫂回家的雨衣，体现雷锋艰苦奋斗精神的节约箱，当校辅导员时佩戴过的红领巾，为战友和群众理发的工具，随身携带的针线包，装着《毛泽东选集》、笔记本和钢笔的黄书包。

如今，这“十件宝”作为宝贵财富，一直珍藏在雷锋班，一代一代地传了下来，永远激励着雷锋班战士，激励着人们沿着雷锋的足迹前进。

经全力争取，1963年1月7日，国防部批准雷锋生前所在部队运输连四班为“雷锋班”。

1963年1月，《辽宁日报》用9个版面刊登了雷锋事迹、日记、社论、消息等134篇。1月8日，《辽宁日报》刊发长篇报道《抚顺开展学雷锋活动，全市21万青少年受到教育》。

与此同时，辽宁省军区、共青团辽宁省委联合通知，号召全省民兵和青少年学习雷锋事迹，学雷锋活动由抚顺扩大到全省范围。

1月22日，“雷锋班”命名大会在沈阳八一剧场召开。2月5日，《中国青年报》报道了辽宁省广泛开展学习宣传雷锋活动的消息，并配发了《像雷锋那样战斗和生活》的社论。

2月8日，《人民日报》在第一版刊登了辽宁省广大青年热烈开展学雷锋活动的消息，在第二版刊登了《毛主席的好战士——雷锋》长篇通讯，并配发了《伟大的普通一兵》的评论员文章，在第五版刊登了雷锋的部分日记及介绍雷锋生平的照片。

1963年2月15日，共青团中央发出《关于在全国青少年中广泛开展“学习雷锋”的教育活动的通知》，并追认雷锋为全国优秀少先队辅导员。

从此，学雷锋活动从辽宁走向了全国，从部队走向了社会，并在全国青少年中找到了落脚点，成为新中国参与面最广，影响最久远的精神文明创建活动，一代代青少年成为雷锋精神的传承者、弘扬者。

1963年3月2日清晨，《中国青年》“学习雷锋同志专辑”正式出版发行，毛主席题词以插页形式刊发。

这期意义非凡的“学习雷锋同志专辑”，封面选用了雷锋同志穿着军装、戴着军帽、脸上洋溢着淳朴微笑的照片，瞬间让人感受到朴素的革命热情。

翻开杂志，即见“学习雷锋同志专辑”的目录。第一页是毛主席题词“向雷锋同志学习”，随后是周恩来总理的题词，董必武的《歌咏雷锋同志》、郭沫若的诗歌《一把劈断昆仑的宝剑》、罗瑞卿大将的文章《学习雷锋》、谢觉哉的《读雷锋同志的日记摘抄》以及诗歌《学雷锋》。

后面是共青团中央印发的《共青团中央关于在全国青少年中广泛开展“学习雷锋”的教育活动的通知》以及社论《共产主义战士——雷锋》。

专辑还收录了雷锋日记摘抄、歌曲、绘画作品等内容，进一步宣传雷锋精神。

翻阅《中国青年》“学习雷锋同志专辑”，除了毛主席和周总理题词外，董必武在《歌咏雷锋同志》的题词中写道：“有众读毛选，雷锋特认真。不惟明字句，而且得精神。阶级观清楚，勤劳念朴纯。螺丝钉不锈，历史色长新。只作平凡事，皆成巨丽珍。普通一战士，生活为人民。”

郭沫若在《一把劈断昆仑的宝剑》这首诗歌中动情地叙述：“毛主席《念奴娇·昆仑》一词中，有句云‘安得倚天抽宝剑，把汝（昆仑）裁为三截’。我读了《雷锋日记摘抄》，感觉着雷锋同志就像这样一把宝剑。

“雷锋，一把劈断昆仑的宝剑！他虽然只活了二十二年，他永远活在人们的心坎里，他的声音永远在空中回旋……”

解放军总参谋长罗瑞卿在《学习雷锋——写给〈中国青年〉》一文中写道：“在中国人民解放军中，出现了雷锋同志这样的英雄人物，是一件很可喜的事情。现在，千千万万的人都来学习雷锋，在中国人民解放军中，在广大青年中，掀起了一个学习雷锋的热潮，就更加是一件很可喜的事情……现在，雷锋同志的英雄事迹正在被人传诵，千千万万的青年正在投入学习雷锋的热潮，这件事情，意义将是十分深远的。不难设想，雷锋式的英雄人物，如果在青年中多了起来，在人民解放军的指战员中多了起来，那就必然会使我国青年一代的精神面貌，达到一个更高的境界。"

《共青团中央关于在全国青少年中广泛开展"学习雷锋"的教育活动的通知》列举出了雷锋精神的主要内涵：一是忠实于党，忠实于社会主义事业的无产阶级立场；二是自觉地从祖国的需要，以人民利益为重，做一颗"永不生锈的螺丝钉"，全心全意为人民服务的精神；三是关心同志，助人为乐，毫不利己，专门利人的共产主义风格；四是坚忍不拔、勇于克服困难的意志和克勤克俭、艰苦朴素的作风；五是坚持又红又专的方向，下苦功夫，努力学习毛主席著作，刻苦钻研业务技术，模范地完成工作任务。

通知最后提出号召："在教育活动中，要使青少年懂得，雷锋同志的高贵品质，都是在日常的平凡的工作、学习和生活中表现出来的。他所做的许多事情，只要努力，就能学到做到。"

专辑末篇，则印着以雷锋摘抄的蕉萍诗歌为词、朱践耳谱曲的《唱支山歌给党听》："唱支山歌给党听，我把党来比母亲；母亲只生了我的身，党的光辉照我心……"

《中国青年》发行后，引得广大青年争相购买，一时间"洛阳纸贵"。这本专辑在全国5个代印点几经重印，累计印数达到800多万份，仍不能满足读者需要，有些青年买不到，就互相传阅或到图书馆借阅。

在1963年3月4日出版发行的《沈阳晚报》上，一版一共刊发了

8条新闻，在核心位置就是毛主席、周总理、董必武、谢觉哉的题词。在倒头题的位置，刊发了新华社电文消息："《中国青年》杂志向雷锋同志专辑上刊登毛主席为雷锋同志题词"及"沈阳电台今晚播送雷锋生前录音"两条消息。

《沈阳日报》抢先《人民日报》《解放军报》中央级媒体一天刊发毛主席题词，成为全国副省级城市第一家刊发毛主席题词的媒体，更是东北地区第一家刊发毛主席题词的媒体，在东北发出了"向雷锋同志学习"的第一声！

《沈阳日报》和雷锋有一定渊源，从1960年至今，始终都是雷锋宣传的主阵地。

1960年11月26日，沈阳军区《前进报》用两个版面刊发了张峻、赵志华、佟希文、李健羽集体采写宣传雷锋的长篇通讯《毛主席的好战士》。两天后，11月28日《沈阳日报》就原文转发了《毛主席的好战士》这篇通讯文章，是全国地方媒体第一家宣传雷锋。

就在不久前，雷锋还去了《沈阳日报》投稿。1960年夏季一天的下午，在外采访了大半天的记者白茅一回到和平区衡阳街26号（今柳州街10号）沈阳日报社二楼科教组办公室，便开始埋头写稿子。就在这时，白茅听到几下敲门声，随即听到一个有力的声音："报告！"

白茅随口应了一句："请进！"

门被轻轻地推开，一个特别精神的解放军小战士让白茅的眼前一亮。"同志，你找谁？"

小战士向白茅敬了一个标准的军礼："你好，我叫雷锋，是沈阳军区工程兵团的战士，今天是专门为团里送稿件来的。"

白茅马上从雷锋手中接过稿子，并对雷锋说："你请坐，这稿子等我看完后，再由编辑处理。”

那时的雷锋坐在白茅面前显得有些拘束。白茅对他笑笑说：“听你的口音，咱们还是湖南老乡呢。我原来也在沈阳军区部队，后来从军区《前进报》转业到《沈阳日报》工作的。”

“老乡”“部队”这两个关键词顿时让雷锋兴奋了起来，他忙对白茅说：“您是前辈，我要好好向您学习。”

两个人愉快地交谈了一会，雷锋看到白茅还要写稿子，就主动地告辞。白茅还请他有时间再到沈阳日报社来做客，雷锋爽快地答应了……

还有给雷锋拍摄经典照片《伟大的共产主义战士——雷锋》的《东北民兵》记者周军，在1976年转业到《沈阳日报》，先后任总编室副主任、农财部主任。两年后，周军调至辽宁电影制片厂，1990年年末离休。

据周军回忆，1961年，第一次见到雷锋本人之前，已从报纸上和广播里了解了雷锋的事迹，并为其精神所感动，一心想有机会见见、采访雷锋，和雷锋交朋友。

1961年冬，沈阳军区召开学习毛主席著作积极分子会议。听说雷锋也来参加，编辑部决定邀请雷锋写一篇文章，拍摄一张雷锋的照片作为封面，这个任务就交给周军来完成。

然而，雷锋是个大忙人，除了开会外，业余时间也总是忙活，抓紧时间和战友们交流学习经验，而且还随时随地帮助招待所打开水、打扫卫生和洗刷餐具等，招待所里里外外都认识雷锋。

周军不认识雷锋；但到招待所一打听，很快就在招待所一个楼梯口找到了正在清扫卫生的雷锋。周军做完自我介绍之后，将编辑部的意图告诉给了雷锋。雷锋笑眯眯地说：“我一定完成任务，写得不好请你们修改。”

第二天，雷锋如约来到沈阳军区政治部北院，周军把他迎接到编辑部。雷锋把写好的稿子递给总编辑，连连说：“请先看看，也不知道行不行？”当编辑部同志请雷锋署上自己的名字准备做锌版时，雷锋提笔认真地写了起来，写了一个又一个，直到编辑部同志满意为止。

随后，周军将雷锋带到政治部院内，准备拍张照片。雷锋听说要拍照，立即检查起了军容。

按周军预先的构思，想把雷锋拍摄成中国人民解放军一位伟大战士的形象，要像一尊塑像，给人一种高大、刚毅、庄重的感觉。

可是，周军发现雷锋的着装与构想不太一致，特别是他戴的那顶亚寒区配发的剪绒帽，与创作意图不协调，好像洗过多次，还有点小，看起来不大气。

这时，有位从黑龙江调来的同志从这里经过，戴的是一顶大皮毛帽子，周军便借过来，可是压在雷锋头上又显得比较大。编辑部同事李奎根急忙将自己的皮毛帽子拿来，给雷锋换上，结果比例适当，出现了预想中的效果。

周军回忆，当时天气很冷，多次换帽子，又不能戴手套，雷锋却一直耐心密切地配合着，手和脸都冻红了，仍一遍遍地配合着拍摄。

为了突出雷锋的形象，周军采用了适度的仰拍角度，拍下了这张永恒的照片。

1977年，上海人民美术出版社以《伟大的共产主义战士——雷锋》为题，印发这张彩色合成照片（用手工着色），并在征得周军的同意后，将原来雷锋背后的小毛松换成黄山上的迎客松。

1962年2月19日，沈阳军区首届团代会在沈阳召开，雷锋作为特邀代表出席参加，被选为主席团成员。为进一步搞好雷锋事迹的宣传和学习，会议安排雷锋做了《我是怎样从一个苦孩子成长为毛主席的好战士》的报告。报告感人泪下，催人奋进，引起了到会500余名代表和近千名旁听者的强烈反响。

1962年2月27日，沈阳军区首届团代会全体通过了《给军区全体共青团员的一封信》，号召军区部队广大共青团员和青年，要以毛主席的好战士雷锋、“神枪手”雷凯等先进人物为榜样，掀起一个学先进、赶先进的竞赛热潮。

周军又有幸担任这次大会的摄影报道工作。因为有了第一次接触，他与雷锋第二次见面，就显得格外亲切。

当时，东南沿海的形势比较紧张，因此把“大比武”的地位提得很高，突出军事训练和提高军事技术。周军发现雷锋主动向“神枪手”雷凯学习请教射击技术，觉得这是个很不错的摄影题材。

于是，周军抓住这个机会，抢拍下雷锋和雷凯交流射击技术的照片。照片发表后，许多读者还错误地将雷锋和雷凯认作一对亲兄弟。

周军所拍摄的这两张照片，特别是《伟大的共产主义战士——雷锋》，被全国报刊广为选用宣传，成了家喻户晓的照片。著名的老一代摄影家石少华曾称赞周军：“能为雷锋同志留下珍贵的照片，是千秋功绩！”

此外，《沈阳日报》记者陈凤军著写《雷锋在沈阳》一书。《沈阳日报》还策划采写出版了《实地见证雷锋正能量——全国寻访25任雷锋班班长》一书。

《沈阳日报》之所以能抢在《人民日报》之前刊发毛主席的题词，原因是《沈阳日报》和《新民晚报》一样，不同于《人民日报》

上午发行，都是当天下午发行。

3月4日，《沈阳日报》接收到新华社电文后，考虑到如果按指令执行在3月5日统一刊发，上午出版发行的报纸早已捷足先登，而《沈阳日报》下午再出版发行，新闻早已经被大家所知道，已经没有任何优势。

另外，编辑部考虑到毛主席题词已经在3月2日《中国青年》杂志上刊发，《沈阳日报》在3月4日刊发也不算违规。

于是，编辑部接到新华社电文后第一时间排版，第一时间付印。当日下午1时35分开印，2时50分印完。随后，《沈阳日报》走上市场，销往沈阳千家万户。

1963年3月5日，《人民日报》发表了毛泽东“向雷锋同志学习”的题词。从此，学习宣传雷锋走向了全国。全国各条战线、各个行业掀起学习雷锋先进事迹的热潮。

1963年3月11日，中共抚顺市委做出《关于响应党中央和毛主席的号召，进一步在全市深入开展学习雷锋运动的决定》。决定中指出，为了永远纪念雷锋，宣传和学习雷锋，确定在雷锋生前部队驻地附近建立雷锋纪念馆。

1964年4月3日，清明节前夕，雷锋棺椁由葛布烈士陵园迁葬到望花公园东北角。8月15日，在雷锋因公殉职两周年纪念日，望花公园举行“雷锋纪念馆”奠基典礼。据资料记载，为了加速雷锋纪念馆的建设，抚顺市各界群众在不到一年的时间里有6万多人次参加施工义务劳动。

1965年，抚顺在全国建造了第一个雷锋纪念馆，比雷锋家乡望城县于1968年建的雷锋纪念馆早3年，比鞍钢化工总厂1971年建成的鞍钢雷锋纪念馆早6年，比沈阳军区1992年建成的雷锋纪念馆早

27年。

此后，每年的3月5日成为学雷锋纪念日。雷锋日记、雷锋事迹、雷锋形象和雷锋精神，影响了几代中国人，引领着无数个“雷锋”在成长。

后 记

学习雷锋，永远不过时；传承雷锋，永远不能停。

出生在20世纪70年代的我，是唱着《学习雷锋好榜样》歌曲，看着《雷锋的故事》和《雷锋日记》，听着“雷锋出差一千里，好事做了一火车”故事成长起来的。

做好事，就是学雷锋，这是我对雷锋最初的印象。

2006年2月26日，当年接雷锋入伍的十团司令部军务参谋戴明章突然去世，倒在了学雷锋的路上。

我闻讯赶到抚顺，参加了戴明章的葬礼，看到了许多雷锋生前的战友：冷宽、乔安山、蔡云、薛三元；看到了雷锋生前辅导过的学生：陈雅娟、孙桂琴、邹静坤、刘静、展世荣等。第一次近距离地聆听了解雷锋的事迹。雷锋也从歌声中、从书本上走了出来，活活地浮现在我的面前，一切都是那么真实可爱。

从那天开始，我走进了雷锋的世界，雷锋也深入了我的生活。眼看着与雷锋同龄的战友一个个老去，我想到要为历史存证，为时代立传。从那天开始，我接过了宣传雷锋、传承雷锋的接力棒，在《沈阳晚报》及各大网站上开始宣传雷锋。

16年来，我采写过在雷锋牺牲后留下“十件宝”的海军原副政委、海军中将冷宽，雷锋生前班长薛三元，司务长杨丰普，战友乔安山、刘树田，手把手教雷锋练投手榴弹的惠连生，写《雷锋的故事》的陈广生，还采访过给雷锋拍照的周军、季增、张峻，原雷锋团摄影干事欧达龙，也采访过雷锋辅导过的学生孙桂琴、刘静、陈雅娟、王宗慧、王文阁，给雷锋戴过红领巾、受雷锋辅导过的学生邹静坤，还有雷锋班历任班长张兴吉、庞春学、于泉洋、吴锡有、薛步瑞、黄帮维、毕万昌，雷锋团历任团长孙承彦、孙启华等诸多人物。

每年的3月5日、8月15日等特殊的时间节点，都是我宣传雷锋的重要期，雷锋一件件感人的事迹，雷锋战友们的追忆和传承，雷锋传承的志愿者都成为我笔下真实鲜活的素材，相继呈现在《沈阳晚报》等报刊中，转发于各大网站之上。

雷锋离我们远，触不可及，但活跃在我们身边的那些好人，都是摸得着、看得见的“活雷锋”，如：回家奔丧在火车站手写165份停奶通知的“史上最敬业送奶工”王秀珍、身中三刀勇扑偷车贼的保洁大姐刘同霞、最美护旗手马常利、“小六路英雄”等一大批平民百姓。王秀珍成为感动沈阳人物、沈阳市道德模范、辽宁省道德模范，获得了全国道德模范提名奖。刘同霞获得沈阳市见义勇为先进个人、感动沈阳人物、沈阳市道德模范、沈阳五一劳动奖章和辽宁省道德模范提名奖等荣誉。

我不仅是雷锋精神的传承者，更是雷锋形象坚定的捍卫者和维护者。

根据多年的采访，我又联手华东方一起旗帜鲜明地在《沈阳晚报》上提出“沈阳是雷锋活动的中心城市”“雷锋从沈阳走向世界”等新观点、新论断；携手雷锋生前战友惠连生等人率先持续公开呼吁在沈阳成立雷锋纪念馆，并最终促进推动了雷锋精神成为沈阳城市精神，雷锋文化陈列馆在沈阳落成。

2012年12月27日，我帮雷锋战友薛三元寻找到了失散69年的哥哥薛建元，让两兄弟得以团聚。我帮了薛三元，他也帮了我。在我身患胃癌的救治中，薛三元等雷锋战友们为我捐款，给了我活下去的勇气和信心，让我又一次站了起来。

滴水之恩，当涌泉相报。我成了雷锋精神的践行者。从业20多年，我始终奋战在第一线，采写了许多有力度、有温度、有深度、有影响力的新闻作品。50余篇作品荣获全国、省、市新闻大奖，连续8年荣获辽宁省新闻一等奖。

特别是2018年5月后，我身患胃癌，胃部全部被切掉，成了"无胃人"，带病与时间赛跑，与生命抗争，仍坚持奋战在新闻最前线，奋战在抗疫一线，《人民日报》、中央电视台、"学习强国"等主流媒体平台纷纷报道。我四次接受中央电视台采访，央视还为我拍了一部纪实电影《奶香》。

我先后荣获"辽宁省优秀新闻工作者"、"2019年辽宁好人身边好人"等诸多荣誉，被辽宁省教育厅等多家单位聘为"辽宁省大学生思想政治教育课外辅导员"，被共青团辽宁省委、少先队辽宁省委聘为"辽宁省少先队校外辅导员"，并被沈阳市铁路第四小学、铁路实验小学、岐山一校、童晖小学鸭绿江分校、东北育才丁香湖小学、东北英才学校、北李官小学、沙岭中心小学、沈师二校东湖校区等10余所中小学聘为校外辅导员，以我名字命名的"立军学雷锋中队"落户沈阳于洪区造化中心校，我把雷锋的故事带上了报纸，带进了广播，带上了电视，带进了中小学生们的心里。

2018年12月6日，我发现并挖掘出隐藏了在沈阳半个世纪、和雷锋一起缝被褥的雷锋战友李英田，让幕后的雷锋走上前台。我通过文章纪念和雷锋有密切联系的余新元、陈广生、惠连生等人的离去……

我积极参加各种公益活动，成为辽宁省雷锋研究会副会长、沈阳市雷锋精神研究会监事长、沈阳市志愿服务联合会监事等，一起学习雷锋、研究雷锋、传承雷锋。

感谢一路相伴的所有人，与雷锋同行，收获更多幸福！